教育国·情·报·告
JIAOYU GUOQING BAOGAO

主 编 袁振国　副主编 田慧生 曾天山

中国教育
竞争力报告·2011
ZHONGGUO JIAOYU JINGZHENGLI BAOGAO

中国教育科学研究院国际比较教育研究中心　著

教育科学出版社
·北京·

目　录

第一篇

理论基础

第一章

高等教育竞争力国内外研究综述

一、国际高等教育竞争力研究综述①

1.20 世纪末及 21 世纪初的研究

联合国教科文组织召开的"21 世纪高等教育会议"发表的文件《为了拟定 21 世纪的高等教育日程》指出:"应当澄清这一方面的模糊与混淆。市场规律和竞争法则不适用于教育,包括高等教育。"

但是,当前一般认为,在 20 世纪末及 21 世纪初,国际教育界已关注到"高等教育竞争力",并发表过一些重要报告。这主要是:

1994 年,世界银行报告书分析出高等教育面临的四个方面的危机:①资源紧缩;②内部效率不彰;③外部效率缺乏,包括大学生失业问题、教学与研究成果缺乏社会关联性;④入学的公平性问题。

1995 年,联合国教科文组织报告书分析出高等教育的发展趋势及面临的危机:①入学人数的迅速扩充;②学术结构与教学组织的多元化发展;③政府投资高教经费的紧缩。

2002 年,联合国教科文组织发表的一份有关世界高等教育情况的报告指出,现今世界先进国家高等教育的发展大致朝着四大方向:①符合就业世界的条件;②高等教育和人类永续发展;③促进国家和区域性发展;④高教和人员的发展。

联合国教科文组织还进一步指出,近年来,一些地区高等教育也面临一些发展上

---

① 本节由蓝建撰写。

的危机，应对这些危机而提出的改革之道则有以下四大项。①从学生角度来看，高等教育如何为明日世界作出贡献；②从传统学习方式到视觉学习方式：新信息科技的挑战；③高等教育教学与研究面临的挑战和机遇；④高等教育对整体教育制度的贡献。

2. 21 世纪关于高等教育竞争力的部分研究

进入 21 世纪，不仅发达国家和发达地区关注到高等教育竞争力，发展中国家和地区也开始关注这一领域。

（1）研究项目

2009 年，联合国教科文组织举办了"欧洲高等教育竞争力：进入、价值、质量和竞争力"论坛，在高等教育竞争力方面作了如下阐述："以独特去竞争"，欧洲国家提升学习竞争力和吸引力要通过增加国际语言特别是英语的学习项目、互认学术资格与学习阶段、项目和学位的同一结构来实现。会议文件指出：当今提升欧洲高等教育竞争力的各种成分包括：学生的竞争、新的高等教育提供者的竞争、经费来源的竞争、测评资优学生的竞争、学术团体之间的竞争与合作，以及提高高等教育竞争力相关经验的交流等。

英国的"企业与高等教育协会"于 2005—2006 年开展了一项关于该国高等教育竞争力的研究，并认为：①高等教育是一项日益全球化的行业。最好的学生、最好的研究者和最好的职员聚集在最好的大学和学院里。长期以来资助亦是如此。英国的企业将受益于日益具有竞争力的英国高等教育。企业是高等教育机构的重要消费者，应该征求企业的意见和评价。②企业需要高等教育机构提供符合它们需要的世界水准的毕业生和研究成果。③跨国企业能够在全球招聘并购买研究成果。英国本土企业尤其是小企业就需要本国高等教育具有世界水准。④政府及其机构的政策影响高等教育机构的竞争力。

这一项目的研究目的是：在全球层面上评价英国高等教育机构的竞争力，以及提出为提高高等教育竞争力需要解决的问题包括决策问题；交流校企合作的经验。这一项目研究以下问题：世界上企业怎样录用大学毕业生；投资于研究项目和顶尖的研究中心；资助座席及其他项目；购买咨询及其他服务；培养高级职员的领导力和管理能力及培养全体职工的领导和管理技能。

2007 年 12 月，世界银行高等教育地区会议的背景讨论报告《东南亚的高等教育、竞争力和创新能力———一种基准实践》① 中的观点是：

---

① Alfred Watkins. Higher Education, Competitiveness and Innovation Capability in South and East Asia ［EB/OL］. ［2012 – 05 – 31］. http：//www. sitersources. worldbank. org/EDUCATION/Resources/278200.

高等教育的作用——创新与竞争力。大学、竞争力和国家创新体系的目标是什么？国家创新体系的目标是加速增长、减少贫困、实现千年发展目标，提高地方企业的竞争力，从而创造高收入、高技能的岗位，为所有人提高生活水准。在今天的全球竞争中，高等教育与创新是实现这些目标的必不可少的工具。为了支持国家的这些目标，高等教育必须与私营部门联合实行发展策略和创新策略——例如各自分担相应的责任。

创新能力与劳动力质量紧密相连，因此也与高等教育系统紧密相连，与企业紧密相连。因为高等教育给予企业生产和竞争的工具。因此，教育、创新和竞争力之间是相互关联的。

基准性实践。不同的指标测量创新能力、竞争力和高等教育的不同方面：世界银行经济论坛的全球竞争力指标——看制度、创新和教育对竞争力的贡献；世界银行知识经济指标（KEI）——考查的是对知识经济的准备程度，着重创新与教育；联合国贸发会议的创新能力指标——侧重技术能力，集中于创新［教育和 R&D（研究与开发）］的投入；国际劳工组织的企业竞争力表现指标——展现企业表现出的技术能力，侧重制造业的竞争力；世界银行营商指标——侧重有利于企业的环境是什么。除以上五个基准外，还可以通过技术类型和商品类型阐释一国的出口结构，这才能够理解教育与创新怎样作用于出口的附加值和多样性。

全球竞争力指标。竞争力的支柱指标是：高等教育与培训；吸收技术的能力；创新能力；基础设施；制度；财政市场的复杂性；贸易的复杂性；宏观经济的稳定性。

世界银行的知识经济指标。包括四个方面：①教育——通过总体基本文化、中等教育与高等教育来衡量；②创新——通过参与研究与开发的研究者、专利和科学出版物来衡量；③制度与激励机制——通过关税障碍、规则的质量和法律法规来衡量；④信息与交流技术——通过每千人中电话、计算机和互联网使用人数来衡量。

（2）学者的观点①

国际著名比较高等教育学者阿尔特巴克认为，竞争对高等教育产生了重要影响②。大学试图吸引各种人群进入大学学习，但是却采取单一化的措施。

全世界的大学都关注自身的质量、自身在国内和国际的位置及在国内外的形象，并寻求竞争优势。竞争能够促进质量，但也会引发大学仅仅关注形象或者花费资源用

---

① 含中国台湾学者的观点。

② Philip G. Altbach. Competition's Impact on Higher Education ［EB/OL］.［2012 - 05 - 31］. http：//www. forbe. com/2010/08/01/higher - education - competition - opinions - best - colleges - 10 - altbach. html.

于修饰自己上。理解学术竞争的性质能够有助于突出哪些策略是最重要的。

国家的和全球的排名当然是竞争力的一部分。它反映了竞争力的某些方面，并在一定程度上具有促进作用。人们可以批评排名选取的指标和种类表格，但很明显，迄今这已成为高等教育的一道风景，向学生和各大学提供了一定的信息。排名有时被政府采用作为分配经费和决定学术使命的依据。大学则将其作为与其他学校比较的基准。

学术竞争怎么成了如此重要的力量了呢？在许多国家这还是一个新现象。在美国，从20世纪早期竞争就已成为高等教育的一个特点。为了录取资优学生，各类公立和私立大学彼此竞争。学院没有"被卷入"，这就出现了高等教育的等级结构。从此，美国高等教育开始录取大量超龄的学生，学术机构开始迎合学生的各种兴趣。进而，出现了关于"大学的声望是什么"的舆论；其他学校试图效仿那些顶尖的学校，于是形成了非正式的等级。

在许多国家，大学仍然只为一小部分英才服务，学院也差不多。在某些国家，如德国，所有大学按照传统和政府的政策，看上去都平等。在法国，大学院与其他的高等教育机构的声望有严格的区分。

随着高等教育大众化的出现，所有这些都改变了。在富裕国家，半数以上的超龄者参与了中等教育后的高等教育。在一些国家这一数字已超过70%。这意味着各类高等教育机构的剧烈扩展，学生的兴趣和能力也各不相同。其结果是，世界范围内的学术系统日益多样化。

20世纪末期以来还有另一现象促进了全球的学术竞争，那就是大量学生到海外学习。这一数字超过250万人，并在继续增长。学生寻求尽可能到最好的学校学习的机会。而学校试图录取国际学生，收取学费挣钱并提高声望。

接收国的大学——特别是美国、英国、澳大利亚、加拿大和一些较大的欧洲国家——寻求说服亚洲和其他地区的优秀学生加入自己的学校。另外，现在还存在一个学术精英的国际市场，这一市场以高薪和良好的工作条件吸引著名教授和非著名学者转移到著名大学，在自己国家之外就业。对教师和学生来说，竞争成为一个现实的核心。

学术竞争有利也有弊。大学被诱导"追随领头者"并效仿最著名的那些大学。这常常导致大学没有创新性。因为高等教育机构的使命是不同的，不可能也不应该都成为哈佛。特别是在美国，许多大学花了许多钱建设不必要的设施，因为它们需要与那些有这些设施的学校"攀比"。

竞争有利于那些已有优势者，但给其他学校带来了问题。而同时，它使各学校保持警觉，迫使它们思考新点子，关注有质量的教学，衡量自己做什么，为自己定基准。

埃及国家竞争力委员会顾问列维斯在其题为《埃及的高等教育竞争力：实现更高质量和更加公平》的文章中指出：高等教育的质量是一国经济竞争力的根本支柱之一①。提高埃及高等教育竞争力就要改革高等教育的财政和治理，以确保处境不利人群的公平和为所有人提供有质量的教育。他向埃及教育部提出四点建议：多样化的经费来源渠道，包括扩大非营利的私立学院的数量；公共经费支持的学生奖学金；国立大学也要收取学费，配合以学生贷款；加强大学自治。

列维斯指出：世界上没有一个国家像埃及这样，扩大招生规模、提高质量和促进公平不采取学院类型多样化的方案。在高等教育系统中，应该有公立和私立的研究型大学、公立和私立的教学型学院、两年制的职业和社区学院等等，并利用税收支持它们。高质量多样化的高等教育系统的特征在于学院层面的高度自治，以及学费分担（包括收取学费、学生贷款等）。而政府在确保质量和公平上的作用仍是十分重要的。新近的研究表明，高等教育越多样化，产生的税收越多，质量也越高，同时也越具有公平性，例如对于贫困群体的更多机会。

为了应对需求和成本的上涨，发达和发展中经济体都追随一种政策——高等教育系统的多样化。既是出于现实的需求，又是着眼于制度的设计，许多国家给予大学更多自治权，而迫使学院在更具竞争的环境下运作。

中国台湾学者周祝英在《关于高等教育竞争力的研究》中指出：国际竞争力已是各国刻不容缓的议题②。原因是大学经常扮演着吸引国际学生、学术人员以及从事创造研究的重镇的角色，需要在全球化的压力之下，遵照国际的标准，来提升学校的课程与学术专业。尽管在国际学生以及学术交流的领域中，许多先进国家早已累积了丰富的资源与经验，但对于发展中国家就存在着许多不利的因素，例如，海峡两岸的学术研究大多处于非西方的边缘地位，其主要研究期刊也非国际主流，甚至当地所出版的刊物、书籍及其他学术出版品在世界各地的流通相当有限。尽管如此，在当前知识生产高度科层化之下，发展中国家仍对大学投下许多的资源与精力，朝向所谓的世界级大学迈进。其中最重要的挑战是本身的研究如何能够获取国际社会的认可。

全球化对高等教育造成的影响甚巨，主要形式如下：①经济实用主义盛行；②大

---

① Lewis, Andrew. Higher Education Competitiveness in Egypt: Achieving Better Quality and Better Equity [EB/OL]. [2012-05-31]. http://www.allacademic.com/one/www/www/index.php.

② 周祝英. 如何增进台湾高等教育的竞争力 [EB/OL]. [2012-05-31]. http://www.nccu.edu.tw/~iaezcpc.

学出现财政危机；③通过网络进行全球化教学；④高等教育的质量有可能逐渐失控。全球化夹带着资本主义自由市场的威力，不但改变了传统高等教育的角色与任务，迫使教育从过去公共财变成了消费财；随着西方强国的教育输出，教育文化被殖民化的情形更加明显，中心与边陲国家的相对地位差距扩大。同时各国政府也在市场导向与财政紧缩压力下，逐渐对大学松绑放权，并减少经费补助。全球化对高等教育的影响可说是正负面兼而有之。

如果说全球化是另一种资本主义过度扩张的结果，则各国加入世界贸易组织（WTO）的行动，则是不得不然的因应措施。对于加入 WTO，有研究指出：各国在缺乏周详的分析考虑下，如果贸然将高等教育列入世界贸易组织控管之下，将是十分危险的，因为学术机构或其他教育组织、团体与其他商业组织不同，无法比照一般商品。在各国规划不足的情况下，若干发达国家可在极少的法规限制下，前往任何国家设立大学分校，授予学位和证书，或经由远程教育，设立教育训练中心，在他国进行招生。如此一来任何种类的教育产品，均可从一国外销至另一国，而且大多是由先进国家向发展中国家输出教育产品。虽然加入 WTO 之后，各国智慧财产的版权、专利权和证照可获得更大保障，但各国对于进入其国境内的外国学术机构、课程、学位或产品反而更难有效管制。这是因为在贸易自由化的前提下，地主国反而有可能因实施国外教育进口管制而被提出违反自由贸易的控诉。因此许多人批评，若将大学管理权授予 WTO，将严重斲伤学术自治，其中受害最深者，将为发展中国家之高等教育。

中国台湾学者李俊湖的研究认为：教育品质是高等教育竞争力的关键①。培养优质人才是高等教育的主要目标；高等教育应提升研究、教学和服务功能；建立灵活弹性的教育体制，发展学生多元能力；改善课程与教学，改善教学品质；建立公正客观的评价制度。

此外还有中国台湾学者关于"高等教育竞争力"的研究指出：应建立国际竞争力指标，追求卓越教学与研究质量②。在步入知识经济时代的 21 世纪，大学创新研发之卓越与否对国家竞争力之提升，扮演关键性角色，因此，提升重点研究型大学之国际竞争力，为当前高等教育重要之议题。目前，针对此重要议题在中国台湾进行的工作项目有：①打破高等教育齐头式资源分配，以项目经费补助部分研究型大学，借以凝

---

① 李俊湖. 教育品质是高等教育竞争力的关键 [EB/OL]. [2012 – 05 – 31]. http：//Study. naer. edu. tw/ uploadfilepath/.

② 议题五：提升高等教育竞争力 [R/OL]. [2012 – 05 – 31]. http：//www. edu. tw/secretary/discuss.

聚最好的人才，并以较优越的条件争取国际上优秀的人才，共同参与从事世界级的学术工作；②项目经费重点支持"国立"大学改善研究所博士班教学、研究设施，进行跨校性、跨学门领域之学术整合教学及研究。

总之，不同国家和地区针对自身的发展状况，分析了高等教育的世界发展趋势，对高等教育竞争力提出了各自的理解和应对策略。

3. 高等教育国际排名研究

2011 年关于高等教育竞争力的研究，部分可见之于联合国教科文组织主办的"高等教育排名与政策选择"论坛[①]。较有代表性的有以下两篇：

（1）爱尔兰都柏林理工学院高等教育政策研究部主任 Ellen Hazelkom 在论坛上作了题为《世界一流大学还是世界一流制度？——排名与高等教育政策选择》的主旨发言。

他首先提出了五个问题。即：①当一所大学在排名中上升进入前 100 名，总是好事吗？②我们对排名和测量什么究竟了解多少？③排名，通过鼓励竞争，是提高了标准还是阻碍了其完成教育的广泛任务？④排名应当用来作为教育决策和分配稀缺财政资源的依据吗？⑤政策应该瞄准发展世界一流大学还是世界一流制度？

排行榜测量了什么？他认为主要测量了以下方面：学生的入学；师生比；资源状况；教育产出；研究结果的应用；学校的声誉。

排名存在的问题：①没有绝对客观的排名。排名者的偏好、价值判断决定了其所选择的指标和权重；测量常常不是直接的，存在中介环节；证据永远不可能不言自明。②排名没有测量人们认为应测量的内容。每一种排名测量的都是不同的内容，没有可比性；测量的是比较容易测到的和可以预见的内容；集中在过去的表现而不是潜力；将量的测量作为衡量质的替代。③把各种不同背景下的和不同使命的高等教育机构放在一起比较。

两种主要的政策趋向：①新自由主义的模式。集中人力物力财力于少量的精英大学。其结果是制造了更大的纵向的和等级的、声誉上的差距；也拉大了教学型大学和研究型大学的差距；将资源分配与排名连在一起。②社会—民主模式。平衡优选与公平，在全国支持建立一种高质量的高等教育制度。其结果是各大学使命与功能的横向区分更加明确；教学与研究职能更加紧密地联系在一起；利用各学院间的协作与战略对话加强专业化发展；多样化的高水平的、作为全球中心的高等教育机构支持专业化的精英。

---

① http://www.unesco.org/new/en/ranking-forum/.

其他政策选择还有：马其顿于2008年公布的高等教育法自动承认最强500所大学，利用排名评估大学的表现；罗马尼亚、约旦、捷克用排名表将大学分类；蒙古、卡塔尔、哈萨克斯坦只在顶尖的100所大学为学生发放奖学金；新加坡外国专家学院的标准作为通用标准；荷兰与丹麦的移民法仅针对前100所大学的外国留学生，允许这些大学招收的外国留学生的数量分别为150名和20名；美国亚利桑那州和佛罗里达州利用薪水基数，或者如明尼苏达州、印第安纳州和得克萨斯州将排名包含在高等学校表现测量系统中。

关于测量高等教育制度的质量，他引用相关文献说："我们必须致力于所有公民共同分享社会利益的权利"；"在我们的眼里，美国最好的学院是那些最尽力帮助经济上困难的学生获得就业市场所需证书的教育机构。这些机构为科学新发现作出贡献并培养了大量哲学博士。这些学院强调学生必须为自己的社区和整个国家服务的义务"；"一种大学制度具有比生产成群结队的诺贝尔那样的杰出人才、占有职位的利益群体、持有专利的教授更广泛的使命"。

关于世界一流高等教育制度的特征，他提出了以下几个方面：①开放和竞争的教育，为最广泛的学生提供最广泛的机会；②平行的职能各不相同的成绩显著、积极参与的教育机构的合理结构——提供广泛的教育、研究和学生经验；③培养公民通过其一生作用于社会所需的知识和技能，同时吸引国际有才能者；④毕业生能够在就业市场成功就业，支持和保持个人、社会和经济发展，并加强公民社会的基础；⑤在全球市场和应对变化方面成功运作①。

他最后指出，因为排名刺激了行为，所以：①政府应该停止对全球排名和顶尖1%的着迷——这是有风险的，即有可能改变高等教育制度和高等教育机构与破坏其他政策目标，使教育偏离自己的目标和轨道；②重要的是政府应将其优先目标放在培养有技术的劳动力大军、公平、地区经济增长、公民素质、未来的爱因斯坦们和全球竞争力上，并将这些转变为政策；③应该用基准来提高高等教育整个制度的能力和质量，而不是仅仅奖赏那些旗舰学校和杰出人物的成就。

（2）世界银行第三级教育协调员 Jamil Salmi 提交了题为《建设"世界一流大学"面临的挑战》的论文，他的主要观点是：

---

① 2008年里斯本议会认为世界一流高等教育制度的特征包括：全纳性——参与率；入学——高等教育毕业所要求的技能倾向的基础；效率——高等教育对劳动力市场的价值（per wage premium）；吸引力——吸引国际学生的能力；年龄范围——30—39岁人口入学的百分比；反应能力——高等教育制度改革和转变的能力。

第三级教育有助于各国通过培养技术熟练、有生产力和灵活的劳动力大军以及创建、应用和传播新观念核心技术，建立具有全球竞争力的经济。第三级教育机构对地方和地区经济也起到关键作用。

在过去十年中，"世界一流大学"一词成为人们追求的习惯用语。通过获得和创造高级知识，它不仅对第三级教育提高学习和研究质量起作用，而且更重要的是开发了全球第三级教育市场占有的竞争能力。但是关于"世界一流大学"的悖论，正如 Altbach 所说的，"每个人都想得到，但没人知道它是什么，也没人知道怎样得到"。

有学者试图界定世界一流大学所具有的那些一般大学所不具备的基本特征。最近中英两国大学的一项联合研究就得出了一个指标很多的列表，包括从国际声誉到一些抽象概念（如社会贡献）。但客观测量这些指标非常困难。

从更加可操作的界定上看，本质上可将其归结为三个相互补充的因素系统。这就是：①才能的高度集中（教职员和学生）。②充足的资源，以提供良好的学习环境和开展高级研究。③有利的治理。其特征是鼓励战略性远见、革新和灵活性，使第三级教育机构自治。

成为世界一流大学，并不是依靠自己宣布就能实现的。它是以国际承认为基础，由外部世界所赋予的。在过去几年中，出现了更系统的鉴别和分类世界一流大学的方法。目前知名的各国国内的大学排行榜已有 45 个，也有试图建立国际排行榜的。可以进行跨国第三级教育机构广泛参数比较的两个最具综合性的国际排行榜，一个是《泰晤士报高等教育副刊》的排行榜，一个是上海交通大学的排行榜。

《泰晤士报高等教育副刊》的排行榜选择了世界上 200 所大学，排名方法主要侧重于国际声誉，结合一些主观指标如同行评议、雇员录用调查、数据资料等。上海交通大学的排行榜更依据客观指标。

除了排名方法论上的局限性，世界一流大学还在一定程度上依赖于它们卓越的产出。大多数得到承认的世界一流大学来自一小部分国家，主要是西方各国。只有东京大学是上海交通大学排行榜前 20 名中的非西方国家大学。如果仅对前 30—50 名进行排名，根据上海交大的排名，除东京大学之外，其余全部来自 8 个北美和欧洲国家。而《泰晤士报高等教育副刊》的排行榜在前 50 名排名中，范围稍宽一些，为 11 个国家和地区，包括了新加坡、中国香港和新西兰。

要特别强调的是，这三个因素系统的结合，使得顶尖大学与众不同。这三个因素系统的有利的相互结合是世界一流大学的与众不同的特征。仅仅对第三级教育机构投资或选拔优秀学生入学都不足以建设世界一流大学。圣保罗大学作为巴西顶尖大学就是一例（见表1.1）。

表1.1　巴西与印度的案例

巴西的案例	印度的案例
巴西是世界第五人口大国和世界第十大经济体，拥有世界级的 Embraer 和 Aracruz Celulose 公司，但却没有进入世界100强的大学。在巴西，圣保罗大学是选拔最残酷的大学，每年培养的哲学博士超过任何一所美国大学。但其管理资源的能力受制于严苛的公共服务规则，即便它是世界上最富裕的大学。它与国际研究界联系很少，只有3%的研究生来自国外。该大学非常封闭，大多数学生来自圣保罗州，大多数教授毕业于本校。法律禁止录用外国教授，禁止用葡萄牙语以外的语言撰写博士论文。而最关键的是缺少杰出的远见去挑战上述情形并能够促使大学转型。	印度自独立以后，一直把科学技术置于经济发展议程的重要位置。印度第一所技术学院（IIT）建于1951年，第二所建于1958年，第三所、第四所建于1959年，第五所建于1961年，1994年建立了第六所，2001年建立了第七所。 　印度议会将这些学院确定为国家重点学院：享有公共经费支持，享有最大的学术自由和管理自由。并为它们提供了工程技术、应用科学和管理的高质量的有针对性的项目，以及本科、硕士和博士项目，可自行授予学位。这些学院通过激烈的竞争性考试选拔学生。 　当今，它们吸引了对工程和应用科学感兴趣的拔尖学生。每年从25万申请者中选拔4000人。其竞争性超过美国顶尖的常春藤盟校。这些学院的毕业生占据了世界相关领域教育、研究、工商业和创新的最高职位。2005年，《泰晤士报高等教育副刊》将IIT排在世界工程学校的第三位。 　其主要力量是其持续吸引优秀学生并将其转化为"创新型工程师"或"创业型工程师"。开始IIT由于其40%的毕业生流失国外而遭到批评。近年来，由于印度经济的开放和快速增长，这一弱点转变为国际合作和投资的巨大力量。"印度硅谷"班加罗尔的成功，很大程度上归因于智力流失现象的扭转。

表1.2　建设世界一流大学战略性途径的成本与收益的比较

条件/途径	提升现有学院	合并现有学院	建立新学院
吸引有才能者的能力	难以重建教职员队伍，难以转变名声吸引顶尖学生	有机会换领导班子和吸引新教职员，但现有教职员会抗拒	有机会选择优秀的教职员和学生，但难以选择到顶尖的学生。需要积累研究和教学传统
成本	成本较低	中间	成本较高
治理	在同样的规则框架下，转变运作模式困难	比现存机构更有可能根据不同的法律地位行事	有机会创建新的框架

续表

条件/途径	提升现有学院	合并现有学院	建立新学院
校园文化	依靠内部难以转变	在原有各校文化的基础上建立一种新的文化可能比较困难	有机会创造精英文化
改变管理模式	与所有利益相关者开展咨询与交流的大规模活动	以"规范"途径对所有利益相关者进行期望标准和校园文化的教育	以"环境适应力"途径与新教育机构交流，并使其进入社会市场

在文章最后的附件中，作者给出了世界一流大学的关键特征，这就是：具有国际声誉的研究；具有国际声誉的教学；在这些领域中具有一批研究明星和领军人物；不仅得到其他世界级大学如美国常春藤盟校的承认，并得到高等教育以外领域的承认；具有一些世界级的系科（不必全部都是）；确定并建设自己的研究实力并具有独特的声誉和重点，如"重点学科"；产生革新性观点以及大量的基础性和应用性研究；产生开创性的研究成果，得到同行的承认和获奖，如诺贝尔奖；吸引最具能力的学生并培养出最优秀的毕业生；吸引和留住最优秀的教职员；能够从国际市场招募教职员和学生；吸引大量研究生从事教学和研究；从国外吸引大量学生；在全球市场内运营并且许多活动国际化，如研究网络、学生与教职员交流、具有国际地位的访问者的访问量；具有非常健全的财务基础；获得大量捐赠资本和所得；具有各种收入资源，如政府的、私营企业的、研究所得、海外学生的学费；为教员和学生提供高质量的、支持性的研究和教育环境，如高质量的建筑、设施以及良好的校园环境；拥有一流的管理团队，其具有战略眼光和实施计划的能力；培养的毕业生最终能够获得有影响力的或/和有权力的位置，能够呼风唤雨，如总理和总统；通常具有时间很长的成就辉煌的历史，例如英国的剑桥和牛津、美国的哈佛；对社会和时代作出巨大贡献；长期作为世界顶尖大学和系科的基准；有信心制定自己的办事议程。

二、国内高等教育竞争力研究综述[①]

1. 高等教育竞争力内涵

杨志坚认为高等教育的国际竞争力是国家国际竞争力的重要组成部分和基础，高

_____

① 本节对中国大陆的高等教育竞争力研究进行综述，由方勇撰写。

等教育国际竞争力主要是指高等教育在人才培养数量与质量、科学研究水平等方面对社会经济、科技文化发展需要的满足度，以及在高等教育国际化环境下直接参与国际竞争的基本能力。从整体来讲，高等教育国际竞争力的要素包括政策环境、运行机制、人才培养、科学研究、社会服务、国际化程度等，而核心要素是科学研究和人才培养[①]。

曲恒昌认为随着经济全球化和教育国际化的迅猛发展以及高等教育大众化和普及化阶段的来临，市场经济的原则开始广泛渗入或导入高等教育领域。各国高等教育要成为市场竞争的优胜者，首先必须获取国际竞争优势。一国高等教育的国际竞争优势，主要表现为一流的教育质量及对国外学生的强大吸引力，从而在国际教育服务贸易的竞争中处于明显的优势地位。只有打造大学的核心竞争力，才能提升我国高等教育的国际竞争优势。大学核心竞争力是大学利用和整合校内外的各种物力、财力和人力等资源，取得优质教学、科研和服务成果及可持续竞争优势的能力[②]。

汪金龙认为高等教育国际竞争力主要可以归纳为三点：人才培养的能力（核心竞争力），科研成果转化、教育产品开发、教育国际贸易的程度（显性竞争力），以及国际知名度（隐性竞争力）。人力资源培养是高等教育国际竞争的核心，教育软件市场是高等教育国际竞争的热点，高等教育国际化是高等教育国际竞争的关注点[③]。

刘思安认为高等教育国际竞争力可以归纳为：人才培养的能力、学科和实验室建设的水平、科技开发与成果转化的能力、教育国际贸易和国际知名度。一个国家的高等教育国际竞争力有赖于这个国家拥有世界一流大学和世界一流学科的数量[④]。

朱冬辉认为高等教育国际竞争力是一个动态的属性化的概念，应从两个方面来加以考虑：一是注重从持续发展的竞争能力角度来衡量高等教育国际竞争力，强调其持续发展的能力；二是高等教育国际竞争力是一个综合性概念，应从多角度、多方面来衡量。高等教育国际竞争力可定义为一个国家的高等教育发展体系在世界经济一体化的形势下，与世界各国高等教育发展体系相比较所具有的持续发展的能力，它是以高等教育的管理体制为研究主体、其持续发展的国际竞争能力为研究核心、对经济发展的促进作用为研究目标的重要研究课题，是一个国家综合国际竞争力的重要组成

① 杨志坚. 进一步提升我国高等教育的国际竞争力 [J]. 中国高等教育, 2001 (23): 15.

② 曲恒昌. 打造大学的核心竞争力，提升我国高教的国际竞争优势 [J]. 比较教育研究, 2005 (2): 80 - 81.

③ 汪金龙. "入世" 与我国高等教育的国际竞争力 [J]. 吉林教育科学·高教研究, 2001 (1): 8 - 9.

④ 刘思安. 高校引智是增强我国高等教育国际竞争力的有效途径 [J]. 理工高教研究, 2003 (2): 19 - 20.

部分①。

　　杨丽君、王萍认为高等教育国际竞争力是一个具有层次性的综合概念，其显在的表现是众多潜在因素（包括内部因素与外部因素、主观因素与客观因素、可量化因素与不可量化因素等）共同作用的结果，既表现为静态的结果，又表现为动态的变化过程。高等教育国际竞争力是一个由教育基础（表示高等教育中的资源对象）、教育主体（表示高等教育中的人力对象）、科学研究（表示高等教育中的核心对象）和教育投入（表示高等教育中的经济支撑）四元组构成的有机体。高等教育国际竞争力的内涵包括基础、主体、核心、支持这四个核心要素，即强调高等教育在全球范围内提升教育基础地位（包括物质基础和精神基础）的能力；强调高等教育中主体因素即教师和学生在国际竞争中的主体地位；强调高等教育国际竞争中的最核心要素——科学研究在国际范围的竞争能力；强调高等教育中教育投入的力度和范围及在国际范围的竞争能力②。

　　朱红、朱敬等认为高等教育国际竞争力包括核心竞争力、基础竞争力和环境竞争力，其中最重要的是核心竞争力。核心竞争力主要指高校的累积性知识和文化，特别是关于如何协调高校不同部门之间、高校与其他部门之间的能力以及高校整合各种技术、各类人才、各种文化和办学方向的能力；基础竞争力主要指高等教育发展所需基础条件方面的竞争力，包括教育信息化程度、基础设施建设、科学研究能力、信息素质水平、高校管理制度等方面的竞争力；环境竞争力主要指高等教育所涉及的体制、法制、政策方面的竞争力，包括政府支持力度、投资筹资体制等方面的竞争力③。

　　杨广耀、刘志旺认为高等教育竞争力是指在全球经济发展环境下，高等教育自身的成长和发展能力，以及对经济发展和社会进步的贡献能力④。

　　李鸣认为所谓高等教育的核心竞争力可分别从内涵与外延上来理解。从内涵上看，是指某一高等教育所具有的由先进高教理念与组织创新、价值创新、技术创新和管理创新整合而成的一种关键能力，并使其在国内外高等教育领域里处于相当水平的位置，具有明显竞争优势的能力。从外延上看，应分三个层面来认识：宏观层面、区域层面和微观层面。就宏观层面而言，主要是指一个国家高等教育的核心竞争力，反映一个

　　① 朱冬辉. 高等教育国际竞争力指标体系的建立及提升问题初探 [J]. 统计与信息论坛，2005（6）：25.
　　② 杨丽君，王萍. 高等教育国际竞争力的内涵及其评价意义 [J]. 湖南师范大学教育科学学报，2007（2）：79.
　　③ 朱红，朱敬，等. 中国高等教育国际竞争力比较研究 [M]. 天津：天津大学出版社，2010：14-15.
　　④ 杨广耀，刘志旺. 高等教育竞争力评价总体思路及评价指标体系 [J]. 科技情报开发与经济，2007（19）：203.

国家高等教育的整体水平和综合实力；就区域层面而言，主要是指某个地区的高等教育的核心竞争力，反映某一地区的高等教育的水平与竞争力；就微观层面而言，主要是指单一高等院校所具有的核心竞争力，反映的是单一高等院校所具有的优势与竞争力。微观层面的高等教育核心竞争力是区域层面和宏观层面高等教育核心竞争力的基础（或细胞），区域层面高等教育则是宏观层面的骨架与特色板块，宏观层面高等教育则是微观与区域层面的集成与体系①。

牛宏泰认为高等教育核心竞争力是高等教育生产力、高等教育文化力、高等教育经营力三者的总和。高等教育生产力包括高等教育者、高等教育工具、高等教育对象三个方面的教育资源，教育者指师资队伍、学科专业、课程等，教育工具指教育投入、相关教育场所、设施及仪器设备、教材、教育技术、图书资料等物化的教育资源，教育对象指生源等。高等教育文化力是一所高等学校在长期的办学过程中所形成的独有的文化积淀，包括办学指导思想与办学思路、教育观念与办学理念、办学特色、办学定位、人才培养方案与模式、学科专业与课程设置、名牌专业、精品课程、优秀教材、教学方法改革与教育技术进步、独特的大学精神、优良传统、校风、校训、校旗、校歌、学风、教风、校徽以及各种规章制度等综合形成的大学精神、传统和大学文化底蕴与育人氛围。高等教育经营力是一所高等院校以历任院长校长为首的领导管理决策群在"打造"、"经营"这所高校过程中形成的"综合力"或"经营累积"②。

2. 高等教育竞争力评价指标体系

朱冬辉认为高等教育国际竞争力包含高等教育的管理体制、其持续发展的国际竞争能力和对经济发展的促进作用等内容，高等教育国际竞争力的统计指标体系也应从这三个方面加以考虑。其中，高等教育的管理机制及管理水平指标包括高等教育政策指标、高等教育的发展规模指标、高等教育中国家财政性教育经费占 GDP 的比重指标、高等教育管理部门的服务质量指标；高等教育持续发展的国际竞争能力指标包括办学资源统计指标、教学水平统计指标、科学研究统计指标、学校声誉统计指标；高等教育发展对经济促进作用的指标包括高等教育的发展对经济的促进效果、高等教育学历人才、高校科研成果实际采用数及其效益考核、高等教育收益率、高等教育发展对

---

① 李鸣. 高等教育核心竞争力的界定与提升策略 [J]. 桂林电子科技大学学报, 2007（2）: 143 - 144.
② 牛宏泰. 论高等教育核心竞争力 [J]. 高等农业教育, 2008（11）: 12 - 13.

GDP 增长速度的贡献率[①]。

　　杨丽君、王萍建立了高等教育国际竞争力的评价指标体系，一级指标有 4 个：教育基础、教育主体、科学研究、教育投入，二级指标有 9 个：基础设施、社会声誉、国际化水平、教师资源、学生情况、科研基础、科研产出、政府投入、社会投入，二级指标下又设立若干三级指标（见表 1.3）。

表 1.3　高等教育国际竞争力评价指标体系

一级指标（%）	二级指标（%）	三级指标（%）
教育基础（23.6）	基础设施（39.5）	计算机（22.6） 网络建设（21.6） 教研服务设施（18.4） 文献资料（20.9） 数据库（16.5）
	社会声誉（31.3）	年招生计划完成率（67） 与国内外公司建立合作关系的数目（33）
	国际化水平（29.2）	年派遣出国留学人数（21.5） 年接收国外留学人数（21.5） 与国外合作培养人数（20.4） 每年举办国际会议数（18） 每年参加国际会议的人数（18.6）
教育主体（25.8）	教师资源（49.2）	教授、副教授、讲师比例（21.4） 两院院士人数（18.1） 博士生导师数量（19.8） 博士、硕士学位获得者比例（21.9） 外籍教师人数（18.8）
	学生情况（50.8）	博士生数（24.9） 硕士生数（25.9） 本科生与研究生比例（25.1） 学生毕业去向（23.1）

---

　　① 朱冬辉. 高等教育国际竞争力指标体系的建立及提升问题初探［J］. 统计与信息论坛，2005（6）：26 - 27.

续表

一级指标（％）	二级指标（％）	三级指标（％）
科学研究（26.4）	科研基础（47.4）	博士点数（25.2） 硕士点数（25.7） 重点学科与重点实验室个数（24.6） 与国内外学术机构建立合作关系的数目（24.5）
	科研产出（52.6）	学校在国内外学术刊物上发表论文总数（17.1） 学校论文发表被引用情况（15.3） 人均发表论文数（16.4） 科研成果获奖数（16.5） 科研经费总额（17.6） 人均科研经费（17.1）
教育投入（24.2）	政府投入（66.3）	年政府拨款教育总经费（43.7） 政府拨款教育经费占学校拨款总经费比重（56.3）
	社会投入（33.7）	学费收入（56.4） 年社会捐赠教育总经费（43.6）

资料来源：杨丽君，王萍. 高等教育国际竞争力的内涵及其评价意义［J］. 湖南师范大学教育科学学报，2007（2）：81.

赵宏斌根据评价的科学性、系统性、可比性、可行性和目标导向性等原则，建立了三级的高等教育竞争力指标体系。一级指标包括资源和效率 2 个，二级指标包括教育规模、经费投入、基础设施、师资力量、科研水平和人才培养 6 个，二级指标下又设立若干三级指标（见表 1.4）。

表 1.4　高等教育竞争力指标体系

一级指标	二级指标	三级指标
资源	教育规模	每百万人口高校数 每千万人口重点高校数 每万人口在校生数 每万人口重点高校在校生数 每万人口在校研究生数 硕士生数占在校生总数比例 博士生数占在校生总数比例

一级指标	二级指标	三级指标
资源	经费投入	生均高等教育经费 区域高等教育经费投入占区域 GDP 比例 预算内高等教育经费占区域财政支出比例 区域生均高等教育经费与全国生均高等教育经费比 区域生均预算内高等教育经费与全国生均预算内高等教育经费比 师均预算内科研经费 师均科研经费
	基础设施	平均每所学校占地面积 生均校舍面积 生均固定资产数 生均图书量 生均教学仪器数
	师资力量	正高级专任教师占专任教师的比例 副高及以上专任教师占专任教师的比例 具有博士学位的专任教师占专任教师的比例 生师比
效率	科研水平	师均论文数 师均国际三大检索论文数 师均 R&D 项目数 师均专利授权数 获奖总数 五年内国家奖总数 五年内优秀博士论文总数
	人才培养	毕业率 就业率

资料来源：赵宏斌. 中国区域高等教育竞争力研究 [J]. 国家教育行政学院学报，2008 (8)：27.

朱红、朱敬等建立了四级的高等教育国际竞争力评价指标体系，一级指标包括核心竞争力、基础竞争力和环境竞争力 3 项，二级指标有科研成果、人力资源、信息资源、设备资源、微观管理资源、技术资源、宏观管理资源、资金投入等（见表1.5）。

表 1.5　高等教育国际竞争力评价指标体系

一级指标	二级指标	三级指标	四级指标
核心竞争力			
基础竞争力	科研成果	项目指标	火炬项目、863项目、973项目、985项目、国家自然科学基金项目、国家社会科学基金项目等国家级项目完成数量
		论著指标	图书出版、论文发表等数量
		获奖指标	科研项目和论著获奖数量
		被摘录指标	SCI、EI、ISTP 三大检索刊物摘录高等院校论文数量
	人力资源	科技活动人员总数	教授、副教授人数及其占科技活动人员总数比例
		研究发展人员总数	教授、副教授人数及其占研究发展人员总数比例
		研究发展全时人员总数	教授、副教授人数及其占研究发展全时人员总数比例
	信息资源	数据库资源	数据库数量、质量和结构
		印刷品资源	藏书总量、期刊种数、外文书刊拥有量占印刷品资源藏书总量的比例、灰色文献拥有量
	设备资源	国家重点实验室数量	
		实验室大型仪器设备数量	
		实验室经费投入数量	
	微观管理资源	教学管理、科研管理、学生管理、人才招聘	
	技术资源	研究与发展机构情况，申请或授权的发明专利的总数，技术转让情况	

续表

一级指标	二级指标	三级指标	四级指标
环境竞争力	宏观管理资源	一个国家或地区的教育管理政策	
	资金投入	科研事业费、主管部门专项费、其他政府部门专项费、企事业单位委托经费、各种收入中转为科技经费、其他	

资料来源：朱红，朱敬，等．中国高等教育国际竞争力比较研究［M］．天津：天津大学出版社，2010：27.

3. 高等教育竞争力评价方法研究

关于高等教育竞争力的评价方法，国内使用较多的有主成分分析、因子分析、聚类分析等。如史本山、曹阳龙运用主成分分析和聚类分析相结合的方法，对我国各地区高等教育的综合竞争力进行了考查，进而得出不同地区高等教育的资源优化配置能力以及提升其竞争力的对策[1]。高耀、刘志民采用因子和聚类分析法对全国 31 个省、自治区和直辖市的高等教育核心竞争力进行了测度、排序和分类[2]。赖燕玲、吴智鹏运用因子分析、主成分分析和聚类分析等方法，将我国的区域高等教育竞争力划分为五个层次[3]。

杨丽君、王萍通过建立模糊评价数学模型来评价高等教育国际竞争力，她们认为教育国际竞争力的评价具有模糊性，不仅教育竞争力等级的分类具有模糊性，而且教育竞争力的影响因素、教育信息化系统的信息也具有模糊性。而模糊综合评价是基于评价过程的非线性特点提出的，它是利用模糊数学中的模糊运算法则，对非线性的评价论域进行量化综合，从而得到可比的量化评价结果的过程[4]。

赵宏斌在其建立的高等教育竞争力指标体系基础上，采用因子分析的评价方法，对我国 31 个省级区域高等教育的竞争力进行了评估。具体方法是：从 31 个变量中提取到 5 个公共因子，采用回归法计算各个公共因子的得分系数，根据公共因子得分系数矩阵，建立计算公共因子得分的模型：

①　史本山，曹阳龙．中国区域高等教育竞争力综合评价［J］．价值工程，2006（11）：15－18.
②　高耀，刘志民．中国省域高等教育核心竞争力最新测度——基于因子和聚类分析法的实证研究［J］．江苏高教，2010（2）：39－41.
③　赖燕玲，吴智鹏．我国区域高等教育竞争力的实证研究［J］．煤炭高等教育，2006（5）：56－60.
④　杨丽君，王萍．高等教育国际竞争力的内涵及其评价意义［J］．湖南师范大学教育科学学报，2007（2）：81－82.

$$F_i = \sum_{j=1}^{31} a_{ij} X_{ij}, \ i = 1,2,3,4,5$$

将各个指标相对应的数据 X_{ij} 以及五个公共因子的得分系数 a_{ij} 代入上面的线性模型，就可以分别计算出 5 个公共因子的得分 F_i。再利用计算式 $F = F_1 \times 41.46\% + F_2 \times 26.60\% + F_3 \times 9.76\% + F_4 \times 5.64\% + F_5 \times 4.39\%$，把每个样本（省级区域）中公共因子的得分与其方差贡献率的积相加，就得到了区域高等教育竞争力的综合得分。他以各个省、自治区、直辖市的高等教育竞争力得分作为聚类分析变量，根据同类离差平方和最小的原则，把我国 31 个区域划分为 5 类[①]。

　　朱红、朱敬等把高等教育国际竞争力评价方法分为总体评价方法和分类评价方法，其中总体评价方法包括指数法、SWOT 分析方法[②]、Benchmarking 分析方法、价值链分析方法、人际网络分析方法、关键成功因素分析方法，分类评价方法包括教学水平评价方法、科研水平评价方法、人力资源评价方法、信息资源评价方法、设备资源评估方法、管理资源评估方法。她们运用 SWOT 分析对中国高等教育的机会、威胁、优势和劣势进行了探讨，得到了提升中国高等教育国际竞争力的策略建议：①SO 策略：继续深化高等教育改革，注重高等教育质量建设，继续扩大国际影响力，吸引外国留学生；②WO 策略：不断提升我国整体国力，加大吸引人才回国或为国服务的力度，继续深化高等教育改革；③ST 策略：加大教育投入，深化高等教育改革，加强经济建设，创造就业机会；④WT 策略：加强经济建设，提升我国整体实力，加大教育投入，重视教育发展[③]。

　　① 赵宏斌. 中国区域高等教育竞争力研究 [J]. 国家教育行政学院学报，2008（8）：26－30.
　　② SWOT 是 strenghs（优势）、weaknesses（劣势）、opportunities（机会）、threats（威胁）的首字母缩写。SWOT 分析是指通过对竞争主体具有的优势和劣势以及面临的机遇和威胁进行综合平衡，探寻决策之道的方法。
　　③ 朱红，朱敬，等. 中国高等教育国际竞争力比较研究 [M]. 天津：天津大学出版社，2010：129－134.

第二章
高等教育竞争力评价理论

一、高等教育竞争力概念界定

联合国教科文组织多次对"高等教育"这一概念进行了界定，1962 年在非洲召开的有 44 个国家参加的高等教育会议认为，"高等教育是指大学、文学院、理工学院和师范学院等机构所提供的各种类型的教育，其基本入学条件为完成中等教育，一般入学年龄为 18 岁，学完课程后授予学位、文凭或证书，作为完成高等学业的证明"①。1993 年在《关于承认高等教育学历和资格的建议》中认为，"高等教育指的是国家主管当局批准的，作为高等教育机构的大学或其他教育机构提供的各类中等教育后水平的学习、培训或研究性培训"②。

1976 年，联合国教科文组织制定了《国际教育标准分类法》，之后在 1997 年作了修订。修订后的《国际教育标准分类法》提出高等教育包括第一阶段（不直接获得高级研究资格，第 5 级）和第二阶段（可获得高级研究资格，第 6 级），其中第 5 级按照课程的类型又分为 5A 和 5B 两种，5A 指理论型的/为研究作准备的/可从事高技术要求的职业的课程，5B 指实用的/技术的/适应具体职业的课程③。

《世界教育辞典》这样界定高等教育："作为一种同类概念的高等教育，各国有别，但共同要素是：中等后阶段的教育；除了学位授予机构和课程外包括短期课程或者更加实际的

---

① 《简明不列颠百科全书》编辑部. 简明不列颠百科全书：3 ［M］. 北京：中国大百科全书出版社，1985：289.
② 转引自卢晓中. 高等教育：概念的发展及认识 ［J］. 高教探索，2001（3）：60.
③ UNESCO. 国际教育标准分类法（ISCED1997）［R］. 1997.

职业性教育；入学条件的多样化；学习场所多样化与弹性化；积极接受成人入学。"①

《现代汉语词典》这样定义高等教育："在中等教育的基础上，培养具有专门知识、技能的人才的教育。实施高等教育的学校有大学、专门学院等。"②

1999 年施行的《中华人民共和国高等教育法》第二条第二款规定："本法所称高等教育，是指在完成高级中等教育基础上实施的教育。"③

综合以上及其他高等教育的概念定义，本课题组认为：在教育层次上，高等教育是中等教育以上的教育；在教育内容上，高等教育是专门化的教育；在教育实施机构上，高等教育是由大学、专门学院等机构来实施的教育。

2008 年，中央教育科学研究所国际比较教育研究中心在课题"中国教育竞争力的国际比较研究"（中央教育科学研究所 2008 年度基本科研业务费专项基金课题，课题编号：GY200846）的结题报告中，对教育竞争力的内涵作了这样的定义，即"教育竞争力是一个国家综合实力的重要组成部分，是国家通过改善教育内部和外部的条件，优化教育质量，培养创新人才，普遍提高国民素质，并扩大教育影响力，从而在国际竞争中取得人力资源储备之优势的能力"④。

为了使教育竞争力的量化评价得以实现，该课题组进一步简化了教育竞争力的定义，即"教育竞争力是一个国家的教育产出在和别国比较时所具有的相对优势和能力，其内涵包括 4 个层面：教育发展水平，包括正规与非正规教育的规模以及教育质量；教育对人力资源的贡献；教育对经济的贡献；教育对知识创新的贡献"⑤。

本课题组继续沿用以上看法，认为"高等教育竞争力是一个国家的高等教育产出在和别国比较时所具有的相对优势和能力，其内涵包括 4 个层面：高等教育发展水平；高等教育对人力资源的贡献；高等教育对经济的贡献；高等教育对知识创新的贡献"。

二、高等教育竞争力的评价模型

高等教育竞争力是一个复杂的系统，它由许多子系统组成，同时又是更大系统的

---

① 平塚益德. 世界教育辞典 [M]. 黄德诚，等，译. 长沙：湖南教育出版社，1989：123.

② 中国社会科学院语言研究所词典编辑室. 现代汉语词典 [M]. 5 版. 北京：商务印书馆，2005：450.

③ 中华人民共和国高等教育法 [M]. 北京：法律出版社，1998：4.

④ 中央教育科学研究所国际比较教育研究中心. 中国教育竞争力的国际比较研究 [R]. 中央教育科学研究所，2009.

⑤ 中央教育科学研究所国际比较教育研究中心. 中国教育竞争力的国际比较研究 [R]. 中央教育科学研究所，2009.

子系统。高等教育竞争力系统的构成非常复杂，其众多的要素以不同的方式存在，处于不同的维度和层次上，它们共同集成高等教育竞争力。为了使高等教育竞争力的评价得以实现，我们运用层次分析法（Analytic Hierarchy Process，AHP），把高等教育竞争力评价这一复杂问题进行简化。

层次分析法是美国运筹学家萨狄（T. L. Saaty）在20世纪70年代提出的一种多准则决策方法，该方法是对较为复杂和模糊的问题作出决策的简易方法，它为那些难以完全定量分析的问题的决策和排序提供了一种简捷而实用的建模方法。运用层次分析法建构模型，研究和处理问题，可按五个步骤进行：①建立递阶层次结构模型；②构造出各层次中的所有判断矩阵；③指标数据同化即标准化处理；④层次单排序及一致性检验；⑤层次总排序及一致性检验①。

经过分析，并基于前面作出的高等教育竞争力的内涵定义，我们认为高等教育竞争力的影响因素包括高等教育投入、高等教育发展水平、高等教育的贡献等（见图2.1）。

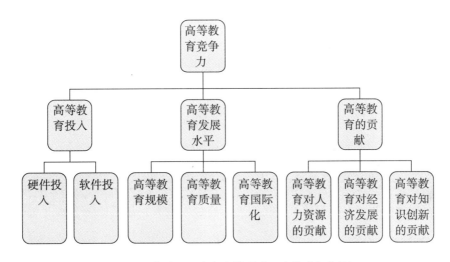

图2.1　高等教育竞争力的影响要素构成框架图

高等教育投入包括硬件投入和软件投入，其中硬件投入指人力、财力和物力的投入，它们是一个国家教育系统维持运转的必要条件；软件投入指教育政策、教育观念、教育管理等，它们是一个国家教育发展环境的反映。古人曰："十年树木，百年树人"，教育的发展需要长期的积累，教育投入的作用和功效是间接的和滞后的，它是通过推

---

① 倪鹏飞. 中国城市教育竞争力比较［M］. 北京：社会科学文献出版社，2009：39–40.

动教育系统的运转，由教育的产出对教育竞争力产生影响。所以，我们认为高等教育投入是一个国家高等教育竞争力的影响因素，而不是高等教育竞争力的直接构成因素。

高等教育发展水平是一个国家高等教育系统运转的产出，它可以从这个国家高等教育发展的规模、质量和国际化程度来反映。高等教育除了自身的产出，还通过培养人、满足经济发展需要、进行知识创新等活动，对经济社会科技等诸多方面产生作用和贡献。高等教育的贡献是一个国家高等教育系统的竞争力的重要表现。

基于以上分析，我们建立了高等教育竞争力评价的火箭模型（见图2.2），以使高等教育竞争力的量化评价得以实现。

图2.2　高等教育竞争力评价的火箭模型

高等教育竞争力评价的火箭模型共三级，第一级是高等教育投入，它是火箭的启动级，有了高等教育投入，高等教育系统的火箭才会发射升空；第二级是高等教育发展水平，它是火箭的中间部分，它把高等教育系统的火箭向高处推进；第三级是高等教育的贡献，它通过高等教育对经济社会的作用与贡献，把高等教育系统的火箭推向更远。

把高等教育竞争力模拟为一个三级火箭，一方面火箭的发射和飞行能反映高等教育竞争力中的力的概念；另一方面，一个火箭冲得越高、飞得越远，表示高等教育竞争力就越强。

基于高等教育竞争力评价的火箭模型，我们把高等教育竞争力评价进一步量化。高等教育投入是火箭的启动级，它对火箭的升空有影响，但不直接决定火箭飞行的高度和距离，所以按照我们前面的分析，高等教育投入只作为高等教育竞争力的影响因素，而不参与高等教育竞争力的直接构成运算。高等教育发展水平和高等教育的贡献，作为火箭的第二级和第三级，直接决定火箭升空后飞行的高度和距离，所以它们是高等教育竞争力的直接构成。

我们采用竞争力评价中常用的加权方法对高等教育竞争力进行评价，即首先建立高等教育竞争力评价指标体系，然后通过指标的加权和，来反映高等教育竞争力的大小。用数学公式表示如下：

设高等教育竞争力评价指标体系有 n（n 为正整数）项指标，每项指标及其无量纲化处理后的数值用 X_i（$1 \leq i \leq n$）表示，X_i 的权重用 W_i（$1 \leq i \leq n$）表示，$\sum_{i=1}^{n} W_i = 1$，则高等教育竞争力 F 可表示为：

$$F = \sum_{i=1}^{n} W_i X_i$$

三、高等教育竞争力的评价指标体系

1. 高等教育竞争力评价指标体系

为了建立高等教育竞争力的评价指标体系，我们在对国内外主要教育指标体系进行了系统梳理的基础上，对这些指标作了相关分析和一致性检验，筛选出与高等教育竞争力较为相关的指标。

然后，依据高等教育竞争力评价的火箭模型，遵循指标数据的敏感性、可获得性和国际可比性的原则，对这些指标进一步进行遴选，构建了 2 个维度 12 项指标的高等教育竞争力评价指标体系（见表 2.1）。

表 2.1　高等教育竞争力评价指标体系

指标维度	指标类型	指标名称（绝对值／相对值）	指标数据来源
高等教育发展水平	高等教育规模	高等教育毛入学率	WEF
		在校大学生人数（千人）／每千人中在校大学生人数	UNESCO
	高等教育质量	高等教育同行评价	THE
		高等教育毕业生雇主评价	THE
	高等教育国际化	外国留学生人数（每一千居民中）	IMD

续表

指标维度	指标类型	指标名称（绝对值／相对值）	指标数据来源
高等教育 的贡献	高等教育对人力 资源的贡献	诺贝尔奖获得者人数	IMD
		25—34 岁受过高等教育人口比例	IMD
		全职研发人员数（千人）／每千人中全 职研发人员数	IMD
	高等教育对经济 发展的贡献	大学教育是否满足竞争经济的需要	IMD
		大学与企业的合作	IMD
	高等教育对知识 创新的贡献	科技论文数／每千人科技论文数	IMD
		专利数／每千人专利数	IMD

维度一：包括反映高等教育发展水平的高等教育规模、高等教育质量、高等教育国际化三个方面的 5 项指标。

维度二：反映高等教育的贡献，包括高等教育对人力资源的贡献、高等教育对经济发展的贡献、高等教育对知识创新的贡献三个方面的 7 项指标。

为了反映人口规模不同的国家的教育发展情况，表 2.1 中部分指标分为绝对值和相对值两类，其目的是通过这种分类，力求既能反映一个国家该指标的绝对数值，也能反映该国该指标的人均水平。

2. 高等教育竞争力评价指标来源及解释说明

为了保证指标的国际可比性和指标数据的可获得性，我们构建的高等教育竞争力评价指标体系中的所有 12 项指标及其数据都选自国际组织公开发布的报告，这些报告包括：世界经济论坛（WEF）的《全球竞争力报告 2009—2010》[①]、国际管理发展学院（IMD）的《世界竞争力年鉴 2009》[②]、联合国教科文组织（UNESCO）的《全民教育全球监测报告 2010》[③] 和英国《泰晤士报高等教育副刊》（*The Times Higher Education Supplement*，THE）的 2010 年度世界大学排行榜（前 400 名）。根据指标的数据情况，数据分为硬数据和软数据两类，硬数据指国际组织公布的统计数字，软数据指国际组织采用问卷调查获得的数据。

以下是对 12 项高等教育竞争力评价指标的来源和内涵的简要说明。

---

① WEF. The Global Competitiveness Report 2009–2010 ［R］. WEF, 2009.

② IMD. World Competitiveness Yearbook 2009 ［R］. IMD, 2009.

③ UNESCO. EFA Global Monitoring Report 2010 ［R］. Oxford University Press, 2010.

指标 1：高等教育毛入学率

高等教育毛入学率是指高等教育阶段在校学生总数与政府规定的该学龄段人口总数的百分比。该指标及其数据取自 WEF 的《全球竞争力报告 2009—2010》，该指标数据为硬数据，数据年份为 2007 年。

指标 2：在校大学生人数（绝对值和相对值）

在校大学生人数是指在高等教育机构注册的学生人数，该指标及其绝对值数据取自 UNESCO 的《全民教育全球监测报告 2010》，该指标数据为硬数据，数据年份为 2007 年。在校大学生人数相对值是指每千人中在校大学生人数。

指标 3：高等教育同行评价

"同行评价"是 THE 世界大学排行榜的一项指标，该指标数据是 THE 对世界大学声誉的调查得分。该项调查在全世界范围内进行，调查对象包括以前参加过调查的人和两套大型国际数据库的抽样用户，即从"世界科学"数据库用户的 18 万个电子邮件地址中和马德维公司"国际图书信息服务"数据库用户中抽取样本（被调查者）。被调查者要在 5 个学科领域，即文科与人文、工程与信息技术、生命科学与生物医学、自然科学和社会科学分别提名他们所认为的世界上最好的大学。先分别计算 5 个学科领域的得分，然后计算该指标的总分，每个学科领域都分配地区权重，以保证世界三个主要地区美洲、欧洲及中东、非洲和亚太有同等的呈现机会。最终得分是基于被调查者连续三年回应的数值来计算①。

本课题组汇总了各国家大学的"同行评价"得分，以作为该国"高等教育同行评价"的得分。"高等教育同行评价"指标数据属于软数据，数据年份为 2009 年。

指标 4：高等教育毕业生雇主评价

"雇主评价"是 THE 世界大学排行榜的一项指标，该指标数据是 THE 对世界大学毕业生的就业能力进行的调查得分。该项调查在全世界范围内进行，要求雇主从毕业生就业能力的角度对其所毕业大学进行评价。该指标运用全球在线调查，让被调查者按学科领域对国内和国外的大学分别进行提名打分。得分结果基于被调查者连续三年反应数据的数值来计算，计算时运用地域权重，以保证世界各地区的代表性②。

本课题组汇总了各国家大学的"雇主评价"得分，以作为该国"高等教育毕业生雇主评价"的得分。"高等教育毕业生雇主评价"指标数据属于软数据，数据年份为

---

① 方勇，李建忠. THE - QS 世界大学排行榜评析［J］. 大学·研究与评价，2009（6）：77.
② 方勇，李建忠. THE - QS 世界大学排行榜评析［J］. 大学·研究与评价，2009（6）：77.

2009 年。

指标 5：外国留学生人数（每一千居民中）

外国留学生人数是指每一千居民中在高等教育阶段的外国留学生人数。该指标及其数据取自 IMD 的《世界竞争力年鉴 2009》，该指标数据为硬数据，数据年份为 2006 年。

指标 6：诺贝尔奖获得者人数

诺贝尔奖获得者人数是指 1950 年以来在物理学、化学、生理或医学、经济学领域获得诺贝尔奖的人数。该指标及其数据取自 IMD 的《世界竞争力年鉴 2009》，该指标数据为硬数据，数据年份为 2008 年。

指标 7：25—34 岁受过高等教育人口比例

25—34 岁受过高等教育人口比例是指 25—34 岁的人口中至少受过高等教育的百分比。该指标及其数据取自 IMD 的《世界竞争力年鉴 2009》，该指标数据为硬数据，数据年份为 2006 年。

指标 8：全职研发人员数（绝对值和相对值）

全职研发人员数绝对值是指一个国家全职参加研究与开发（R&D）活动的人数。该指标及其数据取自 IMD 的《世界竞争力年鉴 2009》，该指标数据为硬数据，数据年份为 2007 年。全职研发人员数相对值是指每千人中全职研发人员数。

指标 9：大学教育是否满足竞争经济的需要

"大学教育是否满足竞争经济的需要"是 IMD 为了测评一个经济体的大学教育是否满足该经济体的竞争经济需要而引入的一项软指标，其数值的获得是基于 IMD 向全球 57 个经济体的问卷调查。该指标及其数据取自 IMD 的《世界竞争力年鉴 2009》，该指标数据为软数据，数据年份为 2009 年。

指标 10：大学与企业的合作

大学与企业的合作是 IMD 为了测评一个经济体的大学与企业在知识转化上的合作而引入的一项软指标，其数值的获得是基于 IMD 向全球 57 个经济体的问卷调查。该指标及其数据取自 IMD 的《世界竞争力年鉴 2009》，该指标数据为软数据，数据年份为 2009 年。

指标 11：科技论文数（绝对值和相对值）

科技论文是指一个国家被 SCI、SSCI 收录的论文，数量按作者的国籍统计，不同国籍作者合作论文以分数统计。该指标及其绝对值数据取自 IMD 的《世界竞争力年鉴 2009》，该指标数据为硬数据，数据年份为 2005 年。科技论文数相对值是指每千人科技论文数。

指标12：专利数（绝对值和相对值）

专利数绝对值是指一个国家居民获得的专利数量的总和。该指标及其绝对值数据取自 IMD 的《世界竞争力年鉴 2009》，该指标数据为硬数据，数据年份为 2007 年。专利数相对值是指每千人专利数。

四、高等教育竞争力的计算方法

根据本课题构建的高等教育竞争力评价指标体系，本项研究采集相关数据对 53 个国家的高等教育竞争力进行了测算和排序，具体计算方法如下：

本项研究首先对所有指标数据进行了无量纲化处理。本项研究根据指标数据情况，采用了直线型无量纲化方法中的阈值法，对所有指标数据进行无量纲化处理。

使用阈值法，对于正向指标（该指标的数值越大越好），无量纲化处理的计算公式为：$X_i = (x_i - x_{min}) / (x_{max} - x_{min})$；对于负向指标（数值越小越好），无量纲化处理的计算公式为 $X_i = (x_{max} - x_i) / (x_{max} - x_{min})$。以上两式中，$X_i$ 为转换后的值，x_{max} 为该指标所有国家的最大样本值，x_{min} 为该指标所有国家的最小样本值，x_i 为该指标第 i 个国家的样本值。用阈值法进行无量纲化处理后的结果取值范围在 0—1 之间。为了方便计算，本项研究把每个指标进行无量纲化处理后的数值统一乘以 100，并定义为每个指标的指数，其取值范围在 0—100 之间。

在计算一个国家高等教育竞争力的综合数值时，本项研究未对每个指标赋予权重，而是采用等权均值的运算方法，即认为每项指标在高等教育竞争力中的作用是一样的。这样，将一个国家每项指标的指数值相加，然后除以 12（全部指标数），便得到该国的高等教育竞争力指数值，依此数值，可以对 53 个国家的高等教育竞争力进行排序。

本项研究将部分指标分为了绝对值和相对值，分别使用绝对值指标指数值和相对值指标指数值对一个国家的高等教育竞争力进行计算，便得到该国高等教育竞争力的绝对值指数值和相对值指数值，二者取平均，便得到该国的高等教育竞争力均值综合指数值。在以上三个数值的基础上，分别对 53 个国家的高等教育竞争力进行均值、绝对值和相对值排名。

第二篇

评价报告

第三章

世界高等教育竞争力评价报告

一、世界高等教育竞争力总体评价报告

依据本项研究确立的高等教育竞争力评价指标体系与计算方法，本课题组对世界上 53 个国家的高等教育竞争力进行了评价和排序，具体结果见表 3.1。

表 3.1 53 个国家高等教育竞争力综合指数值及其排名

国家名称	综合指数值及其排名					
	均值综合指数	排　名	绝对值综合指数	排　名	相对值综合指数	排　名
美国	75.09	1	78.76	1	71.42	1
澳大利亚	46.62	2	39.30	4	53.94	3
英国	44.78	3	40.04	3	49.52	9
芬兰	44.34	4	33.00	9	55.67	2
日本	43.11	5	42.59	2	43.62	14
新西兰	42.27	6	33.91	7	50.62	5
新加坡	41.56	7	33.31	8	49.81	7
加拿大	40.94	8	34.05	6	47.82	6
瑞典	40.60	9	30.57	12	50.63	4
丹麦	40.09	10	31.39	11	48.79	8
挪威	40.09	10	31.50	10	48.68	10
瑞士	38.31	12	30.21	14	46.41	11
以色列	37.46	13	30.28	13	44.64	12

续表

国家名称	综合指数值及其排名					
	均值综合指数	排 名	绝对值综合指数	排 名	相对值综合指数	排 名
韩国	37.03	14	29.43	15	44.63	13
德国	36.53	15	34.21	5	38.85	18
荷兰	36.04	16	29.29	16	42.78	15
爱尔兰	34.32	17	28.25	17	40.39	16
比利时	32.93	18	26.69	20	39.16	17
法国	31.42	19	27.25	19	35.60	20
奥地利	30.22	20	24.26	21	36.18	19
立陶宛	25.31	21	19.00	23	31.63	21
俄罗斯	25.30	22	23.27	22	27.34	24
斯洛文尼亚	23.16	23	16.12	30	30.19	22
爱沙尼亚	23.13	24	17.56	25	28.71	23
希腊	21.07	25	15.14	35	27.01	25
西班牙	20.86	26	16.63	28	25.10	26
意大利	20.44	27	16.95	27	23.93	30
波兰	20.12	28	16.01	31	24.24	27
葡萄牙	19.91	29	16.24	29	23.57	32
阿根廷	19.83	30	15.75	32	23.90	31
匈牙利	19.68	31	15.39	34	23.96	29
捷克	19.62	32	15.10	36	24.14	28
中国	19.15	33	27.60	18	10.70	50
马来西亚	19.00	34	17.51	26	20.50	37
约旦	18.86	35	15.75	32	21.97	35
卢森堡	18.56	36	14.34	38	22.77	33
智利	17.60	37	14.65	37	20.54	36
乌克兰	17.19	38	12.35	42	22.02	34
印度	15.94	39	18.39	24	13.49	47
秘鲁	15.80	40	13.66	40	17.94	38
菲律宾	14.81	41	13.71	39	15.91	41
泰国	14.09	42	11.90	43	16.27	39

国家名称	综合指数值及其排名					
	均值综合指数	排　名	绝对值综合指数	排　名	相对值综合指数	排　名
土耳其	14.07	43	12.43	41	15.71	43
克罗地亚	13.23	44	10.20	44	16.26	40
罗马尼亚	12.92	45	9.95	45	15.89	42
保加利亚	12.23	46	9.43	47	15.03	44
斯洛伐克	11.36	47	7.69	51	15.02	45
委内瑞拉	11.06	48	7.61	52	14.51	46
墨西哥	10.88	49	9.97	46	11.78	48
哥伦比亚	9.60	50	8.11	49	11.10	49
南非	9.02	51	8.05	50	10.00	51
巴西	8.52	52	8.24	48	8.79	52
印度尼西亚	7.42	53	7.42	53	7.42	53

　　为了反映人口规模不同的国家的高等教育竞争力水平，本项研究将评价指标分为绝对值和相对值两类。绝对值指该国的整体水平，相对值指该国的人均水平。目的是通过这种分类，力求既能反映一个国家该指标的绝对数值，也能反映该国该指标的人均水平。均值则是取绝对值和相对值的平均数。

　　均值综合指数排名前10位的国家分别是美国、澳大利亚、英国、芬兰、日本、新西兰、新加坡、加拿大、瑞典、丹麦和挪威，排名后10位的国家分别是克罗地亚、罗马尼亚、保加利亚、斯洛伐克、委内瑞拉、墨西哥、哥伦比亚、南非、巴西和印度尼西亚。中国[①]在均值综合指数上排名第33位。

　　绝对值综合指数排名前10位的国家分别是美国、日本、英国、澳大利亚、德国、加拿大、新西兰、新加坡、芬兰和挪威，排名后10位的国家分别是克罗地亚、罗马尼亚、墨西哥、保加利亚、巴西、哥伦比亚、南非、斯洛伐克、委内瑞拉和印度尼西亚。中国在绝对值综合指数上排名第18位。

　　相对值综合指数排名前10位的国家分别是美国、芬兰、澳大利亚、瑞典、新西兰、加拿大、新加坡、丹麦、英国和挪威，排名后10位的国家分别是保加利亚、斯洛伐克、委内瑞拉、印度、墨西哥、哥伦比亚、中国、南非、巴西和印度尼西亚。中国

----

　　①　本项研究中"中国"特指中国大陆，不包括中国台湾、香港和澳门。

在相对值综合指数上排名第 50 位。

二、世界高等教育发展水平评价报告

本项研究构建了 2 个维度 12 项指标的高等教育竞争力评价指标体系，其中维度一包括反映高等教育发展水平的高等教育规模、高等教育质量、高等教育国际化 3 个方面的 5 项指标。

1. 高等教育规模

反映高等教育规模的指标包括高等教育毛入学率、在校大学生人数（千人）／每千人中在校大学生人数。53 个国家高等教育规模指标指数值及其排名结果见表 3.2。

表 3.2　53 个国家高等教育规模指标指数值及其排名

国家名称	高等教育规模指数	排名	高等教育毛入学率指数	排名	在校大学生人数指数	排名	每千人中在校大学生人数指数	排名
美国	82.07	1	84.14	5	74.85	2	85.15	7
韩国	77.71	2	98.57	2	13.70	8	100.00	1
希腊	72.38	3	100.00	1	2.78	29	86.75	5
芬兰	71.09	4	98.12	3	1.31	37	86.79	4
俄罗斯	70.68	5	73.97	11	39.23	4	95.56	2
斯洛文尼亚	64.29	6	85.99	4	0.48	49	84.70	9
新西兰	62.03	7	81.19	7	1.01	40	84.72	8
乌克兰	61.66	8	73.96	12	11.72	9	86.99	3
立陶宛	60.88	9	78.23	10	0.84	45	86.23	6
瑞典	57.35	10	80.48	8	1.80	32	66.62	15
挪威	56.36	11	79.42	9	0.91	43	65.71	16
澳大利亚	56.33	12	73.75	13	4.44	23	73.37	14
丹麦	56.26	13	82.40	6	0.97	41	59.27	20
阿根廷	55.87	14	68.46	14	8.90	17	77.64	11
波兰	55.71	15	65.50	18	9.17	16	82.69	10

续表

国家名称	高等教育规模指数	排名	高等教育毛入学率指数	排名	在校大学生人数指数	排名	每千人中在校大学生人数指数	排名
爱沙尼亚	51.13	16	65.36	19	0.28	50	73.52	13
西班牙	49.76	17	67.24	15	7.65	19	56.93	21
匈牙利	49.34	18	66.90	16	1.87	31	61.72	19
意大利	46.80	19	65.98	17	8.67	18	46.55	33
英国	44.91	20	58.15	22	9.99	14	53.34	25
爱尔兰	44.64	21	57.67	23	0.78	47	62.42	18
以色列	44.57	22	56.07	24	1.31	36	64.84	17
比利时	44.43	23	62.04	20	1.67	33	51.96	27
日本	42.74	24	55.62	25	17.48	6	42.24	36
荷兰	41.95	25	58.65	21	2.47	30	48.03	31
法国	41.22	26	53.32	27	9.41	15	48.82	30
委内瑞拉	39.74	27			5.90	20	73.59	12
罗马尼亚	39.19	28	49.78	28	3.56	25	53.63	24
葡萄牙	38.80	29	53.41	26	1.56	34	46.84	32
智利	36.24	30	43.12	31	2.82	28	55.90	23
中国	36.11	31	12.93	43	100.00	1	18.57	47
捷克	34.99	32	47.10	29	1.43	35	44.31	35
奥地利	33.32	33	46.27	30	1.07	38	39.68	39
斯洛伐克	33.26	34	40.98	35	0.83	46	50.25	29
保加利亚	31.84	35	42.33	32	1.03	39	41.68	38
加拿大	31.27	36			5.67	21	56.88	22
克罗地亚	30.62	37	41.37	34	0.57	48	39.16	40
泰国	30.23	38			10.00	13	50.45	28
瑞士	30.09	39	42.31	33	0.86	44	34.88	43
约旦	29.19	40	31.42	36	0.93	42	53.00	26

国家名称	高等教育规模指数	排名	高等教育毛入学率指数	排名	在校大学生人数指数	排名	每千人中在校大学生人数指数	排名
土耳其	27.88	41	29.82	37	10.02	12	41.86	37
秘鲁	27.08	42	28.87	38	4.06	24	46.51	34
巴西	24.44	43			19.56	5	29.32	45
哥伦比亚	23.63	44	25.88	39	5.62	22	37.15	41
菲律宾	22.44	45	21.05	41	10.62	10	37.04	42
马来西亚	20.78	46	23.31	40	2.97	27	33.54	44
墨西哥	18.68	47	18.24	42	10.46	11	27.79	46
印度	16.80	48	2.22	45	55.01	3	7.73	50
印度尼西亚	12.29	49	8.90	44	15.64	7	15.74	48
南非	8.92	50			3.16	26	14.69	49
卢森堡	0.00	51	0.00	46	0.00	51	0.00	51
新加坡								
德国								

注：表格中的空白栏表示该项数据缺失，下同。

在高等教育规模的评价上，排在前 10 位的国家分别是美国、韩国、希腊、芬兰、俄罗斯、斯洛文尼亚、新西兰、乌克兰、立陶宛和瑞典，中国排在第 31 位。

在高等教育毛入学率上，排在前 10 位的国家分别是希腊、韩国、芬兰、斯洛文尼亚、美国、丹麦、新西兰、瑞典、挪威和立陶宛，中国排在第 43 位。

在校大学生人数的绝对值指数，排在前 10 位的国家分别是中国、美国、印度、俄罗斯、巴西、日本、印度尼西亚、韩国、乌克兰和菲律宾，中国排在 53 个国家的首位。

在校大学生人数的相对值（每千人中在校大学生人数）指数，排在前 10 位的国家分别是韩国、俄罗斯、乌克兰、芬兰、希腊、立陶宛、美国、新西兰、斯洛文尼亚和波兰，中国排在第 47 位。

2. 高等教育质量

反映高等教育质量的指标包括高等教育同行评价、高等教育毕业生雇主评价两项。53 个国家高等教育质量指标指数值及其排名结果见表3.3。

表3.3 53个国家高等教育质量指标指数值及其排名

国家名称	高等教育质量指数	排　名	高等教育同行评价指数	排　名	高等教育毕业生雇主评价指数	排　名
美国	100.00	1	100.00	1	100.00	1
英国	59.76	2	49.38	2	70.14	2
澳大利亚	29.46	3	25.05	4	33.86	3
德国	25.33	4	28.80	3	21.87	5
加拿大	22.46	5	23.72	5	21.21	6
日本	21.66	6	20.08	6	23.23	4
法国	15.54	7	15.86	7	15.22	7
荷兰	14.57	8	13.92	8	15.22	7
中国	10.05	9	10.52	10	9.57	9
韩国	9.46	10	11.09	9	7.83	14
瑞士	8.52	11	8.97	11	8.07	12
瑞典	7.91	12	8.68	12	7.15	15
新西兰	7.52	13	6.44	16	8.59	11
爱尔兰	7.50	14	5.54	19	9.47	10
比利时	7.34	15	7.92	13	6.77	16
印度	7.23	16	6.53	15	7.93	13
意大利	6.06	17	7.09	14	5.03	18
西班牙	5.41	18	6.33	17	4.49	19
马来西亚	4.66	19	4.26	21	5.05	17
以色列	4.12	20	5.54	18	2.70	30
挪威	4.02	21	3.69	24	4.35	20
丹麦	3.89	22	4.30	20	3.48	24
印度尼西亚	3.59	23	3.51	25	3.66	21
奥地利	3.56	24	4.15	22	2.96	28
新加坡	3.52	25	3.43	26	3.60	22
芬兰	3.24	26	4.01	23	2.48	33
俄罗斯	3.17	27	3.23	27	3.10	25
菲律宾	2.73	28	2.46	30	3.00	27

国家名称	高等教育质量指数	排名	高等教育同行评价指数	排名	高等教育毕业生雇主评价指数	排名
墨西哥	2.71	29	1.88	33	3.54	23
巴西	2.69	30	3.19	28	2.18	34
泰国	2.66	31	2.57	29	2.76	29
阿根廷	2.30	32	1.55	36	3.04	26
南非	2.30	32	1.99	31	2.60	31
智利	2.21	34	1.83	34	2.58	32
波兰	1.95	35	1.94	32	1.96	36
捷克	1.90	36	1.70	35	2.10	35
希腊	0.87	37	0.85	38	0.88	37
葡萄牙	0.61	38	0.92	37	0.30	38
土耳其	0.54	39	0.85	39	0.24	39
立陶宛	0.00	40	0.00	40	0.00	40
斯洛文尼亚	0.00	40	0.00	40	0.00	40
爱沙尼亚	0.00	40	0.00	40	0.00	40
匈牙利	0.00	40	0.00	40	0.00	40
约旦	0.00	40	0.00	40	0.00	40
卢森堡	0.00	40	0.00	40	0.00	40
乌克兰	0.00	40	0.00	40	0.00	40
秘鲁	0.00	40	0.00	40	0.00	40
克罗地亚	0.00	40	0.00	40	0.00	40
罗马尼亚	0.00	40	0.00	40	0.00	40
保加利亚	0.00	40	0.00	40	0.00	40
斯洛伐克	0.00	40	0.00	40	0.00	40
委内瑞拉	0.00	40	0.00	40	0.00	40
哥伦比亚	0.00	40	0.00	40	0.00	40

在高等教育质量的评价上，排在前 10 位的国家分别是美国、英国、澳大利亚、德国、加拿大、日本、法国、荷兰、中国和韩国。从表 3.3 可以看出，美国的高等教育质量得到了世界的公认，其指数值远远高于其他国家，形成了一枝独秀的局面，这一

评价结果与美国拥有众多世界一流大学的现实相吻合。

在高等教育同行评价指标上，排在前10位的国家分别是美国、英国、德国、澳大利亚、加拿大、日本、法国、荷兰、韩国和中国。

在高等教育毕业生雇主评价指标上，排在前10位的国家分别是美国、英国、澳大利亚、日本、德国、加拿大、荷兰、法国、中国和爱尔兰。

3. 高等教育国际化

反映高等教育国际化的指标是每一千居民中外国留学生人数。53个国家的该项指标指数值及其排名结果见表3.4。排在前10位的国家分别是澳大利亚、新西兰、英国、奥地利、法国、约旦、瑞士、德国、挪威和爱尔兰，中国排在第42位。

表3.4　53个国家高等教育国际化指标指数值及其排名

国家名称	每一千居民中外国留学生人数指数	排　名
澳大利亚	100.00	1
新西兰	97.80	2
英国	54.40	3
奥地利	47.40	4
法国	40.20	5
约旦	38.30	6
瑞士	37.30	7
德国	31.40	8
挪威	30.70	9
爱尔兰	30.00	10
卢森堡	24.70	11
比利时	23.40	12
瑞典	23.30	13
加拿大	23.10	14
丹麦	22.30	15
芬兰	21.80	16
捷克	20.70	17
美国	19.20	18
荷兰	16.40	19
葡萄牙	16.00	20

续表

国家名称	每一千居民中外国留学生人数指数	排　名
马来西亚	14.90	21
希腊	14.80	22
匈牙利	14.30	23
保加利亚	12.10	24
南非	11.20	25
日本	10.10	26
意大利	8.30	27
爱沙尼亚	7.80	28
克罗地亚	7.60	29
乌克兰	6.20	30
俄罗斯	5.30	31
斯洛文尼亚	5.30	31
韩国	4.50	33
西班牙	4.00	34
罗马尼亚	3.90	35
波兰	2.90	36
斯洛伐克	2.90	36
土耳其	2.70	38
智利	1.10	39
委内瑞拉	0.80	40
菲律宾	0.50	41
中国	0.20	42
印度	0.00	43
巴西	0.00	43
新加坡		
以色列		
立陶宛		
阿根廷		
秘鲁		
泰国		

国家名称	每一千居民中外国留学生人数指数	排　名
墨西哥		
哥伦比亚		
印度尼西亚		

三、世界高等教育贡献评价报告

在本项研究构建的 2 个维度 12 项指标的高等教育竞争力评价指标体系中，维度二反映高等教育的贡献，包括高等教育对人力资源的贡献、高等教育对经济发展的贡献、高等教育对知识创新的贡献 3 个方面的 7 项指标。

1. 高等教育对人力资源的贡献

反映高等教育对人力资源的贡献有三项指标，分别是诺贝尔奖获得者人数、25—34 岁受过高等教育人口比例、全职研发人员数（千人）／每千人中全职研发人员数。53 个国家高等教育对人力资源的贡献指标指数值及其排名结果见表 3.5。

在高等教育对人力资源的贡献指数上，排在前 10 位的国家分别是美国、日本、新加坡、加拿大、以色列、新西兰、韩国、英国、芬兰和法国，排在后 10 位的国家分别是泰国、阿根廷、土耳其、哥伦比亚、巴西、印度、罗马尼亚、南非、约旦和印度尼西亚，中国排在第 22 位。

在诺贝尔奖获得者人数指数上，排在前 10 位的国家分别是美国、英国、德国、法国、瑞士、日本、瑞典、俄罗斯、澳大利亚和荷兰，中国排在第 18 位。

在 25—34 岁受过高等教育人口比例指数上，排在前 10 位的国家分别是新加坡、加拿大、日本、新西兰、韩国、以色列、挪威、比利时、爱尔兰、法国和丹麦，中国排在第 30 位。

在全职研发人员数的绝对值指数上，排在前 10 位的国家分别是中国、俄罗斯、日本、德国、法国、英国、韩国、加拿大、意大利和西班牙，中国排在 53 个国家的首位。

在全职研发人员数的相对值（每千人中全职研发人员数）指数上，排在前 10 位的国家分别是芬兰、卢森堡、瑞典、丹麦、新加坡、日本、瑞士、挪威、俄罗斯和加拿大，中国排在第 38 位。

表 3.5　53 个国家高等教育对人力资源的贡献指标指数值及其排名

国家名称	高等教育对人力资源的贡献指数	排名	诺贝尔奖获得者人数指数	排名	25—34 岁受过高等教育人口比例指数	排名	全职研发人员数指数	排名	每千人中全职研发人员数指数	排名
美国	82.88	1	100.00	1	65.76	12				
日本	53.83	2	3.61	6	94.78	3	61.28	3	64.94	6
新加坡	46.07	3	0.00	25	100.00	1	2.27	27	74.13	5
加拿大	44.56	4	2.41	11	96.71	2	13.13	8	56.01	10
以色列	44.32	5	1.61	15	87.04	6				
新西兰	40.25	6	0.00	25	94.78	3	1.41	34	50.55	15
韩国	39.98	7	0.00	25	92.84	5	14.21	7	39.98	21
英国	39.33	8	21.29	2	61.90	17	21.42	6	48.18	17
芬兰	38.57	9	0.00	25	63.83	16	3.75	18	100.00	1
法国	38.25	10	6.83	4	69.63	10	23.68	5	52.91	12
瑞典	36.97	11	3.61	7	65.76	12	5.11	16	77.96	3
丹麦	36.75	12	1.61	14	69.63	10	2.87	25	75.14	4
挪威	35.23	13	2.41	12	71.57	7	1.97	29	61.48	8
俄罗斯	34.20	14	3.61	8	38.88	27	61.75	2	58.47	9
澳大利亚	32.94	15	2.81	9	65.76	12	7.73	13	52.73	14
比利时	32.69	16	1.20	16	71.57	7	3.54	19	47.09	18
卢森堡	32.60	17	0.00	25	54.16	21	0.15	46	87.16	2
爱尔兰	30.37	18	0.40	19	71.57	7	1.03	36	37.25	22
瑞士	30.18	19	4.82	5	52.22	23	3.35	20	63.66	7
荷兰	30.11	20	2.81	10	59.96	18	5.83	14	49.27	16
西班牙	29.73	21	0.00	25	65.76	12	11.51	10	35.34	23
中国	29.50	22	0.80	18	32.88	30	100.00	1	9.65	38
德国	29.16	23	12.05	3	32.88	30	32.20	4	52.91	12
秘鲁	29.01	24	0.00	25	58.03	19				
立陶宛	26.81	25	0.40	19	58.03	19	0.95	37	43.08	19
爱沙尼亚	23.30	26	0.00	25	54.16	21	0.17	45	31.33	25
希腊	19.21	27	0.00	25	42.55	26	2.20	28	27.96	27

续表

国家名称	高等教育对人力资源的贡献指数	排名	诺贝尔奖获得者人数指数	排名	25—34岁受过高等教育人口比例指数	排名	全职研发人员数指数	排名	每千人中全职研发人员数指数	排名
奥地利	19.07	28	1.20	17	27.08	37	3.21	21	54.64	11
波兰	18.43	29	0.00	25	44.49	24	4.77	17	16.85	33
斯洛文尼亚	18.31	30	0.00	25	38.68	28	0.34	44	32.15	24
克罗地亚	15.44	31	0.00	25	37.72	29	0.43	43	16.76	34
菲律宾	14.89	32	0.00	25	43.91	25	0.79	41	0.73	46
意大利	14.78	33	2.01	13	23.21	41	11.54	9	26.68	28
匈牙利	14.38	34	0.00	25	30.95	33	1.59	32	22.77	30
保加利亚	14.23	35	0.00	25	32.88	30	0.95	38	18.67	32
捷克	14.02	36	0.40	19	19.34	43	3.04	24	41.62	20
葡萄牙	13.50	37	0.00	25	29.01	35	1.57	33	21.40	31
斯洛伐克	11.99	38	0.00	25	23.21	41	0.86	39	24.68	29
墨西哥	11.20	39	0.00	25	27.08	37	5.82	15	7.19	39
智利	10.53	40	0.00	25	25.15	39	1.31	35	11.57	36
马来西亚	10.48	41	0.00	25	28.82	36	0.85	40	4.37	44
乌克兰	10.32	42	0.00	25			10.58	11	30.69	26
委内瑞拉	10.06	43	0.00	25	30.17	34	0.00	47	0.00	47
泰国	9.51	44	0.00	25	25.15	39	2.33	26	4.46	43
阿根廷	8.91	45	0.40	19	19.34	43	3.15	22	10.84	37
土耳其	6.59	46	0.00	25	15.47	46	3.15	23	5.46	41
哥伦比亚	6.37	47	0.00	25	18.18	45	0.52	42	1.37	45
巴西	4.86	48	0.00	25	5.80	48	10.37	12	7.19	39
印度	4.55	49	0.40	19	8.70	47				
罗马尼亚	3.55	50	0.00	25			1.91	30	12.30	35
南非	1.85	51	0.40	19			1.78	31	4.83	42
约旦	0.00	52	0.00	25						
印度尼西亚	0.00	52	0.00	25	0.00	49				

2. 高等教育对经济发展的贡献

反映高等教育对经济发展的贡献有两项指标，分别是大学教育是否满足竞争经济的需要、大学与企业的合作。53 个国家高等教育对经济发展的贡献指标指数值及其排名结果见表 3.6。

表 3.6　53 个国家高等教育对经济发展的贡献指标指数值及其排名

国家名称	高等教育对经济 发展的贡献指数	排名	大学教育是否满足 竞争经济需要指数	排名	大学与企业 合作指数	排名
瑞士	100.00	1	100.00	1	100.00	1
芬兰	98.79	2	97.81	2	99.77	2
新加坡	94.18	3	92.25	3	96.12	3
丹麦	93.27	4	92.25	3	94.29	4
加拿大	87.37	5	90.26	5	84.47	8
荷兰	83.95	6	76.34	10	91.55	5
瑞典	82.31	7	73.76	12	90.87	6
爱尔兰	80.60	8	78.33	7	82.88	9
奥地利	77.39	9	80.12	6	74.66	13
美国	75.71	10	76.54	9	74.89	12
挪威	74.85	11	72.76	13	76.94	11
德国	74.79	12	70.58	14	79.00	10
澳大利亚	74.76	13	77.14	8	72.37	15
以色列	72.56	14	57.46	17	87.67	7
比利时	69.24	15	76.14	11	62.33	17
马来西亚	64.79	16	56.06	19	73.52	14
新西兰	57.00	17	67.20	15	46.80	23
印度	56.92	18	57.46	17	56.39	18
英国	54.31	19	58.85	16	49.77	21
日本	48.98	20	30.62	31	67.35	16
智利	48.60	21	54.27	20	42.92	25
卢森堡	46.54	22	37.38	27	55.71	19
葡萄牙	45.33	23	47.51	23	43.15	24
捷克	41.78	24	52.29	21	31.28	32

续表

国家名称	高等教育对经济发展的贡献指数	排名	大学教育是否满足竞争经济需要指数	排名	大学与企业合作指数	排名
土耳其	41.57	25	29.03	33	54.11	20
爱沙尼亚	41.38	26	51.49	22	31.28	32
菲律宾	41.06	27	34.39	28	47.72	22
泰国	37.81	28	38.17	26	37.44	29
约旦	35.50	29	32.41	30	38.58	27
法国	35.20	30	42.54	24	27.85	35
立陶宛	35.16	31	29.22	32	41.10	26
匈牙利	33.85	32	33.00	29	34.70	31
斯洛文尼亚	31.01	33	42.15	25	19.86	42
波兰	28.60	34	28.43	34	28.77	34
韩国	25.85	35	14.71	47	36.99	30
阿根廷	25.59	36	27.44	36	23.74	39
南非	25.07	37	28.23	35	21.92	40
罗马尼亚	24.66	38	10.74	49	38.58	27
秘鲁	22.83	39	20.08	39	25.57	37
巴西	22.28	40	16.70	43	27.85	35
意大利	21.33	41	18.69	42	23.97	38
墨西哥	20.35	42	22.66	38	18.04	46
委内瑞拉	19.47	43	19.09	41	19.86	42
哥伦比亚	19.42	44	19.88	40	18.95	44
印度尼西亚	17.48	45	16.70	43	18.26	45
克罗地亚	17.15	46	16.50	45	17.81	47
中国	14.82	47	12.52	48	17.12	49
俄罗斯	13.32	48	26.64	37	0.00	53
乌克兰	12.22	49	9.15	50	15.30	50
保加利亚	11.77	50	2.98	52	20.55	41
斯洛伐克	11.51	51	15.71	46	7.31	52
西班牙	10.99	52	4.17	51	17.81	47
希腊	7.65	53	0.00	53	15.30	50

在高等教育对经济发展的贡献指数上，排在前 10 位的国家分别是瑞士、芬兰、新加坡、丹麦、加拿大、荷兰、瑞典、爱尔兰、奥地利和美国，排在后 10 位的国家分别是哥伦比亚、印度尼西亚、克罗地亚、中国、俄罗斯、乌克兰、保加利亚、斯洛伐克、西班牙和希腊，中国排在第 47 位。

在大学教育是否满足竞争经济需要指数上，排在前 10 位的国家分别是瑞士、芬兰、新加坡、丹麦、加拿大、奥地利、爱尔兰、澳大利亚、美国和荷兰，排在后 10 位的国家分别是巴西、印度尼西亚、克罗地亚、斯洛伐克、韩国、中国、罗马尼亚、乌克兰、西班牙、保加利亚和希腊，中国排在第 48 位。

在大学与企业合作指数上，排在前 10 位的国家分别是瑞士、芬兰、新加坡、丹麦、荷兰、瑞典、以色列、加拿大、爱尔兰和德国，排在后 10 位的国家分别是哥伦比亚、印度尼西亚、墨西哥、克罗地亚、西班牙、中国、乌克兰、希腊、斯洛伐克和俄罗斯，中国排在第 49 位。

3. 高等教育对知识创新的贡献

反映高等教育对知识创新的贡献有两项指标，分别是科技论文数／每千人科技论文数、专利数／每千人专利数。53 个国家高等教育对知识创新的贡献指标指数值及其排名结果见表 3.7。

在高等教育对知识创新的贡献指数上，排在前 10 位的国家分别是美国、日本、韩国、挪威、瑞典、瑞士、芬兰、意大利、英国和德国，排在后 10 位的国家分别是约旦、罗马尼亚、墨西哥、委内瑞拉、马来西亚、泰国、哥伦比亚、秘鲁、菲律宾和印度尼西亚，中国排在第 25 位。

表 3.7 53 个国家高等教育对知识创新的贡献指标指数值及其排名

国家名称	高等教育对知识创新的贡献指数	排名	科技论文数指数	排名	每千人科技论文数指数	排名	专利数指数	排名	每千人专利数指数	排名
美国	62.72	1	100.00	1	57.74	13	70.98	2	22.16	3
日本	59.45	2	27.00	2	36.89	20	100.00	1	73.92	2
韩国	46.94	3	7.96	10	29.02	24	50.79	3	100.00	1
挪威	34.11	4	1.75	27	66.48	9				
瑞典	28.93	5	4.85	15	93.97	2	1.48	12	15.42	6

续表

国家名称	高等教育对知识创新的贡献指数	排名	科技论文数指数	排名	每千人科技论文数指数	排名	专利数指数	排名	每千人专利数指数	排名
瑞士	27.34	6	4.23	17	100.00	1	0.37	22	4.74	16
芬兰	24.15	7	2.32	23	77.90	5	0.86	15	15.52	5
意大利	23.83	8	11.98	8	35.68	21				
英国	23.50	9	22.17	3	64.14	11	2.99	9	4.67	17
德国	23.08	10	21.48	4	45.48	16	11.83	6	13.53	7
荷兰	22.39	11	6.74	14	72.21	6	1.56	11	9.05	12
以色列	21.70	12	3.04	21	78.92	4	0.32	24	4.52	18
加拿大	21.28	13	12.56	7	67.55	8	1.29	13	3.73	20
丹麦	20.84	14	2.43	22	79.07	3	0.10	32	1.77	28
新加坡	20.21	15	1.73	28	70.16	7	0.39	21	8.56	13
澳大利亚	19.79	16	7.75	11	66.20	10	0.93	14	4.28	19
法国	19.11	17	14.74	6	42.07	19	7.72	8	11.90	8
新西兰	17.78	18	1.42	31	61.37	12	0.34	23	7.99	14
比利时	15.81	19	3.30	20	55.86	14	0.40	20	3.70	21
奥地利	14.76	20	2.20	24	46.68	15	0.82	17	9.33	11
斯洛文尼亚	13.53	21	0.48	39	44.03	17	0.19	29	9.42	10
爱尔兰	12.62	22	1.00	35	42.75	18	0.28	25	6.43	15
西班牙	12.43	23	8.90	9	35.55	22	1.67	10	3.60	22
俄罗斯	10.71	24	6.99	13	8.50	35	16.46	4	10.86	9
中国	9.56	25	20.24	5	2.61	45	14.38	5	1.02	32
希腊	9.34	26	2.06	25	32.82	23	0.26	26	2.21	26
捷克	7.65	27	1.52	29	26.45	26	0.25	27	2.39	25
爱沙尼亚	7.44	28	0.19	46	27.86	25	0.02	41	1.68	29
乌克兰	7.23	29	1.00	36	3.78	42	7.96	7	16.17	4
葡萄牙	6.43	30	1.39	32	23.38	27	0.09	33	0.87	33
匈牙利	6.15	31	1.24	33	22.09	28	0.12	30	1.14	31
波兰	5.36	32	3.31	19	15.23	30	0.84	16	2.08	27

续表

国家名称	高等教育对知识创新的贡献指数	排名	科技论文数指数	排名	每千人科技论文数指数	排名	专利数指数	排名	每千人专利数指数	排名
克罗地亚	4.68	33	0.44	40	17.76	29	0.02	40	0.50	36
阿根廷	4.02	34	1.46	30	6.59	38				
斯洛伐克	3.93	35	0.42	41	14.47	31	0.04	38	0.78	35
卢森堡	3.54	36	0.00	53	10.84	32	0.01	42	3.32	23
土耳其	3.20	37	3.78	18	8.94	34	0.03	39	0.03	43
立陶宛	2.96	38	0.17	47	10.08	33	0.05	36	1.53	30
南非	2.64	39	1.14	34	4.15	40				
保加利亚	2.40	40	0.34	43	8.39	36	0.06	35	0.81	34
巴西	2.36	41	4.79	16	4.38	39	0.20	28	0.09	39
智利	2.20	42	0.73	37	8.00	37	0.01	43	0.07	40
印度	2.18	43	7.09	12	1.01	49	0.59	18	0.03	42
约旦	2.06	44	0.11	49	4.02	41				
罗马尼亚	1.72	45	0.40	42	3.44	43	0.56	19	2.48	24
墨西哥	1.29	46	1.87	26	3.08	44	0.12	31	0.09	38
委内瑞拉	0.91	47	0.23	45	1.60	48				
马来西亚	0.63	48	0.27	44	1.93	46	0.07	34	0.24	37
泰国	0.57	49	0.58	38	1.60	47	0.05	37	0.06	41
哥伦比亚	0.21	50	0.17	48	0.67	50	0.01	45	0.01	44
秘鲁	0.09	51	0.04	52	0.33	51	0.00	46	0.01	45
菲律宾	0.04	52	0.06	51	0.10	52	0.01	44	0.00	46
印度尼西亚	0.04	52	0.07	50	0.00	53				

在科技论文数的绝对值指数上,排在前10位的国家分别是美国、日本、英国、德国、中国、法国、加拿大、意大利、西班牙和韩国,排在后10位的国家分别是马来西亚、委内瑞拉、爱沙尼亚、立陶宛、哥伦比亚、约旦、印度尼西亚、菲律宾、秘鲁和卢森堡,中国排在第5位。

在科技论文数的相对值(每千人科技论文数)指数上,排在前10位的国家分别是瑞士、瑞典、丹麦、以色列、芬兰、荷兰、新加坡、加拿大、挪威和澳大利亚，排在后 10 位的国家分别是墨西哥、中国、马来西亚、泰国、委内瑞拉、印度、哥伦比亚、秘鲁、菲律宾和印度尼西亚，中国排在第 45 位。

在专利数的绝对值指数上，排在前 10 位的国家分别是日本、美国、韩国、俄罗斯、中国、德国、乌克兰、法国、英国和西班牙，中国排在第 5 位。

在专利数的相对值（每千人专利数）指数上，排在前 10 位的国家分别是韩国、日本、美国、乌克兰、芬兰、瑞典、德国、法国、俄罗斯和斯洛文尼亚，中国排在第 32 位。

第四章
53 个国家高等教育竞争力指标排名

本章通过一个国家一张图、一张表的形式，来展示 53 个国家高等教育竞争力的分维度表现和各指标排名，以期获得对 53 个国家高等教育竞争力的直观认识。

◆ 美国

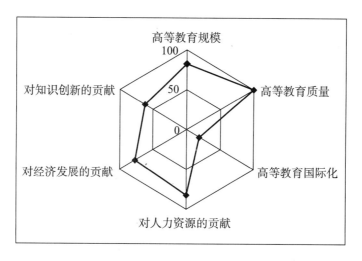

图 4.1　美国高等教育竞争力分维度表现

表 4.1　美国高等教育竞争力指标指数值及其排名

名　　称	指数值	排　　名
均值综合指数	75.09	1
绝对值综合指数	78.76	1
相对值综合指数	71.42	1
1. 高等教育规模	82.07	1
高等教育毛入学率	84.14	5
在校大学生人数	74.85	2
每千人中在校大学生人数	85.15	7
2. 高等教育质量	100.00	1
高等教育同行评价	100.00	1
高等教育毕业生雇主评价	100.00	1
3. 高等教育国际化	19.20	18
每一千居民中外国留学生人数	19.20	18
4. 高等教育对人力资源的贡献	82.88	1
诺贝尔奖获得者人数	100.00	1
25—34 岁受过高等教育人口比例	65.76	12
全职研发人员数		
每千人中全职研发人员数		
5. 高等教育对经济发展的贡献	75.71	10
大学教育是否满足竞争经济的需要	76.54	9
大学与企业的合作	74.89	12
6. 高等教育对知识创新的贡献	62.72	1
科技论文数	100.00	1
每千人科技论文数	57.74	13
专利数	70.98	2
每千人专利数	22.16	3

◆ 澳大利亚

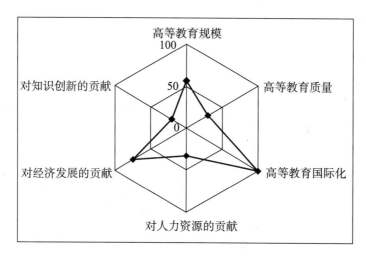

图4.2 澳大利亚高等教育竞争力分维度表现

表4.2 澳大利亚高等教育竞争力指标指数值及其排名

名 称	指数值	排 名
均值综合指数	46.62	2
绝对值综合指数	39.30	4
相对值综合指数	53.94	3
1. 高等教育规模	56.33	12
高等教育毛入学率	73.75	13
在校大学生人数	4.44	23
每千人中在校大学生人数	73.37	14
2. 高等教育质量	29.46	3
高等教育同行评价	25.05	4
高等教育毕业生雇主评价	33.86	3
3. 高等教育国际化	100.00	1
每一千居民中外国留学生人数	100.00	1

续表

名　　称	指数值	排　名
4. 高等教育对人力资源的贡献	32.94	15
诺贝尔奖获得者人数	2.81	9
25—34 岁受过高等教育人口比例	65.76	12
全职研发人员数	7.73	13
每千人中全职研发人员数	52.73	14
5. 高等教育对经济发展的贡献	74.76	13
大学教育是否满足竞争经济的需要	77.14	8
大学与企业的合作	72.37	15
6. 高等教育对知识创新的贡献	19.79	16
科技论文数	7.75	11
每千人科技论文数	66.20	10
专利数	0.93	14
每千人专利数	4.28	19

◆ 英国

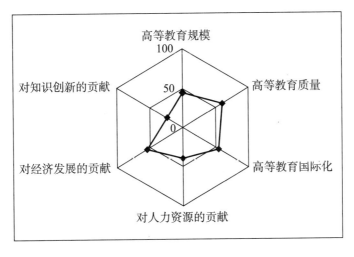

图 4.3　英国高等教育竞争力分维度表现

表4.3　英国高等教育竞争力指标指数值及其排名

名　称	指数值	排　名
均值综合指数	44.78	3
绝对值综合指数	40.04	3
相对值综合指数	49.52	9
1. 高等教育规模	44.91	20
高等教育毛入学率	58.15	22
在校大学生人数	9.99	14
每千人中在校大学生人数	53.34	25
2. 高等教育质量	59.76	2
高等教育同行评价	49.38	2
高等教育毕业生雇主评价	70.14	2
3. 高等教育国际化	54.40	3
每一千居民中外国留学生人数	54.40	3
4. 高等教育对人力资源的贡献	39.33	8
诺贝尔奖获得者人数	21.29	2
25—34 岁受过高等教育人口比例	61.90	17
全职研发人员数	21.42	6
每千人中全职研发人员数	48.18	17
5. 高等教育对经济发展的贡献	54.31	19
大学教育是否满足竞争经济的需要	58.85	16
大学与企业的合作	49.77	21
6. 高等教育对知识创新的贡献	23.50	9
科技论文数	22.17	3
每千人科技论文数	64.14	11
专利数	2.99	9
每千人专利数	4.67	17

◆ 芬兰

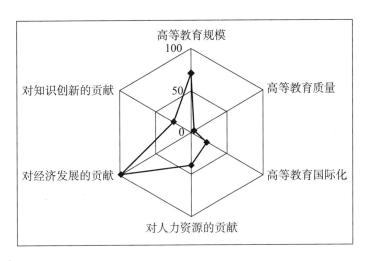

图4.4　芬兰高等教育竞争力分维度表现

表4.4　芬兰高等教育竞争力指标指数值及其排名

名　称	指数值	排　名
均值综合指数	44. 34	4
绝对值综合指数	33. 00	9
相对值综合指数	55. 67	2
1. 高等教育规模	71. 09	4
高等教育毛入学率	98. 12	3
在校大学生人数	1. 31	37
每千人中在校大学生人数	86. 79	4
2. 高等教育质量	3. 24	26
高等教育同行评价	4. 01	23
高等教育毕业生雇主评价	2. 48	33
3. 高等教育国际化	21. 80	16
每一千居民中外国留学生人数	21. 80	16

续表

名　　称	指数值	排　名
4. 高等教育对人力资源的贡献	38.57	9
诺贝尔奖获得者人数	0.00	25
25—34 岁受过高等教育人口比例	63.83	16
全职研发人员数	3.75	18
每千人中全职研发人员数	100.00	1
5. 高等教育对经济发展的贡献	98.79	2
大学教育是否满足竞争经济的需要	97.81	2
大学与企业的合作	99.77	2
6. 高等教育对知识创新的贡献	24.15	7
科技论文数	2.32	23
每千人科技论文数	77.90	5
专利数	0.86	15
每千人专利数	15.52	5

◆ 日本

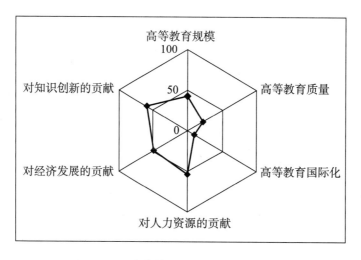

图 4.5　日本高等教育竞争力分维度表现

表 4.5 日本高等教育竞争力指标指数值及其排名

名　称	指数值	排　名
均值综合指数	43.11	5
绝对值综合指数	42.59	2
相对值综合指数	43.62	14
1. 高等教育规模	42.74	24
高等教育毛入学率	55.62	25
在校大学生人数	17.48	6
每千人中在校大学生人数	42.24	36
2. 高等教育质量	21.66	6
高等教育同行评价	20.08	6
高等教育毕业生雇主评价	23.23	4
3. 高等教育国际化	10.10	26
每一千居民中外国留学生人数	10.10	26
4. 高等教育对人力资源的贡献	53.83	2
诺贝尔奖获得者人数	3.61	6
25—34 岁受过高等教育人口比例	94.78	3
全职研发人员数	61.28	3
每千人中全职研发人员数	64.94	6
5. 高等教育对经济发展的贡献	48.98	20
大学教育是否满足竞争经济的需要	30.62	31
大学与企业的合作	67.35	16
6. 高等教育对知识创新的贡献	59.45	2
科技论文数	27.00	2
每千人科技论文数	36.89	20
专利数	100.00	1
每千人专利数	73.92	2

◆ 新西兰

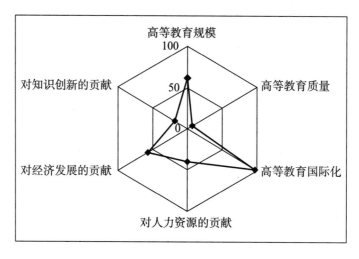

图4.6 新西兰高等教育竞争力分维度表现

表4.6 新西兰高等教育竞争力指标指数值及其排名

名　称	指数值	排　名
均值综合指数	42.27	6
绝对值综合指数	33.91	7
相对值综合指数	50.62	5
1. 高等教育规模	62.03	7
高等教育毛入学率	81.19	7
在校大学生人数	1.01	40
每千人中在校大学生人数	84.72	8
2. 高等教育质量	7.52	13
高等教育同行评价	6.44	16
高等教育毕业生雇主评价	8.59	11
3. 高等教育国际化	97.80	2
每一千居民中外国留学生人数	97.80	2

续表

名　称	指数值	排　名
4. 高等教育对人力资源的贡献	40.25	6
诺贝尔奖获得者人数	0.00	25
25—34 岁受过高等教育人口比例	94.78	3
全职研发人员数	1.41	34
每千人中全职研发人员数	50.55	15
5. 高等教育对经济发展的贡献	57.00	17
大学教育是否满足竞争经济的需要	67.20	15
大学与企业的合作	46.80	23
6. 高等教育对知识创新的贡献	17.78	18
科技论文数	1.42	31
每千人科技论文数	61.37	12
专利数	0.34	23
每千人专利数	7.99	14

◆ 新加坡

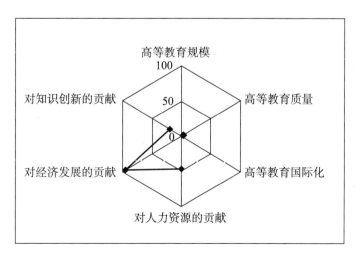

图 4.7　新加坡高等教育竞争力分维度表现

表4.7　新加坡高等教育竞争力指标指数值及其排名

名　　称	指数值	排　名
均值综合指数	41.56	7
绝对值综合指数	33.31	8
相对值综合指数	49.81	7
1. 高等教育规模		
高等教育毛入学率		
在校大学生人数		
每千人中在校大学生人数		
2. 高等教育质量	3.52	25
高等教育同行评价	3.43	26
高等教育毕业生雇主评价	3.60	22
3. 高等教育国际化		
每一千居民中外国留学生人数		
4. 高等教育对人力资源的贡献	46.07	3
诺贝尔奖获得者人数	0.00	25
25—34 岁受过高等教育人口比例	100.00	1
全职研发人员数	2.27	27
每千人中全职研发人员数	74.13	5
5. 高等教育对经济发展的贡献	94.18	3
大学教育是否满足竞争经济的需要	92.25	3
大学与企业的合作	96.12	3
6. 高等教育对知识创新的贡献	20.21	15
科技论文数	1.73	28
每千人科技论文数	70.16	7
专利数	0.39	21
每千人专利数	8.56	13

◆ 加拿大

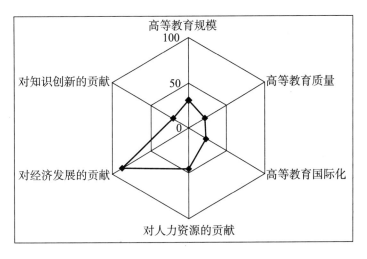

图 4.8 加拿大高等教育竞争力分维度表现

表 4.8 加拿大高等教育竞争力指标指数值及其排名

名 称	指数值	排 名
均值综合指数	40.94	8
绝对值综合指数	34.05	6
相对值综合指数	47.82	6
1. 高等教育规模	31.27	36
高等教育毛入学率		
在校大学生人数	5.67	21
每千人中在校大学生人数	56.88	22
2. 高等教育质量	22.46	5
高等教育同行评价	23.72	5
高等教育毕业生雇主评价	21.21	6
3. 高等教育国际化	23.10	14
每一千居民中外国留学生人数	23.10	14

续表

名　称	指数值	排　名
4. 高等教育对人力资源的贡献	44.56	4
诺贝尔奖获得者人数	2.41	11
25—34 岁受过高等教育人口比例	96.71	2
全职研发人员数	13.13	8
每千人中全职研发人员数	56.01	10
5. 高等教育对经济发展的贡献	87.37	5
大学教育是否满足竞争经济的需要	90.26	5
大学与企业的合作	84.47	8
6. 高等教育对知识创新的贡献	21.28	13
科技论文数	12.56	7
每千人科技论文数	67.55	8
专利数	1.29	13
每千人专利数	3.73	20

◆ 瑞典

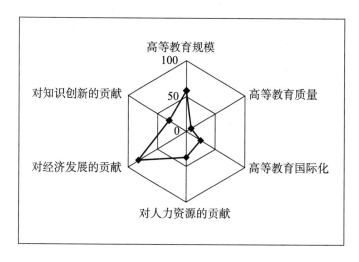

图 4.9　瑞典高等教育竞争力分维度表现

表 4.9 瑞典高等教育竞争力指标指数值及其排名

名　　称	指数值	排　名
均值综合指数	40.60	9
绝对值综合指数	30.57	12
相对值综合指数	50.63	4
1. 高等教育规模	57.35	10
高等教育毛入学率	80.48	8
在校大学生人数	1.80	32
每千人中在校大学生人数	66.62	15
2. 高等教育质量	7.91	12
高等教育同行评价	8.68	12
高等教育毕业生雇主评价	7.15	15
3. 高等教育国际化	23.30	13
每一千居民中外国留学生人数	23.30	13
4. 高等教育对人力资源的贡献	36.97	11
诺贝尔奖获得者人数	3.61	7
25—34 岁受过高等教育人口比例	65.76	12
全职研发人员数	5.11	16
每千人中全职研发人员数	77.96	3
5. 高等教育对经济发展的贡献	82.31	7
大学教育是否满足竞争经济的需要	73.76	12
大学与企业的合作	90.87	6
6. 高等教育对知识创新的贡献	28.93	5
科技论文数	4.85	15
每千人科技论文数	93.97	2
专利数	1.48	12
每千人专利数	15.42	6

◆ 丹麦

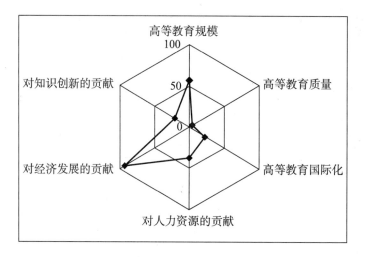

图 4.10 丹麦高等教育竞争力分维度表现

表 4.10 丹麦高等教育竞争力指标指数值及其排名

名　　称	指数值	排　名
均值综合指数	40.09	10
绝对值综合指数	31.39	11
相对值综合指数	48.79	8
1. 高等教育规模	56.26	13
高等教育毛入学率	82.40	6
在校大学生人数	0.97	41
每千人中在校大学生人数	59.27	20
2. 高等教育质量	3.89	22
高等教育同行评价	4.30	20
高等教育毕业生雇主评价	3.48	24
3. 高等教育国际化	22.30	15
每一千居民中外国留学生人数	22.30	15

续表

名　　称	指数值	排　名
4. 高等教育对人力资源的贡献	36.75	12
诺贝尔奖获得者人数	1.61	14
25—34 岁受过高等教育人口比例	69.63	10
全职研发人员数	2.87	25
每千人中全职研发人员数	75.14	4
5. 高等教育对经济发展的贡献	93.27	4
大学教育是否满足竞争经济的需要	92.25	3
大学与企业的合作	94.29	4
6. 高等教育对知识创新的贡献	20.84	14
科技论文数	2.43	22
每千人科技论文数	79.07	3
专利数	0.10	32
每千人专利数	1.77	28

◆ 挪威

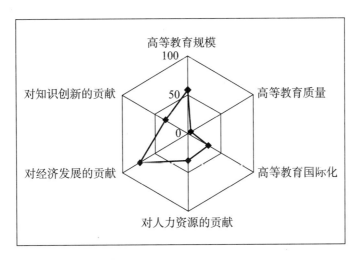

图 4.11 挪威高等教育竞争力分维度表现

表 4.11　挪威高等教育竞争力指标指数值及其排名

名　称	指数值	排　名
均值综合指数	40.09	10
绝对值综合指数	31.50	10
相对值综合指数	48.68	10
1. 高等教育规模	56.36	11
高等教育毛入学率	79.42	9
在校大学生人数	0.91	43
每千人中在校大学生人数	65.71	16
2. 高等教育质量	4.02	21
高等教育同行评价	3.69	24
高等教育毕业生雇主评价	4.35	20
3. 高等教育国际化	30.70	9
每一千居民中外国留学生人数	30.70	9
4. 高等教育对人力资源的贡献	35.23	13
诺贝尔奖获得者人数	2.41	12
25—34 岁受过高等教育人口比例	71.57	7
全职研发人员数	1.97	29
每千人中全职研发人员数	61.48	8
5. 高等教育对经济发展的贡献	74.85	11
大学教育是否满足竞争经济的需要	72.76	13
大学与企业的合作	76.94	11
6. 高等教育对知识创新的贡献	34.11	4
科技论文数	1.75	27
每千人科技论文数	66.48	9
专利数		
每千人专利数		

◆ 瑞士

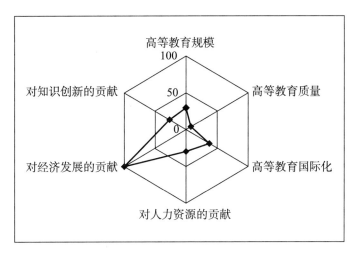

图 4.12 瑞士高等教育竞争力分维度表现

表 4.12 瑞士高等教育竞争力指标指数值及其排名

名　　称	指数值	排　名
均值综合指数	38.31	12
绝对值综合指数	30.21	14
相对值综合指数	46.41	11
1. 高等教育规模	30.09	39
高等教育毛入学率	42.31	33
在校大学生人数	0.86	44
每千人中在校大学生人数	34.88	43
2. 高等教育质量	8.52	11
高等教育同行评价	8.97	11
高等教育毕业生雇主评价	8.07	12
3. 高等教育国际化	37.30	7
每一千居民中外国留学生人数	37.30	7

续表

名　称	指数值	排　名
4. 高等教育对人力资源的贡献	30. 18	19
诺贝尔奖获得者人数	4. 82	5
25—34 岁受过高等教育人口比例	52. 22	23
全职研发人员数	3. 35	20
每千人中全职研发人员数	63. 66	7
5. 高等教育对经济发展的贡献	100. 00	1
大学教育是否满足竞争经济的需要	100. 00	1
大学与企业的合作	100. 00	1
6. 高等教育对知识创新的贡献	27. 34	6
科技论文数	4. 23	17
每千人科技论文数	100. 00	1
专利数	0. 37	22
每千人专利数	4. 74	16

◆ 以色列

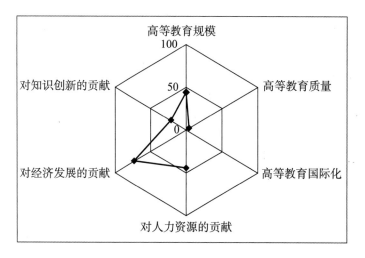

图 4.13　以色列高等教育竞争力分维度表现

表4.13　以色列高等教育竞争力指标指数值及其排名

名　称	指数值	排　名
均值综合指数	37.46	13
绝对值综合指数	30.28	13
相对值综合指数	44.64	12
1. 高等教育规模	44.57	22
高等教育毛入学率	56.07	24
在校大学生人数	1.31	36
每千人中在校大学生人数	64.84	17
2. 高等教育质量	4.12	20
高等教育同行评价	5.54	18
高等教育毕业生雇主评价	2.70	30
3. 高等教育国际化		
每一千居民中外国留学生人数		
4. 高等教育对人力资源的贡献	44.32	5
诺贝尔奖获得者人数	1.61	15
25—34岁受过高等教育人口比例	87.04	6
全职研发人员数		
每千人中全职研发人员数		
5. 高等教育对经济发展的贡献	72.56	14
大学教育是否满足竞争经济的需要	57.46	17
大学与企业的合作	87.67	7
6. 高等教育对知识创新的贡献	21.70	12
科技论文数	3.04	21
每千人科技论文数	78.92	4
专利数	0.32	24
每千人专利数	4.52	18

◆ 韩国

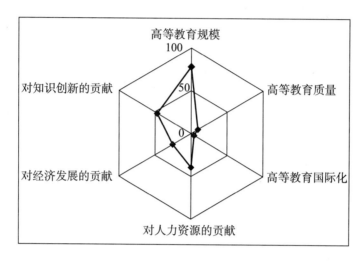

图 4.14　韩国高等教育竞争力分维度表现

表 4.14　韩国高等教育竞争力指标指数值及其排名

名　　称	指数值	排　名
均值综合指数	37.03	14
绝对值综合指数	29.43	15
相对值综合指数	44.63	13
1. 高等教育规模	77.71	2
高等教育毛入学率	98.57	2
在校大学生人数	13.70	8
每千人中在校大学生人数	100.00	1
2. 高等教育质量	9.46	10
高等教育同行评价	11.09	9
高等教育毕业生雇主评价	7.83	14
3. 高等教育国际化	4.50	33
每一千居民中外国留学生人数	4.50	33

续表

名 称	指数值	排 名
4. 高等教育对人力资源的贡献	39.98	7
诺贝尔奖获得者人数	0.00	25
25—34 岁受过高等教育人口比例	92.84	5
全职研发人员数	14.21	7
每千人中全职研发人员数	39.98	21
5. 高等教育对经济发展的贡献	25.85	35
大学教育是否满足竞争经济的需要	14.71	47
大学与企业的合作	36.99	30
6. 高等教育对知识创新的贡献	46.94	3
科技论文数	7.96	10
每千人科技论文数	29.02	24
专利数	50.79	3
每千人专利数	100.00	1

◆ **德国**

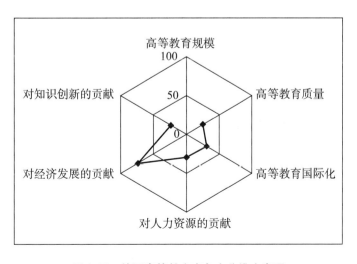

图 4.15 德国高等教育竞争力分维度表现

表 4.15　德国高等教育竞争力指标指数值及其排名

名　称	指数值	排　名
均值综合指数	36.53	15
绝对值综合指数	34.21	5
相对值综合指数	38.85	18
1. 高等教育规模		
高等教育毛入学率		
在校大学生人数		
每千人中在校大学生人数		
2. 高等教育质量	25.33	4
高等教育同行评价	28.80	3
高等教育毕业生雇主评价	21.87	5
3. 高等教育国际化	31.40	8
每一千居民中外国留学生人数	31.40	8
4. 高等教育对人力资源的贡献	29.16	23
诺贝尔奖获得者人数	12.05	3
25—34 岁受过高等教育人口比例	32.88	30
全职研发人员数	32.20	4
每千人中全职研发人员数	52.91	12
5. 高等教育对经济发展的贡献	74.79	12
大学教育是否满足竞争经济的需要	70.58	14
大学与企业的合作	79.00	10
6. 高等教育对知识创新的贡献	23.08	10
科技论文数	21.48	4
每千人科技论文数	45.48	16
专利数	11.83	6
每千人专利数	13.53	7

◆ 荷兰

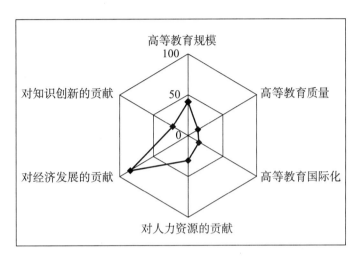

图 4.16　荷兰高等教育竞争力分维度表现

表 4.16　荷兰高等教育竞争力指标指数值及其排名

名　称	指数值	排　名
均值综合指数	36.04	16
绝对值综合指数	29.29	16
相对值综合指数	42.78	15
1. 高等教育规模	41.95	25
高等教育毛入学率	58.65	21
在校大学生人数	2.47	30
每千人中在校大学生人数	48.03	31
2. 高等教育质量	14.57	8
高等教育同行评价	13.92	8
高等教育毕业生雇主评价	15.22	7
3. 高等教育国际化	16.40	19
每一千居民中外国留学生人数	16.40	19

续表

名　称	指数值	排　名
4. 高等教育对人力资源的贡献	30.11	20
诺贝尔奖获得者人数	2.81	10
25—34 岁受过高等教育人口比例	59.96	18
全职研发人员数	5.83	14
每千人中全职研发人员数	49.27	16
5. 高等教育对经济发展的贡献	83.95	6
大学教育是否满足竞争经济的需要	76.34	10
大学与企业的合作	91.55	5
6. 高等教育对知识创新的贡献	22.39	11
科技论文数	6.74	14
每千人科技论文数	72.21	6
专利数	1.56	11
每千人专利数	9.05	12

◆ 爱尔兰

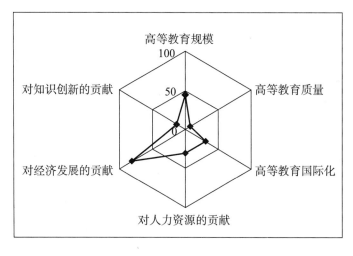

图 4.17　爱尔兰高等教育竞争力分维度表现

表 4.17 爱尔兰高等教育竞争力指标指数值及其排名

名　称	指数值	排　名
均值综合指数	34.32	17
绝对值综合指数	28.25	17
相对值综合指数	40.39	16
1. 高等教育规模	44.64	21
高等教育毛入学率	57.67	23
在校大学生人数	0.78	47
每千人中在校大学生人数	62.42	18
2. 高等教育质量	7.50	14
高等教育同行评价	5.54	19
高等教育毕业生雇主评价	9.47	10
3. 高等教育国际化	30.00	10
每一千居民中外国留学生人数	30.00	10
4. 高等教育对人力资源的贡献	30.37	18
诺贝尔奖获得者人数	0.40	19
25—34 岁受过高等教育人口比例	71.57	7
全职研发人员数	1.03	36
每千人中全职研发人员数	37.25	22
5. 高等教育对经济发展的贡献	80.60	8
大学教育是否满足竞争经济的需要	78.33	7
大学与企业的合作	82.88	9
6. 高等教育对知识创新的贡献	12.62	22
科技论文数	1.00	35
每千人科技论文数	42.75	18
专利数	0.28	25
每千人专利数	6.43	15

◆ 比利时

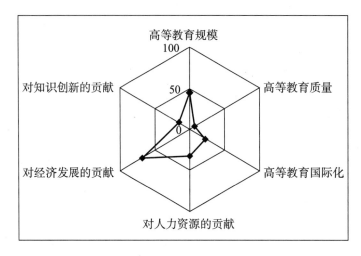

图 4.18 比利时高等教育竞争力分维度表现

表 4.18 比利时高等教育竞争力指标指数值及其排名

名　称	指数值	排　名
均值综合指数	32.93	18
绝对值综合指数	26.69	20
相对值综合指数	39.16	17
1. 高等教育规模	44.43	23
高等教育毛入学率	62.04	20
在校大学生人数	1.67	33
每千人中在校大学生人数	51.96	27
2. 高等教育质量	7.34	15
高等教育同行评价	7.92	13
高等教育毕业生雇主评价	6.77	16
3. 高等教育国际化	23.40	12
每一千居民中外国留学生人数	23.40	12

续表

名　称	指数值	排　名
4. 高等教育对人力资源的贡献	32.69	16
诺贝尔奖获得者人数	1.20	16
25—34 岁受过高等教育人口比例	71.57	7
全职研发人员数	3.54	19
每千人中全职研发人员数	47.09	18
5. 高等教育对经济发展的贡献	69.24	15
大学教育是否满足竞争经济的需要	76.14	11
大学与企业的合作	62.33	17
6. 高等教育对知识创新的贡献	15.81	19
科技论文数	3.30	20
每千人科技论文数	55.86	14
专利数	0.40	20
每千人专利数	3.70	21

◆ 法国

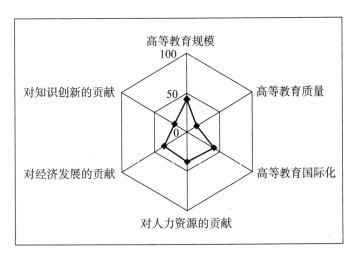

图 4.19　法国高等教育竞争力分维度表现

表 4.19 法国高等教育竞争力指标指数值及其排名

名　称	指数值	排　名
均值综合指数	31.42	19
绝对值综合指数	27.25	19
相对值综合指数	35.60	20
1. 高等教育规模	41.22	26
高等教育毛入学率	53.32	27
在校大学生人数	9.41	15
每千人中在校大学生人数	48.82	30
2. 高等教育质量	15.54	7
高等教育同行评价	15.86	7
高等教育毕业生雇主评价	15.22	7
3. 高等教育国际化	40.20	5
每一千居民中外国留学生人数	40.20	5
4. 高等教育对人力资源的贡献	38.25	10
诺贝尔奖获得者人数	6.83	4
25—34 岁受过高等教育人口比例	69.63	10
全职研发人员数	23.68	5
每千人中全职研发人员数	52.91	12
5. 高等教育对经济发展的贡献	35.20	30
大学教育是否满足竞争经济的需要	42.54	24
大学与企业的合作	27.85	35
6. 高等教育对知识创新的贡献	19.11	17
科技论文数	14.74	6
每千人科技论文数	42.07	19
专利数	7.72	8
每千人专利数	11.90	8

◆ 奥地利

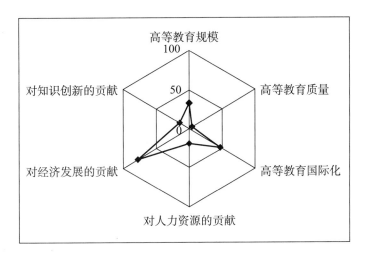

图 4.20 奥地利高等教育竞争力分维度表现

表 4.20 奥地利高等教育竞争力指标指数值及其排名

名 称	指数值	排 名
均值综合指数	30.22	20
绝对值综合指数	24.26	21
相对值综合指数	36.18	19
1. 高等教育规模	33.32	33
高等教育毛入学率	46.27	30
在校大学生人数	1.07	38
每千人中在校大学生人数	39.68	39
2. 高等教育质量	3.56	24
高等教育同行评价	4.15	22
高等教育毕业生雇主评价	2.96	28
3. 高等教育国际化	47.40	4
每一千居民中外国留学生人数	47.40	4

续表

名　称	指数值	排　名
4. 高等教育对人力资源的贡献	19.07	28
诺贝尔奖获得者人数	1.20	17
25—34 岁受过高等教育人口比例	27.08	37
全职研发人员数	3.21	21
每千人中全职研发人员数	54.64	11
5. 高等教育对经济发展的贡献	77.39	9
大学教育是否满足竞争经济的需要	80.12	6
大学与企业的合作	74.66	13
6. 高等教育对知识创新的贡献	14.76	20
科技论文数	2.20	24
每千人科技论文数	46.68	15
专利数	0.82	17
每千人专利数	9.33	11

◆ 立陶宛

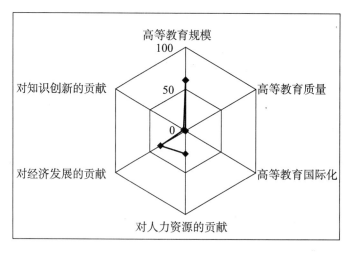

图 4.21　立陶宛高等教育竞争力分维度表现

表 4.21 立陶宛高等教育竞争力指标指数值及其排名

名　称	指数值	排　名
均值综合指数	25.31	21
绝对值综合指数	19.00	23
相对值综合指数	31.63	21
1. 高等教育规模	60.88	9
高等教育毛入学率	78.23	10
在校大学生人数	0.84	45
每千人中在校大学生人数	86.23	6
2. 高等教育质量	0.00	40
高等教育同行评价	0.00	40
高等教育毕业生雇主评价	0.00	40
3. 高等教育国际化		
每一千居民中外国留学生人数		
4. 高等教育对人力资源的贡献	26.81	25
诺贝尔奖获得者人数	0.40	19
25—34 岁受过高等教育人口比例	58.03	19
全职研发人员数	0.95	37
每千人中全职研发人员数	43.08	19
5. 高等教育对经济发展的贡献	35.16	31
大学教育是否满足竞争经济的需要	29.22	32
大学与企业的合作	41.10	26
6. 高等教育对知识创新的贡献	2.96	38
科技论文数	0.17	47
每千人科技论文数	10.08	33
专利数	0.05	36
每千人专利数	1.53	30

◆ 俄罗斯

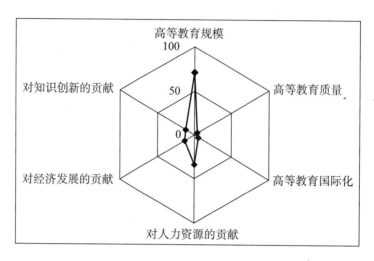

图4.22　俄罗斯高等教育竞争力分维度表现

表4.22　俄罗斯高等教育竞争力指标指数值及其排名

名　称	指数值	排　名
均值综合指数	25.30	22
绝对值综合指数	23.27	22
相对值综合指数	27.34	24
1. 高等教育规模	70.68	5
高等教育毛入学率	73.97	11
在校大学生人数	39.23	4
每千人中在校大学生人数	95.56	2
2. 高等教育质量	3.17	27
高等教育同行评价	3.23	27
高等教育毕业生雇主评价	3.10	25
3. 高等教育国际化	5.30	31
每一千居民中外国留学生人数	5.30	31

续表

名　称	指数值	排　名
4. 高等教育对人力资源的贡献	34.20	14
诺贝尔奖获得者人数	3.61	8
25—34 岁受过高等教育人口比例	38.88	27
全职研发人员数	61.75	2
每千人中全职研发人员数	58.47	9
5. 高等教育对经济发展的贡献	13.32	48
大学教育是否满足竞争经济的需要	26.64	37
大学与企业的合作	0.00	53
6. 高等教育对知识创新的贡献	10.71	24
科技论文数	6.99	13
每千人科技论文数	8.50	35
专利数	16.46	4
每千人专利数	10.86	9

◆ 斯洛文尼亚

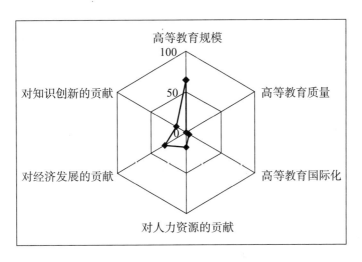

图 4.23　斯洛文尼亚高等教育竞争力分维度表现

表 4. 23　斯洛文尼亚高等教育竞争力指标指数值及其排名

名　称	指数值	排　名
均值综合指数	23. 16	23
绝对值综合指数	16. 12	30
相对值综合指数	30. 19	22
1. 高等教育规模	64. 29	6
高等教育毛入学率	85. 99	4
在校大学生人数	0. 48	49
每千人中在校大学生人数	84. 70	9
2. 高等教育质量	0. 00	40
高等教育同行评价	0. 00	40
高等教育毕业生雇主评价	0. 00	40
3. 高等教育国际化	5. 30	31
每一千居民中外国留学生人数	5. 30	31
4. 高等教育对人力资源的贡献	18. 31	30
诺贝尔奖获得者人数	0. 00	25
25—34 岁受过高等教育人口比例	38. 68	28
全职研发人员数	0. 34	44
每千人中全职研发人员数	32. 15	24
5. 高等教育对经济发展的贡献	31. 01	33
大学教育是否满足竞争经济的需要	42. 15	25
大学与企业的合作	19. 86	42
6. 高等教育对知识创新的贡献	13. 53	21
科技论文数	0. 48	39
每千人科技论文数	44. 03	17
专利数	0. 19	29
每千人专利数	9. 42	10

◆ 爱沙尼亚

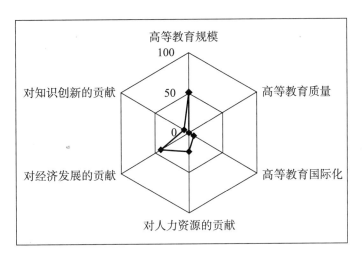

图 4.24　爱沙尼亚高等教育竞争力分维度表现

表 4.24　爱沙尼亚高等教育竞争力指标指数值及其排名

名　称	指数值	排　名
均值综合指数	23. 13	24
绝对值综合指数	17. 56	25
相对值综合指数	28. 71	23
1. 高等教育规模	51. 13	16
高等教育毛入学率	65. 36	19
在校大学生人数	0. 28	50
每千人中在校大学生人数	73. 52	13
2. 高等教育质量	0. 00	40
高等教育同行评价	0. 00	40
高等教育毕业生雇主评价	0. 00	40
3. 高等教育国际化	7. 80	28
每一千居民中外国留学生人数	7. 80	28

续表

名　称	指数值	排　名
4. 高等教育对人力资源的贡献	23.30	26
诺贝尔奖获得者人数	0.00	25
25—34 岁受过高等教育人口比例	54.16	21
全职研发人员数	0.17	45
每千人中全职研发人员数	31.33	25
5. 高等教育对经济发展的贡献	41.38	26
大学教育是否满足竞争经济的需要	51.49	22
大学与企业的合作	31.28	32
6. 高等教育对知识创新的贡献	7.44	28
科技论文数	0.19	46
每千人科技论文数	27.86	25
专利数	0.02	41
每千人专利数	1.68	29

◆ 希腊

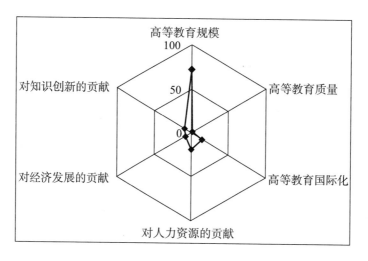

图 4.25　希腊高等教育竞争力分维度表现

表 4.25 希腊高等教育竞争力指标指数值及其排名

名 称	指数值	排 名
均值综合指数	21.07	25
绝对值综合指数	15.14	35
相对值综合指数	27.01	25
1. 高等教育规模	72.38	3
高等教育毛入学率	100.00	1
在校大学生人数	2.78	29
每千人中在校大学生人数	86.75	5
2. 高等教育质量	0.87	37
高等教育同行评价	0.85	38
高等教育毕业生雇主评价	0.88	37
3. 高等教育国际化	14.80	22
每一千居民中外国留学生人数	14.80	22
4. 高等教育对人力资源的贡献	19.21	27
诺贝尔奖获得者人数	0.00	25
25—34 岁受过高等教育人口比例	42.55	26
全职研发人员数	2.20	28
每千人中全职研发人员数	27.96	27
5. 高等教育对经济发展的贡献	7.65	53
大学教育是否满足竞争经济的需要	0.00	53
大学与企业的合作	15.30	50
6. 高等教育对知识创新的贡献	9.34	26
科技论文数	2.06	25
每千人科技论文数	32.82	23
专利数	0.26	26
每千人专利数	2.21	26

◆ 西班牙

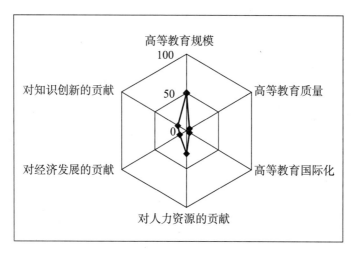

图 4.26　西班牙高等教育竞争力分维度表现

表 4.26　西班牙高等教育竞争力指标指数值及其排名

名　称	指数值	排　名
均值综合指数	20.86	26
绝对值综合指数	16.63	28
相对值综合指数	25.10	26
1. 高等教育规模	49.76	17
高等教育毛入学率	67.24	15
在校大学生人数	7.65	19
每千人中在校大学生人数	56.93	21
2. 高等教育质量	5.41	18
高等教育同行评价	6.33	17
高等教育毕业生雇主评价	4.49	19
3. 高等教育国际化	4.00	34
每一千居民中外国留学生人数	4.00	34

续表

名　称	指数值	排　名
4. 高等教育对人力资源的贡献	29.73	21
诺贝尔奖获得者人数	0.00	25
25—34 岁受过高等教育人口比例	65.76	12
全职研发人员数	11.51	10
每千人中全职研发人员数	35.34	23
5. 高等教育对经济发展的贡献	10.99	52
大学教育是否满足竞争经济的需要	4.17	51
大学与企业的合作	17.81	47
6. 高等教育对知识创新的贡献	12.43	23
科技论文数	8.90	9
每千人科技论文数	35.55	22
专利数	1.67	10
每千人专利数	3.60	22

◆ **意大利**

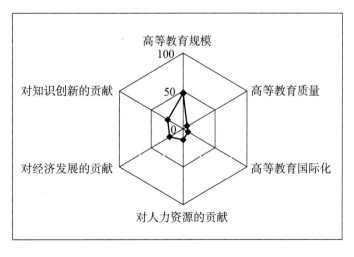

图 4.27　意大利高等教育竞争力分维度表现

表 4.27　意大利高等教育竞争力指标指数值及其排名

名　称	指数值	排　名
均值综合指数	20.44	27
绝对值综合指数	16.95	27
相对值综合指数	23.93	30
1. 高等教育规模	46.80	19
高等教育毛入学率	65.98	17
在校大学生人数	8.67	18
每千人中在校大学生人数	46.55	33
2. 高等教育质量	6.06	17
高等教育同行评价	7.09	14
高等教育毕业生雇主评价	5.03	18
3. 高等教育国际化	8.30	27
每一千居民中外国留学生人数	8.30	27
4. 高等教育对人力资源的贡献	14.78	33
诺贝尔奖获得者人数	2.01	13
25—34 岁受过高等教育人口比例	23.21	41
全职研发人员数	11.54	9
每千人中全职研发人员数	26.68	28
5. 高等教育对经济发展的贡献	21.33	41
大学教育是否满足竞争经济的需要	18.69	42
大学与企业的合作	23.97	38
6. 高等教育对知识创新的贡献	23.83	8
科技论文数	11.98	8
每千人科技论文数	35.68	21
专利数		
每千人专利数		

◆ 波兰

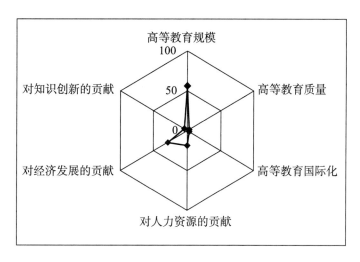

图 4.28　波兰高等教育竞争力分维度表现

表 4.28　波兰高等教育竞争力指标指数值及其排名

名　称	指数值	排　名
均值综合指数	20.12	28
绝对值综合指数	16.01	31
相对值综合指数	24.24	27
1. 高等教育规模	55.71	15
高等教育毛入学率	65.50	18
在校大学生人数	9.17	16
每千人中在校大学生人数	82.69	10
2. 高等教育质量	1.95	35
高等教育同行评价	1.94	32
高等教育毕业生雇主评价	1.96	36
3. 高等教育国际化	2.90	36
每一千居民中外国留学生人数	2.90	36

续表

名　称	指数值	排　名
4. 高等教育对人力资源的贡献	18.43	29
诺贝尔奖获得者人数	0.00	25
25—34 岁受过高等教育人口比例	44.49	24
全职研发人员数	4.77	17
每千人中全职研发人员数	16.85	33
5. 高等教育对经济发展的贡献	28.60	34
大学教育是否满足竞争经济的需要	28.43	34
大学与企业的合作	28.77	34
6. 高等教育对知识创新的贡献	5.36	32
科技论文数	3.31	19
每千人科技论文数	15.23	30
专利数	0.84	16
每千人专利数	2.08	27

◆ 葡萄牙

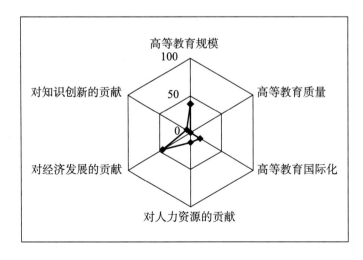

图 4.29　葡萄牙高等教育竞争力分维度表现

表 4.29　葡萄牙高等教育竞争力指标指数值及其排名

名　称	指数值	排　名
均值综合指数	19.91	29
绝对值综合指数	16.24	29
相对值综合指数	23.57	32
1. 高等教育规模	38.80	29
高等教育毛入学率	53.41	26
在校大学生人数	1.56	34
每千人中在校大学生人数	46.84	32
2. 高等教育质量	0.61	38
高等教育同行评价	0.92	37
高等教育毕业生雇主评价	0.30	38
3. 高等教育国际化	16.00	20
每一千居民中外国留学生人数	16.00	20
4. 高等教育对人力资源的贡献	13.50	37
诺贝尔奖获得者人数	0.00	25
25—34 岁受过高等教育人口比例	29.01	35
全职研发人员数	1.57	33
每千人中全职研发人员数	21.40	31
5. 高等教育对经济发展的贡献	45.33	23
大学教育是否满足竞争经济的需要	47.51	23
大学与企业的合作	43.15	24
6. 高等教育对知识创新的贡献	6.43	30
科技论文数	1.39	32
每千人科技论文数	23.38	27
专利数	0.09	33
每千人专利数	0.87	33

◆ 阿根廷

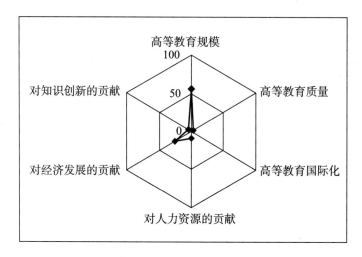

图 4.30　阿根廷高等教育竞争力分维度表现

表 4.30　阿根廷高等教育竞争力指标指数值及其排名

名　称	指数值	排　名
均值综合指数	19.83	30
绝对值综合指数	15.75	32
相对值综合指数	23.90	31
1. 高等教育规模	55.87	14
高等教育毛入学率	68.46	14
在校大学生人数	8.90	17
每千人中在校大学生人数	77.64	11
2. 高等教育质量	2.30	32
高等教育同行评价	1.55	36
高等教育毕业生雇主评价	3.04	26
3. 高等教育国际化		
每一千居民中外国留学生人数		

续表

名 称	指数值	排 名
4. 高等教育对人力资源的贡献	8.91	45
诺贝尔奖获得者人数	0.40	19
25—34 岁受过高等教育人口比例	19.34	43
全职研发人员数	3.15	22
每千人中全职研发人员数	10.84	37
5. 高等教育对经济发展的贡献	25.59	36
大学教育是否满足竞争经济的需要	27.44	36
大学与企业的合作	23.74	39
6. 高等教育对知识创新的贡献	4.02	34
科技论文数	1.46	30
每千人科技论文数	6.59	38
专利数		
每千人专利数		

◆ 匈牙利

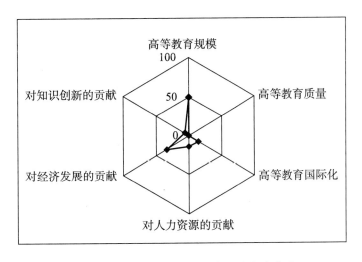

图 4.31 匈牙利高等教育竞争力分维度表现

表4.31　匈牙利高等教育竞争力指标指数值及其排名

名　称	指数值	排　名
均值综合指数	19.68	31
绝对值综合指数	15.39	34
相对值综合指数	23.96	29
1. 高等教育规模	49.34	18
高等教育毛入学率	66.90	16
在校大学生人数	1.87	31
每千人中在校大学生人数	61.72	19
2. 高等教育质量	0.00	40
高等教育同行评价	0.00	40
高等教育毕业生雇主评价	0.00	40
3. 高等教育国际化	14.30	23
每一千居民中外国留学生人数	14.30	23
4. 高等教育对人力资源的贡献	14.38	34
诺贝尔奖获得者人数	0.00	25
25—34 岁受过高等教育人口比例	30.95	33
全职研发人员数	1.59	32
每千人中全职研发人员数	22.77	30
5. 高等教育对经济发展的贡献	33.85	32
大学教育是否满足竞争经济的需要	33.00	29
大学与企业的合作	34.70	31
6. 高等教育对知识创新的贡献	6.15	31
科技论文数	1.24	33
每千人科技论文数	22.09	28
专利数	0.12	30
每千人专利数	1.14	31

◆ 捷克

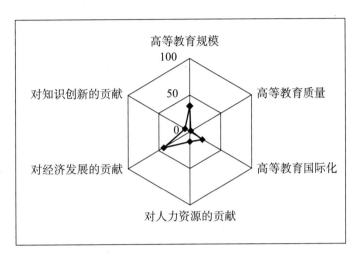

图 4.32　捷克高等教育竞争力分维度表现

表 4.32　捷克高等教育竞争力指标指数值及其排名

名　称	指数值	排　名
均值综合指数	19.62	32
绝对值综合指数	15.10	36
相对值综合指数	24.14	28
1. 高等教育规模	34.99	32
高等教育毛入学率	47.10	29
在校大学生人数	1.43	35
每千人中在校大学生人数	44.31	35
2. 高等教育质量	1.90	36
高等教育同行评价	1.70	35
高等教育毕业生雇主评价	2.10	35
3. 高等教育国际化	20.70	17
每一千居民中外国留学生人数	20.70	17

续表

名　称	指数值	排　名
4. 高等教育对人力资源的贡献	14.02	36
诺贝尔奖获得者人数	0.40	19
25—34 岁受过高等教育人口比例	19.34	43
全职研发人员数	3.04	24
每千人中全职研发人员数	41.62	20
5. 高等教育对经济发展的贡献	41.78	24
大学教育是否满足竞争经济的需要	52.29	21
大学与企业的合作	31.28	32
6. 高等教育对知识创新的贡献	7.65	27
科技论文数	1.52	29
每千人科技论文数	26.45	26
专利数	0.25	27
每千人专利数	2.39	25

◆ 中国

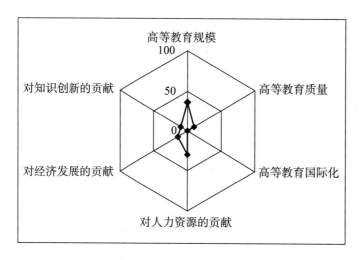

图 4.33　中国高等教育竞争力分维度表现

表 4.33 中国高等教育竞争力指标指数值及其排名

名 称	指数值	排 名
均值综合指数	19.15	33
绝对值综合指数	27.60	18
相对值综合指数	10.70	50
1. 高等教育规模	36.11	31
高等教育毛入学率	12.93	43
在校大学生人数	100.00	1
每千人中在校大学生人数	18.57	47
2. 高等教育质量	10.05	9
高等教育同行评价	10.52	10
高等教育毕业生雇主评价	9.57	9
3. 高等教育国际化	0.20	42
每一千居民中外国留学生人数	0.20	42
4. 高等教育对人力资源的贡献	29.50	22
诺贝尔奖获得者人数	0.80	18
25—34 岁受过高等教育人口比例	32.88	30
全职研发人员数	100.00	1
每千人中全职研发人员数	9.65	38
5. 高等教育对经济发展的贡献	14.82	47
大学教育是否满足竞争经济的需要	12.52	48
大学与企业的合作	17.12	49
6. 高等教育对知识创新的贡献	9.56	25
科技论文数	20.24	5
每千人科技论文数	2.61	45
专利数	14.38	5
每千人专利数	1.02	32

◆ 马来西亚

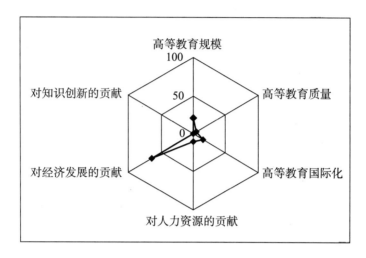

图 4.34　马来西亚高等教育竞争力分维度表现

表 4.34　马来西亚高等教育竞争力指标指数值及其排名

名　称	指数值	排　名
均值综合指数	19.00	34
绝对值综合指数	17.51	26
相对值综合指数	20.50	37
1. 高等教育规模	20.78	46
高等教育毛入学率	23.31	40
在校大学生人数	2.97	27
每千人中在校大学生人数	33.54	44
2. 高等教育质量	4.66	19
高等教育同行评价	4.26	21
高等教育毕业生雇主评价	5.05	17
3. 高等教育国际化	14.90	21
每一千居民中外国留学生人数	14.90	21

续表

名　称	指数值	排　名
4. 高等教育对人力资源的贡献	10.48	41
诺贝尔奖获得者人数	0.00	25
25—34岁受过高等教育人口比例	28.82	36
全职研发人员数	0.85	40
每千人中全职研发人员数	4.37	44
5. 高等教育对经济发展的贡献	64.79	16
大学教育是否满足竞争经济的需要	56.06	19
大学与企业的合作	73.52	14
6. 高等教育对知识创新的贡献	0.63	48
科技论文数	0.27	44
每千人科技论文数	1.93	46
专利数	0.07	34
每千人专利数	0.24	37

◆ 约旦

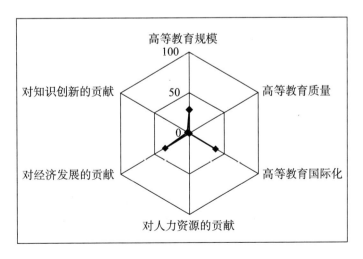

图 4.35　约旦高等教育竞争力分维度表现

表 4.35　约旦高等教育竞争力指标指数值及其排名

名　称	指数值	排　名
均值综合指数	18.86	35
绝对值综合指数	15.75	32
相对值综合指数	21.97	35
1. 高等教育规模	29.19	40
高等教育毛入学率	31.42	36
在校大学生人数	0.93	42
每千人中在校大学生人数	53.00	26
2. 高等教育质量	0.00	40
高等教育同行评价	0.00	40
高等教育毕业生雇主评价	0.00	40
3. 高等教育国际化	38.30	6
每一千居民中外国留学生人数	38.30	6
4. 高等教育对人力资源的贡献	0.00	52
诺贝尔奖获得者人数	0.00	25
25—34 岁受过高等教育人口比例		
全职研发人员数		
每千人中全职研发人员数		
5. 高等教育对经济发展的贡献	35.50	29
大学教育是否满足竞争经济的需要	32.41	30
大学与企业的合作	38.58	27
6. 高等教育对知识创新的贡献	2.06	44
科技论文数	0.11	49
每千人科技论文数	4.02	41
专利数		
每千人专利数		

◆ **卢森堡**

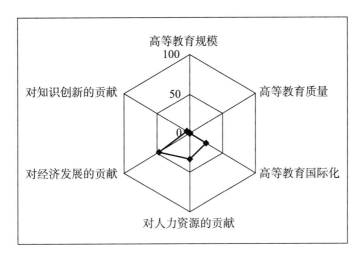

图 4.36 卢森堡高等教育竞争力分维度表现

表 4.36 卢森堡高等教育竞争力指标指数值及其排名

名 称	指数值	排 名
均值综合指数	18.56	36
绝对值综合指数	14.34	38
相对值综合指数	22.77	33
1. 高等教育规模	0.00	51
高等教育毛入学率	0.00	46
在校大学生人数	0.00	51
每千人中在校大学生人数	0.00	51
2. 高等教育质量	0.00	40
高等教育同行评价	0.00	40
高等教育毕业生雇主评价	0.00	40
3. 高等教育国际化	24.70	11
每一千居民中外国留学生人数	24.70	11

续表

名　称	指数值	排　名
4. 高等教育对人力资源的贡献	32.60	17
诺贝尔奖获得者人数	0.00	25
25—34 岁受过高等教育人口比例	54.16	21
全职研发人员数	0.15	46
每千人中全职研发人员数	87.16	2
5. 高等教育对经济发展的贡献	46.54	22
大学教育是否满足竞争经济的需要	37.38	27
大学与企业的合作	55.71	19
6. 高等教育对知识创新的贡献	3.54	36
科技论文数	0.00	53
每千人科技论文数	10.84	32
专利数	0.01	42
每千人专利数	3.32	23

◆ 智利

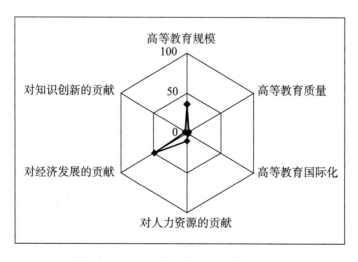

图 4.37　智利高等教育竞争力分维度表现

表 4.37　智利高等教育竞争力指标指数值及其排名

名　称	指数值	排　名
均值综合指数	17.60	37
绝对值综合指数	14.65	37
相对值综合指数	20.54	36
1. 高等教育规模	36.24	30
高等教育毛入学率	43.12	31
在校大学生人数	2.82	28
每千人中在校大学生人数	55.90	23
2. 高等教育质量	2.21	34
高等教育同行评价	1.83	34
高等教育毕业生雇主评价	2.58	32
3. 高等教育国际化	1.10	39
每一千居民中外国留学生人数	1.10	39
4. 高等教育对人力资源的贡献	10.53	40
诺贝尔奖获得者人数	0.00	25
25—34 岁受过高等教育人口比例	25.15	39
全职研发人员数	1.31	35
每千人中全职研发人员数	11.57	36
5. 高等教育对经济发展的贡献	48.60	21
大学教育是否满足竞争经济的需要	54.27	20
大学与企业的合作	42.92	25
6. 高等教育对知识创新的贡献	2.20	42
科技论文数	0.73	37
每千人科技论文数	8.00	37
专利数	0.01	43
每千人专利数	0.07	40

◆ 乌克兰

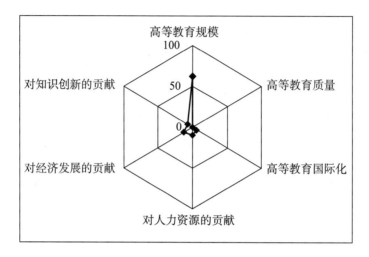

图 4.38 乌克兰高等教育竞争力分维度表现

表 4.38 乌克兰高等教育竞争力指标指数值及其排名

名　称	指数值	排　名
均值综合指数	17. 19	38
绝对值综合指数	12. 35	42
相对值综合指数	22. 02	34
1. 高等教育规模	61. 66	8
高等教育毛入学率	73. 96	12
在校大学生人数	11. 72	9
每千人中在校大学生人数	86. 99	3
2. 高等教育质量	0. 00	40
高等教育同行评价	0. 00	40
高等教育毕业生雇主评价	0. 00	40
3. 高等教育国际化	6. 20	30
每一千居民中外国留学生人数	6. 20	30

续表

名　称	指数值	排　名
4. 高等教育对人力资源的贡献	10. 32	42
诺贝尔奖获得者人数	0. 00	25
25—34 岁受过高等教育人口比例		
全职研发人员数	10. 58	11
每千人中全职研发人员数	30. 69	26
5. 高等教育对经济发展的贡献	12. 22	49
大学教育是否满足竞争经济的需要	9. 15	50
大学与企业的合作	15. 30	50
6. 高等教育对知识创新的贡献	7. 23	29
科技论文数	1. 00	36
每千人科技论文数	3. 78	42
专利数	7. 96	7
每千人专利数	16. 17	4

◆ 印度

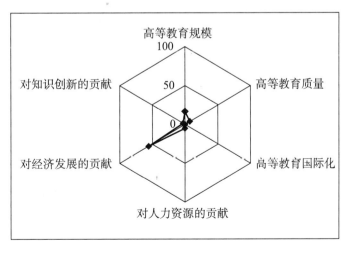

图 4.39　印度高等教育竞争力分维度表现

表 4.39　印度高等教育竞争力指标指数值及其排名

名　称	指数值	排　名
均值综合指数	15.94	39
绝对值综合指数	18.39	24
相对值综合指数	13.49	47
1. 高等教育规模	16.80	48
高等教育毛入学率	2.22	45
在校大学生人数	55.01	3
每千人中在校大学生人数	7.73	50
2. 高等教育质量	7.23	16
高等教育同行评价	6.53	15
高等教育毕业生雇主评价	7.93	13
3. 高等教育国际化	0.00	43
每一千居民中外国留学生人数	0.00	43
4. 高等教育对人力资源的贡献	4.55	49
诺贝尔奖获得者人数	0.40	19
25—34 岁受过高等教育人口比例	8.70	47
全职研发人员数		
每千人中全职研发人员数		
5. 高等教育对经济发展的贡献	56.92	18
大学教育是否满足竞争经济的需要	57.46	17
大学与企业的合作	56.39	18
6. 高等教育对知识创新的贡献	2.18	43
科技论文数	7.09	12
每千人科技论文数	1.01	49
专利数	0.59	18
每千人专利数	0.03	42

◆ 秘鲁

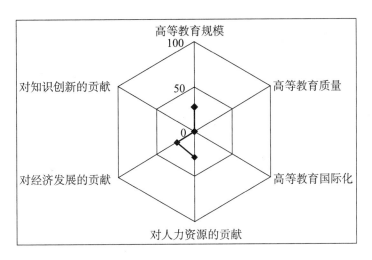

图 4.40 秘鲁高等教育竞争力分维度表现

表 4.40 秘鲁高等教育竞争力指标指数值及其排名

名　称	指数值	排　名
均值综合指数	15.80	40
绝对值综合指数	13.66	40
相对值综合指数	17.94	38
1. 高等教育规模	27.08	42
高等教育毛入学率	28.87	38
在校大学生人数	4.06	24
每千人中在校大学生人数	46.51	34
2. 高等教育质量	0.00	40
高等教育同行评价	0.00	40
高等教育毕业生雇主评价	0.00	40
3. 高等教育国际化		
每一千居民中外国留学生人数		

续表

名　　称	指数值	排　名
4. 高等教育对人力资源的贡献	29.01	24
诺贝尔奖获得者人数	0.00	25
25—34 岁受过高等教育人口比例	58.03	19
全职研发人员数		
每千人中全职研发人员数		
5. 高等教育对经济发展的贡献	22.83	39
大学教育是否满足竞争经济的需要	20.08	39
大学与企业的合作	25.57	37
6. 高等教育对知识创新的贡献	0.09	51
科技论文数	0.04	52
每千人科技论文数	0.33	51
专利数	0.00	46
每千人专利数	0.01	45

◆ 菲律宾

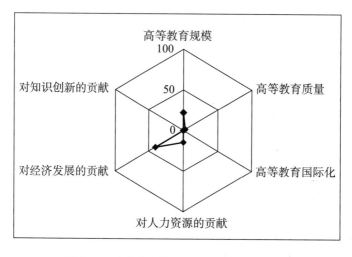

图 4.41　菲律宾高等教育竞争力分维度表现

表 4.41 菲律宾高等教育竞争力指标指数值及其排名

名 称	指数值	排 名
均值综合指数	14.81	41
绝对值综合指数	13.71	39
相对值综合指数	15.91	41
1. 高等教育规模	22.44	45
高等教育毛入学率	21.05	41
在校大学生人数	10.62	10
每千人中在校大学生人数	37.04	42
2. 高等教育质量	2.73	28
高等教育同行评价	2.46	30
高等教育毕业生雇主评价	3.00	27
3. 高等教育国际化	0.50	41
每一千居民中外国留学生人数	0.50	41
4. 高等教育对人力资源的贡献	14.89	32
诺贝尔奖获得者人数	0.00	25
25—34 岁受过高等教育人口比例	43.91	25
全职研发人员数	0.79	41
每千人中全职研发人员数	0.73	46
5. 高等教育对经济发展的贡献	41.06	27
大学教育是否满足竞争经济的需要	34.39	28
大学与企业的合作	47.72	22
6. 高等教育对知识创新的贡献	0.04	52
科技论文数	0.06	51
每千人科技论文数	0.10	52
专利数	0.01	44
每千人专利数	0.00	46

◆ 泰国

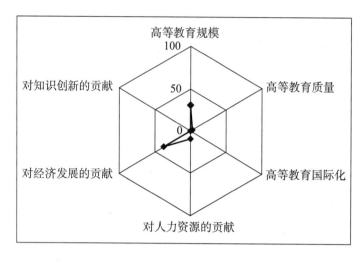

图4.42 泰国高等教育竞争力分维度表现

表4.42 泰国高等教育竞争力指标指数值及其排名

名　称	指数值	排　名
均值综合指数	14.09	42
绝对值综合指数	11.90	43
相对值综合指数	16.27	39
1. 高等教育规模	30.23	38
高等教育毛入学率		
在校大学生人数	10.00	13
每千人中在校大学生人数	50.45	28
2. 高等教育质量	2.66	31
高等教育同行评价	2.57	29
高等教育毕业生雇主评价	2.76	29
3. 高等教育国际化		
每一千居民中外国留学生人数		

续表

名　称	指数值	排　名
4. 高等教育对人力资源的贡献	9.51	44
诺贝尔奖获得者人数	0.00	25
25—34 岁受过高等教育人口比例	25.15	39
全职研发人员数	2.33	26
每千人中全职研发人员数	4.46	43
5. 高等教育对经济发展的贡献	37.81	28
大学教育是否满足竞争经济的需要	38.17	26
大学与企业的合作	37.44	29
6. 高等教育对知识创新的贡献	0.57	49
科技论文数	0.58	38
每千人科技论文数	1.60	47
专利数	0.05	37
每千人专利数	0.06	41

◆ 土耳其

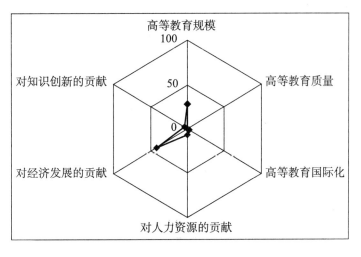

图 4.43　土耳其高等教育竞争力分维度表现

表4.43　土耳其高等教育竞争力指标指数值及其排名

名　称	指数值	排　名
均值综合指数	14.07	43
绝对值综合指数	12.43	41
相对值综合指数	15.71	43
1. 高等教育规模	27.88	41
高等教育毛入学率	29.82	37
在校大学生人数	10.02	12
每千人中在校大学生人数	41.86	37
2. 高等教育质量	0.54	39
高等教育同行评价	0.85	39
高等教育毕业生雇主评价	0.24	39
3. 高等教育国际化	2.70	38
每一千居民中外国留学生人数	2.70	38
4. 高等教育对人力资源的贡献	6.59	46
诺贝尔奖获得者人数	0.00	25
25—34 岁受过高等教育人口比例	15.47	46
全职研发人员数	3.15	23
每千人中全职研发人员数	5.46	41
5. 高等教育对经济发展的贡献	41.57	25
大学教育是否满足竞争经济的需要	29.03	33
大学与企业的合作	54.11	20
6. 高等教育对知识创新的贡献	3.20	37
科技论文数	3.78	18
每千人科技论文数	8.94	34
专利数	0.03	39
每千人专利数	0.03	43

◆ 克罗地亚

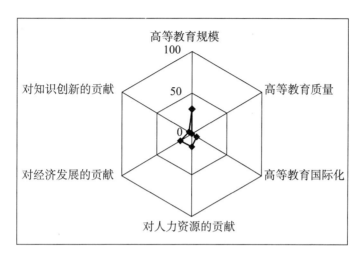

图 4.44 克罗地亚高等教育竞争力分维度表现

表 4.44 克罗地亚高等教育竞争力指标指数值及其排名

名 称	指数值	排 名
均值综合指数	13.23	44
绝对值综合指数	10.20	44
相对值综合指数	16.26	40
1. 高等教育规模	30.62	37
高等教育毛入学率	41.37	34
在校大学生人数	0.57	48
每千人中在校大学生人数	39.16	40
2. 高等教育质量	0.00	40
高等教育同行评价	0.00	40
高等教育毕业生雇主评价	0.00	40
3. 高等教育国际化	7.60	29
每一千居民中外国留学生人数	7.60	29

续表

名　称	指数值	排　名
4. 高等教育对人力资源的贡献	15.44	31
诺贝尔奖获得者人数	0.00	25
25—34 岁受过高等教育人口比例	37.72	29
全职研发人员数	0.43	43
每千人中全职研发人员数	16.76	34
5. 高等教育对经济发展的贡献	17.15	46
大学教育是否满足竞争经济的需要	16.50	45
大学与企业的合作	17.81	47
6. 高等教育对知识创新的贡献	4.68	33
科技论文数	0.44	40
每千人科技论文数	17.76	29
专利数	0.02	40
每千人专利数	0.50	36

◆ 罗马尼亚

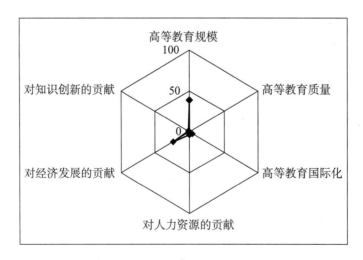

图 4.45　罗马尼亚高等教育竞争力分维度表现

表 4.45　罗马尼亚高等教育竞争力指标指数值及其排名

名　　称	指数值	排　名
均值综合指数	12.92	45
绝对值综合指数	9.95	45
相对值综合指数	15.89	42
1. 高等教育规模	39.19	28
高等教育毛入学率	49.78	28
在校大学生人数	3.56	25
每千人中在校大学生人数	53.63	24
2. 高等教育质量	0.00	40
高等教育同行评价	0.00	40
高等教育毕业生雇主评价	0.00	40
3. 高等教育国际化	3.90	35
每一千居民中外国留学生人数	3.90	35
4. 高等教育对人力资源的贡献	3.55	50
诺贝尔奖获得者人数	0.00	25
25—34 岁受过高等教育人口比例		
全职研发人员数	1.91	30
每千人中全职研发人员数	12.30	35
5. 高等教育对经济发展的贡献	24.66	38
大学教育是否满足竞争经济的需要	10.74	49
大学与企业的合作	38.58	27
6. 高等教育对知识创新的贡献	1.72	45
科技论文数	0.40	42
每千人科技论文数	3.44	43
专利数	0.56	19
每千人专利数	2.48	24

◆ 保加利亚

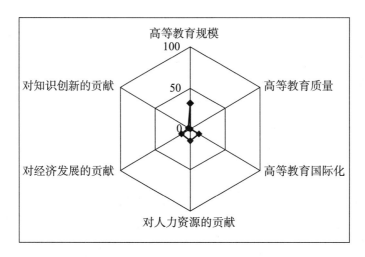

图 4.46　保加利亚高等教育竞争力分维度表现

表 4.46　保加利亚高等教育竞争力指标指数值及其排名

名　称	指数值	排　名
均值综合指数	12.23	46
绝对值综合指数	9.43	47
相对值综合指数	15.03	44
1. 高等教育规模	31.84	35
高等教育毛入学率	42.33	32
在校大学生人数	1.03	39
每千人中在校大学生人数	41.68	38
2. 高等教育质量	0.00	40
高等教育同行评价	0.00	40
高等教育毕业生雇主评价	0.00	40
3. 高等教育国际化	12.10	24
每一千居民中外国留学生人数	12.10	24

续表

名 称	指数值	排 名
4. 高等教育对人力资源的贡献	14.23	35
诺贝尔奖获得者人数	0.00	25
25—34岁受过高等教育人口比例	32.88	30
全职研发人员数	0.95	38
每千人中全职研发人员数	18.67	32
5. 高等教育对经济发展的贡献	· 11.77	50
大学教育是否满足竞争经济的需要	2.98	52
大学与企业的合作	20.55	41
6. 高等教育对知识创新的贡献	2.40	40
科技论文数	0.34	43
每千人科技论文数	8.39	36
专利数	0.06	35
每千人专利数	0.81	34

◆ 斯洛伐克

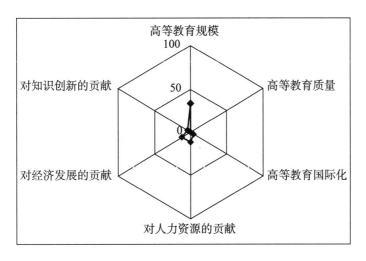

图4.47 斯洛伐克高等教育竞争力分维度表现

表 4.47 斯洛伐克高等教育竞争力指标指数值及其排名

名 称	指数值	排 名
均值综合指数	11.36	47
绝对值综合指数	7.69	51
相对值综合指数	15.02	45
1. 高等教育规模	33.26	34
高等教育毛入学率	40.98	35
在校大学生人数	0.83	46
每千人中在校大学生人数	50.25	29
2. 高等教育质量	0.00	40
高等教育同行评价	0.00	40
高等教育毕业生雇主评价	0.00	40
3. 高等教育国际化	2.90	36
每一千居民中外国留学生人数	2.90	36
4. 高等教育对人力资源的贡献	11.99	38
诺贝尔奖获得者人数	0.00	25
25—34 岁受过高等教育人口比例	23.21	41
全职研发人员数	0.86	39
每千人中全职研发人员数	24.68	29
5. 高等教育对经济发展的贡献	11.51	51
大学教育是否满足竞争经济的需要	15.71	46
大学与企业的合作	7.31	52
6. 高等教育对知识创新的贡献	3.93	35
科技论文数	0.42	41
每千人科技论文数	14.47	31
专利数	0.04	38
每千人专利数	0.78	35

◆ 委内瑞拉

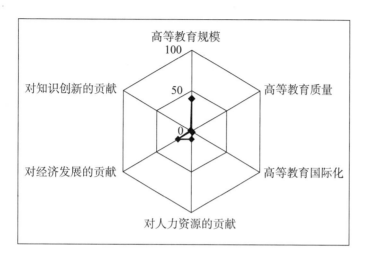

图 4.48 委内瑞拉高等教育竞争力分维度表现

表 4.48 委内瑞拉高等教育竞争力指标指数值及其排名

名 称	指数值	排 名
均值综合指数	11.06	48
绝对值综合指数	7.61	52
相对值综合指数	14.51	46
1. 高等教育规模	39.74	27
高等教育毛入学率		
在校大学生人数	5.90	20
每千人中在校大学生人数	73.59	12
2. 高等教育质量	0.00	40
高等教育同行评价	0.00	40
高等教育毕业生雇主评价	0.00	40
3. 高等教育国际化	0.80	40
每一千居民中外国留学生人数	0.80	40

续表

名　称	指数值	排　名
4. 高等教育对人力资源的贡献	10.06	43
诺贝尔奖获得者人数	0.00	25
25—34 岁受过高等教育人口比例	30.17	34
全职研发人员数	0.00	47
每千人中全职研发人员数	0.00	47
5. 高等教育对经济发展的贡献	19.47	43
大学教育是否满足竞争经济的需要	19.09	41
大学与企业的合作	19.86	42
6. 高等教育对知识创新的贡献	0.91	47
科技论文数	0.23	45
每千人科技论文数	1.60	48
专利数		
每千人专利数		

◆ 墨西哥

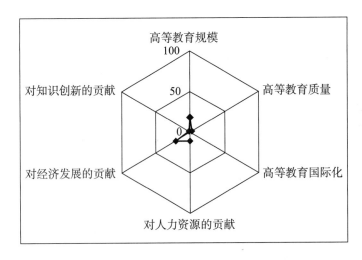

图 4.49　墨西哥高等教育竞争力分维度表现

表 4.49 墨西哥高等教育竞争力指标指数值及其排名

名　　称	指数值	排　名
均值综合指数	10.88	49
绝对值综合指数	9.97	46
相对值综合指数	11.78	48
1. 高等教育规模	18.68	47
高等教育毛入学率	18.24	42
在校大学生人数	10.46	11
每千人中在校大学生人数	27.79	46
2. 高等教育质量	2.71	29
高等教育同行评价	1.88	33
高等教育毕业生雇主评价	3.54	23
3. 高等教育国际化		
每一千居民中外国留学生人数		
4. 高等教育对人力资源的贡献	11.20	39
诺贝尔奖获得者人数	0.00	25
25—34 岁受过高等教育人口比例	27.08	37
全职研发人员数	5.82	15
每千人中全职研发人员数	7.19	39
5. 高等教育对经济发展的贡献	20.35	42
大学教育是否满足竞争经济的需要	22.66	38
大学与企业的合作	18.04	46
6. 高等教育对知识创新的贡献	1.29	46
科技论文数	1.87	26
每千人科技论文数	3.08	44
专利数	0.12	31
每千人专利数	0.09	38

◆ 哥伦比亚

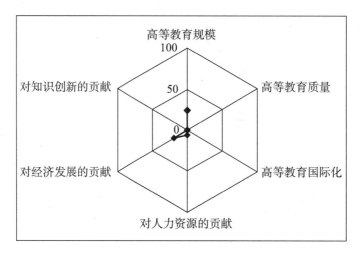

图 4.50 哥伦比亚高等教育竞争力分维度表现

表 4.50 哥伦比亚高等教育竞争力指标指数值及其排名

名　称	指数值	排　名
均值综合指数	9.60	50
绝对值综合指数	8.11	49
相对值综合指数	11.10	49
1. 高等教育规模	23.63	44
高等教育毛入学率	25.88	39
在校大学生人数	5.62	22
每千人中在校大学生人数	37.15	41
2. 高等教育质量	0.00	40
高等教育同行评价	0.00	40
高等教育毕业生雇主评价	0.00	40
3. 高等教育国际化		
每一千居民中外国留学生人数		

续表

名　称	指数值	排　名
4. 高等教育对人力资源的贡献	6.37	47
诺贝尔奖获得者人数	0.00	25
25—34 岁受过高等教育人口比例	18.18	45
全职研发人员数	0.52	42
每千人中全职研发人员数	1.37	45
5. 高等教育对经济发展的贡献	19.42	44
大学教育是否满足竞争经济的需要	19.88	40
大学与企业的合作	18.95	44
6. 高等教育对知识创新的贡献	0.21	50
科技论文数	0.17	48
每千人科技论文数	0.67	50
专利数	0.01	45
每千人专利数	0.01	44

◆ 南非

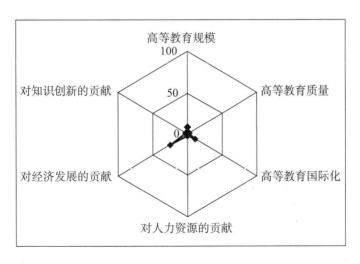

图 4.51　南非高等教育竞争力分维度表现

表 4.51　南非高等教育竞争力指标指数值及其排名

名　称	指数值	排　名
均值综合指数	9.02	51
绝对值综合指数	8.05	50
相对值综合指数	10.00	51
1. 高等教育规模	8.92	50
高等教育毛入学率		
在校大学生人数	3.16	26
每千人中在校大学生人数	14.69	49
2. 高等教育质量	2.30	32
高等教育同行评价	1.99	31
高等教育毕业生雇主评价	2.60	31
3. 高等教育国际化	11.20	25
每一千居民中外国留学生人数	11.20	25
4. 高等教育对人力资源的贡献	1.85	51
诺贝尔奖获得者人数	0.40	19
25—34 岁受过高等教育人口比例		
全职研发人员数	1.78	31
每千人中全职研发人员数	4.83	42
5. 高等教育对经济发展的贡献	25.07	37
大学教育是否满足竞争经济的需要	28.23	35
大学与企业的合作	21.92	40
6. 高等教育对知识创新的贡献	2.64	39
科技论文数	1.14	34
每千人科技论文数	4.15	40
专利数		
每千人专利数		

◆ 巴西

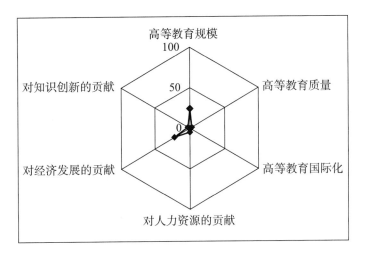

图 4.52　巴西高等教育竞争力分维度表现

表 4.52　巴西高等教育竞争力指标指数值及其排名

名　称	指数值	排　名
均值综合指数	8.52	52
绝对值综合指数	8.24	48
相对值综合指数	8.79	52
1. 高等教育规模	24.44	43
高等教育毛入学率		
在校大学生人数	19.56	5
每千人中在校大学生人数	29.32	45
2. 高等教育质量	2.69	30
高等教育同行评价	3.19	28
高等教育毕业生雇主评价	2.18	34
3. 高等教育国际化	0.00	43
每一千居民中外国留学生人数	0.00	43

续表

名　称	指数值	排　名
4. 高等教育对人力资源的贡献	4.86	48
诺贝尔奖获得者人数	0.00	25
25—34 岁受过高等教育人口比例	5.80	48
全职研发人员数	10.37	12
每千人中全职研发人员数	7.19	39
5. 高等教育对经济发展的贡献	22.28	40
大学教育是否满足竞争经济的需要	16.70	43
大学与企业的合作	27.85	35
6. 高等教育对知识创新的贡献	2.36	41
科技论文数	4.79	16
每千人科技论文数	4.38	39
专利数	0.20	28
每千人专利数	0.09	39

◆ 印度尼西亚

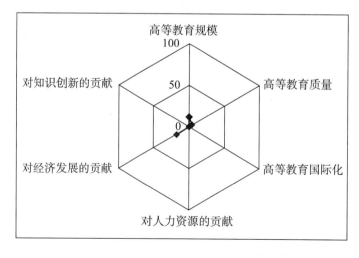

图 4.53　印度尼西亚高等教育竞争力分维度表现

表 4.53　印度尼西亚高等教育竞争力指标指数值及其排名

名　称	指数值	排　名
均值综合指数	7.42	53
绝对值综合指数	7.42	53
相对值综合指数	7.42	53
1. 高等教育规模	12.29	49
高等教育毛入学率	8.90	44
在校大学生人数	15.64	7
每千人中在校大学生人数	15.74	48
2. 高等教育质量	3.59	23
高等教育同行评价	3.51	25
高等教育毕业生雇主评价	3.66	21
3. 高等教育国际化		
每一千居民中外国留学生人数		
4. 高等教育对人力资源的贡献	0.00	52
诺贝尔奖获得者人数	0.00	25
25—34 岁受过高等教育人口比例	0.00	49
全职研发人员数		
每千人中全职研发人员数		
5. 高等教育对经济发展的贡献	17.48	45
大学教育是否满足竞争经济的需要	16.70	43
大学与企业的合作	18.26	45
6. 高等教育对知识创新的贡献	0.04	52
科技论文数	0.07	50
每千人科技论文数	0.00	53
专利数		
每千人专利数		

第三篇

研究发现

第五章

世界高等教育竞争力的变动特征与主流趋势

一、世界高等教育竞争力的变动特征

1. 不同国家高等教育竞争力分布的总体情况

高等教育竞争力排名居于前 10 位的国家依次是：美国、澳大利亚、英国、芬兰、日本、新西兰、新加坡、加拿大、瑞典、丹麦和挪威[①]。但从构成高等教育竞争力各个方面的排名来看（见表 5.1），发展并不均衡。如高等教育竞争力排名第 1 位的美国在高等教育国际化方面则排到了第 18 位，排名第 4 位的芬兰在高等教育质量方面排在了第 26 位，排名第 8 位的加拿大在高等教育规模方面却排到了第 36 位。从平均排名看，高等教育竞争力居于前 10 位的这些国家，高等教育规模的平均位次仅为 13.8 位，高等教育质量也仅仅为 12.4 位。但高等教育对人力资源的贡献方面还是表现出了优势，其平均排名在 7.6 位。也可以说，高等教育竞争力较强的国家，其在高等教育对人力资源的贡献方面具有竞争的优势，而在其他方面优势并不明显，特别是在高等教育规模方面相对薄弱。

表 5.1　高等教育竞争力前 10 位的国家各要素的排名情况

国家名称	高等教育竞争力	高等教育规模	高等教育质量	高等教育国际化	高等教育对人力资源的贡献	高等教育对经济发展的贡献	高等教育对知识创新的贡献
美国	1	1	1	18	1	10	1
澳大利亚	2	12	3	1	15	13	16

---

① 其中，丹麦和挪威并列第 10 位。

续表

国家名称	高等教育竞争力	高等教育规模	高等教育质量	高等教育国际化	高等教育对人力资源的贡献	高等教育对经济发展的贡献	高等教育对知识创新的贡献
英国	3	20	2	3	8	19	9
芬兰	4	4	26	16	9	2	7
日本	5	24	6	26	2	20	2
新西兰	6	7	13	2	6	17	18
新加坡	7	—	25	—	3	3	15
加拿大	8	36	5	14	4	4	13
瑞典	9	10	12	13	11	7	5
丹麦	10	13	22	15	12	4	14
挪威	10	11	21	9	13	11	4
平均排名	5.9	13.8	12.4	11.7	7.6	10	10.6

高等教育竞争力位于后10位的国家分别是：克罗地亚、罗马尼亚、保加利亚、斯洛伐克、委内瑞拉、墨西哥、哥伦比亚、南非、巴西和印度尼西亚。从各个方面的排名来看（见表5.2），这些整体排名靠后的国家各分项的排名也很靠后。从平均排名看，在高等教育对人力资源的贡献、高等教育对经济发展的贡献和高等教育对知识创新的贡献方面，表现出更明显的弱势。

表5.2 高等教育竞争力后10位的国家各要素的排名情况

国家名称	高等教育竞争力	高等教育规模	高等教育质量	高等教育国际化	高等教育对人力资源的贡献	高等教育对经济发展的贡献	高等教育对知识创新的贡献
克罗地亚	44	37	40	29	31	46	33
罗马尼亚	45	28	40	35	50	38	45
保加利亚	46	35	40	24	35	50	40
斯洛伐克	47	34	40	37	38	51	35
委内瑞拉	48	27	40	40	43	43	47
墨西哥	49	47	29	—	39	42	46
哥伦比亚	50	44	40	—	47	44	50
南非	51	50	32	25	51	37	39

续表

国家名称	高等教育竞争力	高等教育规模	高等教育质量	高等教育国际化	高等教育对人力资源的贡献	高等教育对经济发展的贡献	高等教育对知识创新的贡献
巴西	52	43	30	43	48	40	41
印度尼西亚	53	49	23	—	52	45	52
平均排名	48.5	39.4	35.4	33.3	43.4	43.6	42.8

总而言之，在高等教育竞争力的六大方面，其发展的格局具有一定的复杂性，很多国家都在不同的方面有着突出的表现。

2. 高等教育竞争力提升过程中的结构性变动

为了对高等教育竞争力提升过程中的结构变动特征进行分析，我们依据 53 个国家高等教育竞争力的综合评价指数及其排名结果，将这些国家分为高、中、低三组，即：将排名在 1—17 位的国家定义为高等教育竞争力的高水平组，其中包括美国、澳大利亚、英国、芬兰、日本、新西兰、新加坡、加拿大、瑞典、丹麦、挪威、瑞士、以色列、韩国、德国、荷兰和爱尔兰；将排名在 18—35 位的国家定义为高等教育竞争力的中水平组，其中包括比利时、法国、奥地利、立陶宛、俄罗斯、斯洛文尼亚、爱沙尼亚、希腊、西班牙、意大利、波兰、葡萄牙、阿根廷、匈牙利、捷克、中国、马来西亚和约旦；将排名在 36—53 位的国家定义为高等教育竞争力的低水平组，其中包括卢森堡、智利、乌克兰、印度、秘鲁、菲律宾、泰国、土耳其、克罗地亚、罗马尼亚、保加利亚、斯洛伐克、委内瑞拉、墨西哥、哥伦比亚、南非、巴西和印度尼西亚。期望通过对其各项指标的排名进行简单平均，从各组平均排名的变动来观察高等教育竞争力的结构变动规律。

首先，高等教育竞争力评价的 12 项指标显示（见表5.3），高、中、低三组中，在高等教育竞争力总排名上升的同时，各项指标的排名也随着上升。同时还可以看出，各组的排名结构表现出了差异性。在竞争力的高水平组中，排名居于前三位的分别是：科技论文数、大学与企业的合作、25—34 岁受过高等教育的人口比例。在中水平组，排名居于前三位的分别是：高等教育毛入学率、专利数、在校大学生人数。在低水平组中，排名居于前三位的分别是：外国留学生人数、在校大学生人数、专利数[1]。而高

---

[1] 需要说明的是，在"高等教育同行评价"和"高等教育毕业生雇主评价"指标上，由于众多国家得分均为 0，因此，这些国家均并列排在了第 40 位，也就是最后一位，所以低水平组在这两个指标上的排名被高估了。同样，在"诺贝尔奖获得者人数"上，众多国家被并列排在了第 25 位，所以低水平组在这一指标上也被高估了。

水平组在在校大学生人数这一指标上排名相对较落后；中水平组则在大学与企业的合作方面表现较差；低水平组在科技论文数量指标上表现最为落后。

表 5.3   高等教育竞争力高、中、低三组各指标的平均排名

指标类型	指标名称	高（1—17位）	中（18—35位）	低（36—53位）
高等教育规模	高等教育毛入学率	14.4	20.9	36
	在校大学生人数（千人）/每千人中在校大学生人数	19.6	22.2	35.2
高等教育质量	高等教育同行评价	12.2	28.3	34.7
	高等教育毕业生雇主评价	12.9	28.4	33.8
高等教育国际化	每一千居民中外国留学生人数	12.9	22.5	33.5
高等教育对人力资源的贡献	诺贝尔奖获得者人数	12.6	19.9	24.3
	25—34岁受过高等教育人口比例	10.8	27.8	36.6
	全职研发人员数（千人）/每千人中的全职研发人员数	12.0	23.8	36.3
高等教育对经济发展的贡献	大学教育是否满足竞争经济的需要	12.5	30.2	37.3
	大学与企业的合作	10.8	33.5	35.5
高等教育对知识创新的贡献	科技论文数/每千人科技论文数	9.7	27.8	42.5
	专利数/每千人专利数	13.3	22.1	35

进一步，我们将12项指标按照其指标含义，划归为高等教育规模、高等教育质量、高等教育国际化、高等教育对人力资源的贡献、高等教育对经济发展的贡献、高等教育对知识创新的贡献六大类，并统计了高等教育竞争力高、中、低三组在这六类指标的平均排名情况（见表5.4）。从各组的排名结构中，我们可以更清晰地发现在高等教育竞争力提升的过程中，各项指标的结构所发生的变化。

表 5.4　高等教育竞争力高、中、低三组六类指标排名的平均值

指标类型	高（1—17 位）	中（18—35 位）	低（36—53 位）
高等教育规模	16.5	21.2	38.2
高等教育质量	11.9	28.6	34.6
高等教育国际化	12.9	22.5	33.5
高等教育对人力资源的贡献	10.4	29.2	40.4
高等教育对经济发展的贡献	11.0	32.2	36.9
高等教育对知识创新的贡献	9.9	27.5	42.6

在高等教育竞争力高、中、低三组中，领先的指标存在着差异性。在低水平组，排名相对领先的是高等教育国际化、高等教育对经济发展的贡献和高等教育规模；在中水平组，排名领先的是高等教育规模、高等教育国际化；在高水平组，排名领先的是高等教育对知识创新的贡献、高等教育对人力资源的贡献。在高水平组排名领先的两项指标在低水平组则是排名相对较为落后的。同样，低水平组排名相对领先的指标在高水平组也是排名比较落后的。

由此我们可以对高等教育竞争力提升过程中的结构性变动特征进行这样的总结：在高等教育竞争力的初级阶段，主要是"高等教育国际化、高等教育对经济发展的贡献、高等教育规模"指标在起作用；在高等教育竞争力的中级阶段，起作用的指标则是"高等教育规模、高等教育国际化"；在高等教育竞争力的高级阶段，则主要是"高等教育对知识创新的贡献、高等教育对人力资源的贡献"指标在发挥作用。高等教育的发展大体上呈现出"国际化—规模—对知识创新的贡献"这一发展的结构变动过程。即随着高等教育竞争力的提升，发挥主要作用的指标也相应地从规模转变为对人力资源的贡献、从发展水平层面转变至贡献层面。

3. 不同发展水平国家的高等教育竞争力比较

为了分析处于不同发展水平的国家在高等教育竞争力水平上的差异，我们分别按照人均 GDP 水平、人均公共教育支出水平以及公共教育支出占 GDP 的比例，将 53 个国家进行分类，期望可以发现不同组别在高等教育竞争力水平方面的共性和差异性。

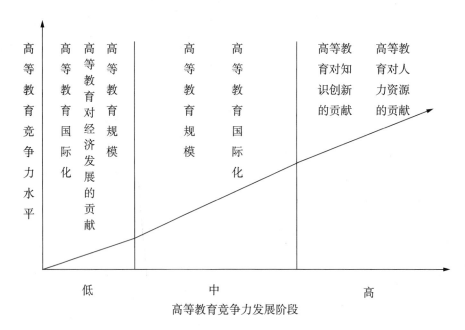

图 5.1　高等教育竞争力结构的阶段性特征

（1）不同经济发展水平国家的高等教育竞争力比较

根据 IMD《世界竞争力年鉴 2009》公布的数据①，我们按照人均 GDP 水平将 53 个国家分为 5000 美元以下、5000—10000 美元、10000—30000 美元、30000—50000 美元、50000 美元以上五组，并计算了每组国家高等教育竞争力排名的平均值（见表5.5）以及高等教育竞争力六大类指标排名的平均值（见表 5.6）。

表 5.5　按人均 GDP 水平的国家分类及其高等教育竞争力排名情况

人均 GDP 水平	国家个数	国家名称	综合排名	绝对值排名	相对值排名
5000 美元以下	8	秘鲁、泰国、乌克兰、约旦、中国、菲律宾、印度、印度尼西亚	40	36	42
5000—10000 美元	7	巴西、马来西亚、阿根廷、保加利亚、罗马尼亚、南非、哥伦比亚	44	42	44

———————————

① 数据见 IMD《世界竞争力年鉴 2009》第 303 页，表 1.1.21。此数据为 2008 年数据。

续表

人均GDP水平	国家个数	国家名称	综合排名	绝对值排名	相对值排名
10000—30000美元	17	以色列、新西兰、斯洛文尼亚、葡萄牙、捷克、韩国、斯洛伐克、爱沙尼亚、波兰、匈牙利、立陶宛、克罗地亚、委内瑞拉、墨西哥、智利、俄罗斯、土耳其	30	32	29
30000—50000美元	13	奥地利、比利时、美国、法国、澳大利亚、加拿大、英国、德国、意大利、日本、新加坡、西班牙、希腊	14	14	15
50000美元以上	8	卢森堡、挪威、丹麦、瑞士、瑞典、荷兰、芬兰、爱尔兰	14	16	12

表5.6　不同人均GDP国家组在高等教育竞争力各类指标上的排名情况

指标类型	5000美元以下	5000—10000美元	10000—30000美元	30000—50000美元	50000美元以上
高等教育规模	36.4	37.1	22.2	19.5	21.8
高等教育质量	28.4	33.3	33	12.6	19.3
高等教育国际化	32.4	29.6	28.9	14.5	12.5
高等教育对人力资源的贡献	39.6	45.3	28.6	14.7	14.9
高等教育对经济发展的贡献	35.3	37.3	32.1	21.7	7.6
高等教育对知识创新的贡献	43.1	42.4	29.6	13.8	13.1

在高等教育竞争力排名前10位的国家中，有4个人均GDP在50000美元以上，分别是挪威、丹麦、瑞典和芬兰。有6个人均GDP在30000—50000美元之间，只有新西兰人均GDP低于30000美元。这在一定程度上反映出经济发展水平高的国家，其高等教育竞争力水平也比较高。从六大类指标看，随着人均GDP的提高，高等教育对经济发展的贡献和高等教育对知识创新的贡献的排名也随之提高。其他指标的发展趋势不是很明显。这进一步表明了高等教育发展和经济发展的紧密联系更多体现在高等教育

的贡献上。

（2）不同教育投入水平国家的高等教育竞争力比较

同样的，根据 IMD《世界竞争力年鉴 2009》公布的数据①，我们按照人均公共教育支出水平，把 53 个国家分为 2500 美元以上、1500—2500 美元、500—1500 美元、200—500 美元、200 美元以下五组，并计算了每组国家高等教育竞争力排名的平均值（见表5.7）以及高等教育竞争力六大类指标排名的平均值（见表5.8）。

表5.7　按人均公共教育支出水平的国家分类及其高等教育竞争力排名情况

人均公共教育支出水平	国家个数	国家名称	综合排名	绝对值排名	相对值排名
200 美元以下	10	保加利亚、乌克兰、哥伦比亚、阿根廷、约旦、泰国、中国、菲律宾、印度、印度尼西亚	41	38	42
200—500 美元	10	南非、秘鲁、土耳其、智利、巴西、罗马尼亚、委内瑞拉、俄罗斯、马来西亚、斯洛伐克	42	41	41
500—1500 美元	15	匈牙利、希腊、波兰、立陶宛、克罗地亚、捷克、爱沙尼亚、墨西哥、新加坡、韩国、斯洛文尼亚、日本、葡萄牙、西班牙、意大利	26	28	26
1500—2500 美元	10	德国、新西兰、以色列、澳大利亚、比利时、奥地利、芬兰、荷兰、法国、英国	12	12	12
2500 美元以上	8	卢森堡、挪威、丹麦、瑞士、瑞典、美国、爱尔兰、加拿大	13	14	11

---

① 数据见 IMD《世界竞争力年鉴 2009》第 460 页，表 4.5.02。此数据为 2007 年数据。

表5.8　不同人均公共教育支出水平国家组在高等教育竞争力

各类指标上的排名情况

指标类型	200 美元以下	200—500 美元	500—1500 美元	1500—2500 美元	2500 美元以上
高等教育规模	35.2	33.6	19.6	19.1	22.8
高等教育质量	29.9	34.1	30.1	12.2	15.8
高等教育国际化	31.0	34.3	27.3	7.8	12.1
高等教育对人力资源的贡献	42.0	39.5	25.3	14.0	11.9
高等教育对经济发展的贡献	37.3	35.8	33.0	13.7	8.5
高等教育对知识创新的贡献	41.8	40.9	24.2	13.9	12.6

从表5.7可以看出，一个国家公共教育的投入与该国高等教育竞争力水平并不具有明显的正相关关系。即随着人均公共教育支出的提高，高等教育竞争力的排名并没有随着提高。如人均公共教育支出在200美元以下的组，其高等教育竞争力的排名要高于200—500美元的组；人均公共教育支出高于2500美元的组，其高等教育竞争力的排名却低于1500—2500美元的组。这也比较容易理解，因为影响一国高等教育竞争力的因素除了教育投入水平之外，与一国的教育体制、高等教育在教育体系中的地位以及政策环境有着非常密切的关系。正如有些国家，虽然人均公共教育支出水平居于中等，但其高等教育竞争力排名却比较高，如新加坡、韩国、日本等。这也许同这些国家比较小，或者全部教育投入比较高有关，也可以解释为教育投入水平仅仅是影响一国高等教育竞争力的诸多复杂因素之一。

表5.8则进一步表明，高等教育三大贡献指标的排名均随着人均公共教育支出水平的提高而提高，但是高等教育发展水平的指标，包括规模、质量和国际化则没有表现出这一趋势，人均公共教育支出水平高的国家在这些方面排名却相对较低。

同样的，根据IMD《世界竞争力年鉴2009》公布的数据①，我们按照公共教育支出占GDP的百分比，将53个国家分为6%及以上、5%—6%（包括5%）、4%—5%（包括4%）和4%以下四组，并计算了每组国家高等教育竞争力排名的平均值（见表5.9）以及高等教育竞争力六大类指标排名的平均值（见表5.10）。

① 数据见IMD《世界竞争力年鉴2009》第459页，表4.5.01。此数据为2007年数据。

表5.9　按公共教育支出占GDP比例的国家分类及其高等教育竞争力排名情况

公共教育支出占GDP的百分比	国家个数	国家名称	综合排名	绝对值排名	相对值排名
4%以下	14	克罗地亚、日本、捷克、哥伦比亚、保加利亚、斯洛伐克、新加坡、智利、土耳其、印度、希腊、中国、菲律宾、印度尼西亚	36	35	37
4%—5%（包括4%）	12	卢森堡、澳大利亚、意大利、巴西、爱尔兰、泰国、罗马尼亚、西班牙、韩国、阿根廷、俄罗斯、德国	27	27	27
5%—6%（包括5%）	16	法国、加拿大、奥地利、新西兰、芬兰、匈牙利、瑞士、马来西亚、挪威、斯洛文尼亚、立陶宛、约旦、波兰、荷兰、委内瑞拉、爱沙尼亚	34	21	21
6%及以上	11	以色列、葡萄牙、墨西哥、丹麦、秘鲁、瑞典、南非、美国、乌克兰、英国、比利时	24	24	23

表5.10　不同公共教育支出水平国家组在高等教育竞争力
各类指标上的排名情况

指标类型	4%以下	4%—5%（包括4%）	5%—6%（包括5%）	6%及以上
高等教育规模	34.8	22.7	21.0	23.2
高等教育质量	29.5	22.2	21.0	22.8
高等教育国际化	32.5	23.3	21.0	17.0
高等教育对人力资源的贡献	32.9	27.9	34.0	22.4
高等教育对经济发展的贡献	33.9	31.1	34.0	23.5
高等教育对知识创新的贡献	34.2	25.9	20.0	23.2

高等教育竞争力和公共教育支出占GDP比例之间也没有表现出显著的正相关关系，

高等教育竞争力的排名并没有随着公共教育支出占 GDP 比例的提高而上升。例如，在公共教育支出比例在 6% 以上的 11 个国家中，只有美国、英国、丹麦和瑞典的高等教育竞争力位于前 10 位，而南非、墨西哥的高等教育竞争力都排在了后 10 位。又如新加坡和日本，虽然公共教育支出占 GDP 的比例低于 4%，但高等教育竞争力的排名却比较高，均位于前 10 位。六大类指标同公共教育支出占 GDP 比例之间的关系也没有表现出明显的规律性。这表明，高等教育竞争力在一定程度上受到公共教育支出占 GDP 比例的影响，但是这种影响并非是简单的线性相关，而是受到社会环境、教育政策和体制等因素综合作用的结果。

二、世界高等教育竞争力的主流趋势

世界高等教育竞争力的主流趋势可以通过对各国高等教育竞争力的优势和劣势的比较体现出来。我们将多数国家表现出的高等教育竞争优势定义为主流竞争优势；对应的，将多数国家表现出的高等教育竞争劣势定义为主流竞争劣势。在实证分析中，我们根据 53 个国家的高等教育竞争力指数及其排名，将这些国家分为两组：高等教育竞争力排名在 26 位以前（包括第 26 位）的国家称为高等教育竞争力强势组；排名在 27 位之后（包括第 27 位）的国家称为高等教育竞争力弱势组。具体见表 5.11。

表 5.11 高等教育竞争力的强弱分组

组 别	国家名称
强势组（26 个国家）	美国、澳大利亚、英国、芬兰、日本、新西兰、新加坡、加拿大、瑞典、丹麦、挪威、瑞士、以色列、韩国、德国、荷兰、爱尔兰、比利时、法国、奥地利、立陶宛、俄罗斯、斯洛文尼亚、爱沙尼亚、希腊、西班牙
弱势组（27 个国家）	意大利、波兰、葡萄牙、阿根廷、匈牙利、捷克、中国、马来西亚、约旦、卢森堡、智利、乌克兰、印度、秘鲁、菲律宾、泰国、土耳其、克罗地亚、罗马尼亚、保加利亚、斯洛伐克、委内瑞拉、墨西哥、哥伦比亚、南非、巴西、印度尼西亚

1. 高等教育竞争力的主流优势分析

原则上我们将每个国家排名居于前 5 位的指标作为其优势指标，但由于一些国家的整体排名过于靠后，无法作为优势，所以选择的指标就少一些。这也使得强势组和弱势组在优势指标总量上存在着差别。表 5.12 和表 5.13 显示了统计的结果。

表 5.12　53 个国家高等教育竞争力的优势指标分布（1）

指标名称	全部国家优势指标数	强势组优势指标数	弱势组优势指标数	强、弱组优势指标数比值
高等教育毛入学率	19	12	7	1.71
在校大学生人数	18	9	9	1
高等教育同行评价	19	11	8	1.38
高等教育毕业生雇主评价	21	11	10	1.1
每一千居民中外国留学生人数	18	10	8	1.25
诺贝尔奖获得者人数	20	13	7	1.86
25—34 岁受过高等教育人口比例	20	13	7	1.86
全职研发人员数	14	9	5	1.8
大学教育是否满足竞争经济的需要	23	13	10	1.3
大学与企业的合作	20	11	9	1.22
科技论文数	20	14	6	2.33
专利数	14	9	5	1.8
合计	226	135	91	1.48

表 5.13　53 个国家高等教育竞争力的优势指标分布（2）

指标类型	全部国家优势指标数	强势组优势指标数	弱势组优势指标数	强、弱组优势指标数比值
高等教育规模	37	21	16	1.31
高等教育质量	40	22	18	1.22
高等教育国际化	18	10	8	1.25
高等教育对人力资源的贡献	54	35	19	1.84
高等教育对经济发展的贡献	43	24	19	1.26
高等教育对知识创新的贡献	34	23	11	2.09

　　从表 5.12 对 12 项指标的统计情况来看，全部国家的优势指标共出现 226 次，其中强势组出现 135 次，弱势组出现 91 次。强势组的优势指标出现次数明显高于弱势组。这也反映出弱势组的优势指标的总体质量不如强势组。从两组分项的对比来看，强势组在科技论文数、专利数、诺贝尔奖获得者人数、25—34 岁受过高等教育人口比例以及全职研发人员数上的优势指标数明显超出了弱势组，强势组在高等教育对人力资源的贡献和高等教育对知识创新的贡献方面显著地优于弱势组。表 5.13 通过将 12 项指标

划归为六大类，进一步印证了这一点。可以说，高等教育竞争力的主流优势体现在高等教育对人力资源的贡献和高等教育对知识创新的贡献两方面。

图 5.2 更直观地显示了高等教育竞争力的优势分布情况。我们将各组的竞争力结构按顺序排列：

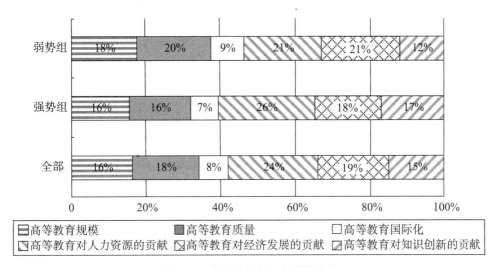

图 5.2　高等教育竞争力优势分布

强势组：高等教育对人力资源的贡献 > 高等教育对经济发展的贡献 > 高等教育对知识创新的贡献 > 高等教育规模 = 高等教育质量 > 高等教育国际化；

弱势组：高等教育对人力资源的贡献 = 高等教育对经济发展的贡献 > 高等教育质量 > 高等教育规模 > 高等教育对知识创新的贡献 > 高等教育国际化。

两者比较，强势组和弱势组的结构差距主要体现在高等教育对知识创新的贡献度的提高和高等教育规模的淡出。

计算强势组和弱势组的优势结构差（强势组某一项的比例与弱势组某一项的比例的差）可得，强势组与弱势组的高等教育规模、高等教育质量、高等教育国际化、高等教育对人力资源的贡献、高等教育对经济发展的贡献、高等教育对知识创新的贡献结构差分别为 -2%、-4%、-2%、5%、-3%、5%。由此可以进一步看出，高等教育竞争力提升的主流是高等教育对人力资源的贡献和对知识创新的贡献的提升，以及高等教育规模和质量的弱化。换言之，高等教育竞争力提升的主流趋势是高等教育对社会贡献度的提升，以及高等教育发展水平的基础化。

2. 高等教育竞争力的主流劣势分析

同样的，我们将每个国家排名居于后 5 位的指标作为其劣势指标，其中一些整体排名比较靠前的国家，其劣势指标的选择就稍少一些。这也使得强势组和弱势组在优势指标总量上存在着差别。表 5. 14 和表 5. 15 显示了统计的结果。

表 5. 14 53 个国家高等教育竞争力的劣势指标分布（1）

指标名称	全部国家劣势指标数	弱势组劣势指标数	强势组劣势指标数	弱、强组劣势指标数比值
高等教育毛入学率	15	7	8	0.88
在校大学生人数	20	10	10	1
高等教育同行评价	24	16	8	2
高等教育毕业生雇主评价	25	15	10	1. 5
每一千居民中外国留学生人数	11	6	5	1. 2
诺贝尔奖获得者人数	28	20	8	2. 5
25—34 岁受过高等教育人口比例	17	13	4	3. 25
全职研发人员数	9	8	1	8
大学教育是否满足竞争经济的需要	15	9	6	1. 5
大学与企业的合作	19	10	9	1. 11
科技论文数	17	14	3	4. 67
专利数	14	7	7	1
合计	214	135	79	1. 71

表 5. 15 53 个国家高等教育竞争力的劣势指标分布（2）

指标类型	全部国家劣势指标数	弱势组劣势指标数	强势组劣势指标数	弱、强组劣势指标数比值
高等教育规模	35	17	18	0. 94
高等教育质量	49	31	18	1. 72
高等教育国际化	11	6	5	1. 2
高等教育对人力资源的贡献	54	41	13	3. 15
高等教育对经济发展的贡献	34	19	15	1. 27
高等教育对知识创新的贡献	31	21	10	2. 1

从表 5. 14 对 12 项指标的统计情况来看，全部国家的劣势指标共出现 214 次，其中弱势组出现 135 次，强势组出现 79 次。弱势组劣势指标出现的次数明显高于强势组。从两组分项的对比来看，弱势组在全职研发人员数、科技论文数、诺贝尔奖获得者人

数、25—34 岁受过高等教育人口比例方面的指标数均是强势组的两倍以上。表 5.15 通过将 12 项指标划归为六大类，进一步印证了这一点。可以说，高等教育竞争力的主流劣势主要体现在高等教育质量、高等教育对人力资源的贡献和高等教育对知识创新的贡献上。

图 5.3 更直观地显示了高等教育竞争力的劣势分布情况。劣势组的劣势指标主要分布在高等教育对人力资源的贡献和高等教育质量方面。强势组和弱势组的高等教育规模、高等教育质量、高等教育国际化、高等教育对人力资源的贡献、高等教育对经济发展的贡献、高等教育对知识创新的贡献结构差分别为 10%、0、2%、– 14%、5%、– 3%。由此可进一步看出，弱势组与强势组的高等教育竞争力劣势比较，弱势组的高等教育对人力资源的贡献劣势特别突出。从弱势组到强势组的动态变化看，高等教育竞争力的劣势结构中，高等教育对人力资源的贡献以及高等教育对知识创新的贡献方面的劣势比例都在减少，这也再次印证了高等教育竞争力变动的趋势。

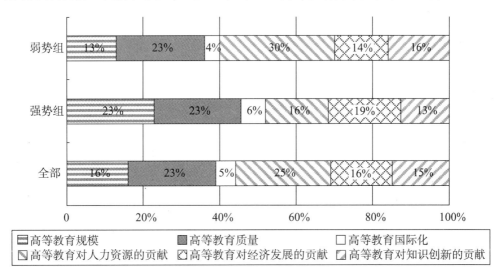

图 5.3　高等教育竞争力劣势分布

对比高等教育竞争力的主流优势和主流劣势，可以发现它们有重复的地方，这是将强势组和弱势组合并统计的结果。如果把表 5.12、表 5.13 同表 5.14、表 5.15 进行对比，可以进一步发现，强势组的优势指标恰恰是弱势组的劣势指标。这表明提升高等教育竞争力的关键在于提高高等教育质量，进一步发挥高等教育对人力资源的贡献和高等教育对知识创新的贡献。

第六章

中国高等教育竞争力的优势与劣势

一、中国高等教育竞争力处于世界中等水平

中国高等教育竞争力居于第 33 位，属于中等水平。需要指出的是，在指标的计算中，我们对在校大学生人数、全职研发人员数、科技论文数和专利数分别采用了绝对值和相对值进行计算，并进行了等权处理取得均值进行综合排名。如果高等教育竞争力按照以上指标的绝对值进行计算，中国排名第 18 位；如果按照相对值计算，中国则排名第 50 位。两种计算方法得到的排名结果相差了 32 位。可见，就高等教育竞争力涉及的指标看，我国在规模和总量上已经具有一定的优势，但在人均的占有量方面则明显不足。这一方面同我国作为人口大国的国情相关，另一方面也与我国近年来高等教育跨越式发展的战略导向基本一致。

高等教育同一国的人力资源发展、经济发展和创新型国家建设有着极为密切的关系，而我国这种发展的格局同现实的需求是不相称的。中国的经济发展、市场规模、高技术领域在国际上已经占有一定的优势，在 2009 年 WEF 全球竞争力排名中位居第 29 位，在 2009 年 IMD 世界竞争力排名中位居第 20 位，在 2008 年世界国家综合实力排名中位居第 6 位，而在 2009 年韩国发布的国家综合实力排名中位居第 2 位。但是，仔细分析这些排名所涉及的指标可以发现，我国在人力资源、高技能人才培养、知识创新等方面仍严重滞后，在波士顿咨询公司 2009 年发布的《全球最具创新能力的 30 个国家》里中国名列第 27 位，在印度和 IMD 联合发布的全球创新指数排名中中国名列第 37 位。因此，未来中国高等教育发展的主要任务应该是逐步实现由"外延式"向"内涵式"转变，在稳步扩大规模的同时，着重提高质量，充分发挥高等教育在国家人力

资源建设和知识创新方面的重要作用。

同时,我国高等教育竞争力各方面的发展也表现出不平衡性。在我们的指标体系中,高等教育竞争力包括了高等教育发展水平和高等教育的贡献两个方面,其中高等教育发展水平包括高等教育规模、高等教育质量和高等教育国际化三个维度,高等教育的贡献包括高等教育对人力资源的贡献、高等教育对经济发展的贡献和高等教育对知识创新的贡献三个维度。可以看出,我国在高等教育对知识创新的贡献和对经济发展的贡献维度上较为滞后(见图6.1),与世界上多数国家存在较大的差距。可以说,我国高等教育的发展在当前仍然应当遵循适度扩大规模,努力提高质量,不断提升高等院校科研创新与社会服务的能力的基本路径。

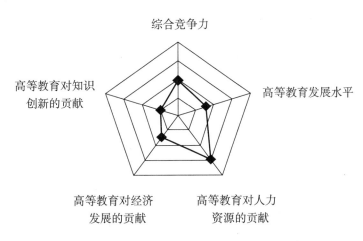

图6.1 中国高等教育综合竞争力及分维度竞争力

二、中国高等教育竞争力的国际比较

为了更好地理解中国高等教育竞争力的发展水平及在国际上的位置,我们将通过与经济合作与发展组织(OECD)国家和金砖四国(BRIC)的均值的比较来进行分析。OECD国家包括美国、德国、法国、日本等33个市场经济国家[①],其均值可以代表发达国家的平均水平。金砖四国包括巴西、俄罗斯、印度和中国。这些国家的经济发展迅猛,其庞大的人口与消费水平,在全球增长中占有了近1/3的份额。金砖四国被称

① OECD的成员国共有34个,分别是:澳大利亚、奥地利、比利时、加拿大、捷克、丹麦、芬兰、法国、德国、希腊、匈牙利、冰岛、爱尔兰、意大利、日本、韩国、卢森堡、墨西哥、荷兰、新西兰、挪威、波兰、葡萄牙、斯洛伐克、西班牙、瑞典、瑞士、土耳其、英国、美国、智利、爱沙尼亚、以色列和斯洛文尼亚。由于我们所选取的国家中没有冰岛,所以进行比较的国家为33个。

为世界经济的发动机，正在成为世界上不可忽视的新经济势力。

1. 中国高等教育竞争力与 OECD 国家的比较

图 6.2 和图 6.3 分别显示了指标采用绝对值和相对值时中国与 OECD 国家均值的比较情况。可以发现，中国在绝对值指标方面与 OECD 国家均值相比具有明显的优势，尤其是在校大学生人数和全职研发人员数，在科技论文数和专利数上也有一定优势。如果去除人口的因素，采用每千人的相对值指标比较时，中国几乎在所有指标上落后于 OECD 国家的均值，特别是在高等教育毛入学率、大学与企业的合作以及每千人中科技论文数方面与 OECD 国家差距较大。后两项指标体现的是高等教育的贡献，尤其是对人力资源和知识创新的贡献，因此可以说如何更好地发挥中国高等教育对社会发展的贡献，是提升中国高等教育竞争力面临的巨大挑战。

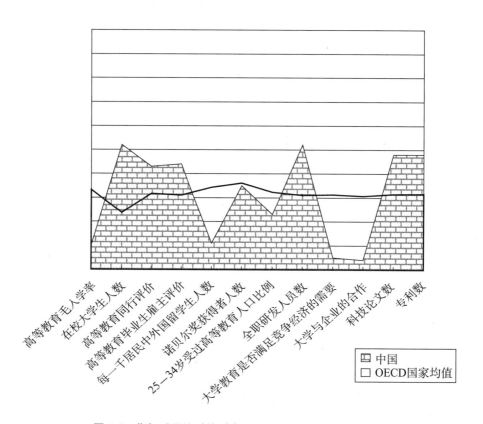

图 6.2 指标采用绝对值时中国和 OECD 国家均值的比较

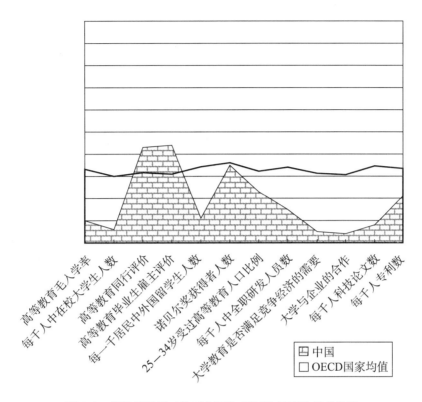

图 6.3　指标采用相对值时中国和 OECD 国家均值的比较

2. 中国高等教育竞争力与金砖四国的比较

图 6.4 和图 6.5 分别显示了指标采用绝对值和相对值时中国与金砖四国均值的比较情况。可以看出，中国高等教育竞争力和金砖四国高等教育竞争力的发展表现出明显的不均衡。中国在一些指标上要优于金砖四国的均值，如 25—34 岁受过高等教育人口比例、高等教育同行评价和高等教育毕业生雇主评价。从绝对值指标来看，中国在在校大学生人数、全职研发人员数、科技论文数上也超过了金砖四国的均值。从相对值来看，中国在很多指标方面则落后于金砖四国的均值，特别是在高等教育毛入学率、每千人中在校大学生数、每千人中全职研发人员数以及大学教育是否满足竞争经济的需要方面，中国与四国均值的差距比较大。

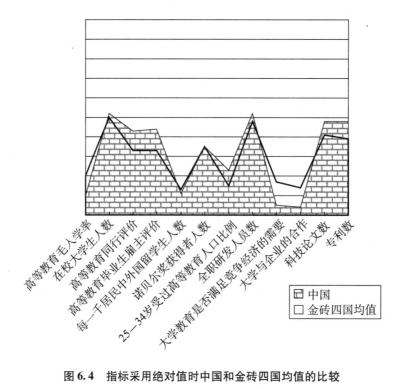

图 6.4   指标采用绝对值时中国和金砖四国均值的比较

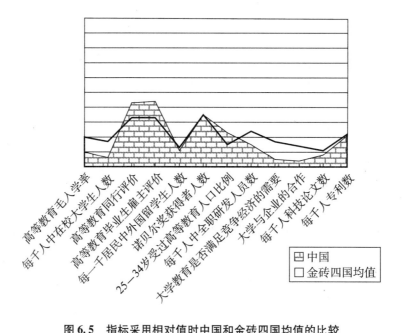

图 6.5   指标采用相对值时中国和金砖四国均值的比较

三、中国高等教育竞争力的优势与劣势分析

图 6.6 显示了高等教育竞争力的 12 项指标中，中国在每项指标上的排名情况（包括绝对值指标和相对值指标在内共 16 项）。可以看出，我国的在校大学生人数和全职研发人员数居于首位，科技论文数和专利数也均居于前列，同其他 52 个国家相比具有绝对的优势；其他大部分指标都处于中等或中下等水平，排名较低的指标主要包括高等教育毛入学率、每千人中在校大学生人数、每一千居民中外国留学生人数、大学教育是否满足竞争经济的需要、大学与企业的合作以及每千人科技论文数等方面。

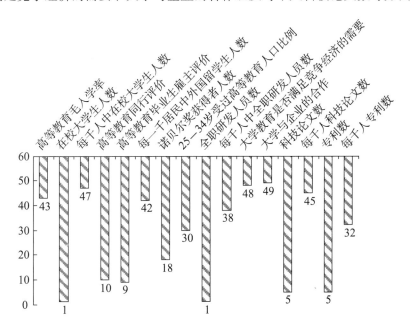

图 6.6　中国高等教育竞争力各项指标的排名情况

为了更好地分析中国高等教育竞争力的现状，我们将排名在前 10 位的指标确定为中国高等教育竞争力的优势指标；将排名在后 10 位的指标确定为中国高等教育竞争力的劣势指标（见表 6.1）。我国高等教育的优势体现在在校大学生人数、全职研发人员数、科技论文数、专利数、高等教育毕业生雇主评价和高等教育同行评价六项指标上；高等教育的劣势则体现在大学与企业的合作、大学教育是否满足竞争经济的需要、每千人中在校大学生人数、每千人科技论文数以及高等教育毛入学率五项指标上。可以发现中国在高等教育竞争力发展上表现出以下的优势和劣势：第一，优势指标中有四项为绝对值指标，而其对应的相对值却成了劣势指标，这一方面显示了我国高等教育

在规模和数量方面取得的成绩，另一方面与我国人口基数大的国情也有着密切的联系；第二，我国在反映高等教育对经济发展的贡献的两项指标上均居于后列，因此，提升高等教育对经济增长的积极作用是我国需要努力的方向。

表6.1　中国高等教育竞争力的优势与劣势指标

优、劣势	指标名称（绝对值和相对值）	排　名
中国高等教育竞争力的优势指标	在校大学生人数	1
	全职研发人员数	1
	科技论文数	5
	专利数	5
	高等教育毕业生雇主评价	9
	高等教育同行评价	10
中国高等教育竞争力的劣势指标	大学与企业的合作	49
	大学教育是否满足竞争经济的需要	48
	每千人中在校大学生人数	47
	每千人科技论文数	45
	高等教育毛入学率	43

1. 从发展水平来看，我国高等教育已初具规模

在校大学生群体是一个国家重要的人才储备库，更是高等教育为经济社会的进步和国家竞争力的提高所提供的强有力的人才支撑。从高等教育在校生数量来看，我国高等教育发展已经具有相当的规模。1949 年我国高等教育在校生仅为 12 万人，1965 年发展到 109 万人。据教育部公布的统计数据，1978 年到 1998 年的 20 年间，我国普通高校从 598 所增加到 1022 所，普通高等教育招生规模从 40 万人增加到 108 万人，普通高校在校生规模则从 86 万人增加到 341 万人。1999 年实施高校扩招政策以来，高等教育更是进入了跨越式发展阶段。2005 年，全国各种形式的高等教育在学人数达 2300 万人，规模居世界第一，高等教育毛入学率达到 21%，比 1998 年提高了 11.2 个百分点。2008 年各种形式的高等教育在学人数达 2907 万人，约为 1949 年的 242 倍、1978 年的 34 倍。

同时需要认识到，虽然我国在校大学生人数在 53 个国家中居于首位，但是每千人中在校大学生人数却排到了第 47 位。而且我国的高等教育毛入学率也居于后列，仅仅排在了第 43 位，低于 53 个国家高等教育毛入学率的平均值 54.5%。根据马丁·特罗

的划分①，我国 2002 年高等教育毛入学率首次达到 15%，进入了大众化阶段，实现了历史性的突破。但与国际水平相比，依然有较大的差距。高等教育毛入学率反映的是一个国家提供高等教育机会的整体水平。因此，我国高等教育的优势体现在绝对数量指标上，在人均数量和普及性方面仍有待提高。当下，如何在保持高等教育稳步健康发展的前提下，进一步提高高等教育的毛入学率，是提升我国高等教育竞争力的关键之一。

2. 高等教育所提供的人力资源绝对量具有竞争优势

教育对一个国家人力资源的贡献，早在人力资本理论中就得到了充分的阐释。对国家而言，教育除具有提高生产力的经济作用外，还有大范围提高劳动者素质的功能。教育对人力资源发展的积极作用也是人力资本理论的一个核心观点，即投资于人比投资于机器、厂房等物质资本收益高得多。同时，教育投入对于人力资源的作用，还包括能够带来广泛的社会收益。而这样的收益不是来源于教育的直接贡献，而是通过教育对人力资源的开发和合理配置的方式来实现的。高等教育作为直接与劳动力市场相连接的机构，其在人力资源的开发与培养方面肩负着重大的责任与使命。

从数量上来看，我国人力资源存量占据绝对优势，所拥有的全职研发人员数居于世界前列，可以说具有比较丰富的人才储备优势。根据中国科协发布的调查数据，我国科技人力资源数量从 2002 年的 2959 万人增长到 2007 年的 5160 万人，增长了 74%；2005 年，我国科技人力资源总量约为 3500 万人，居世界第 1 位；2006 年，中国研究与试验发展全时人员达 150 万人/年。2007 年我国科技人力资源总量达到 4200 万人，位居世界第 1 位；研究开发人员总量 190 万人/年，居世界第 2 位。

3. 科技论文和专利数量具有绝对优势，但创新能力仍有待提高

高等教育机构及其所培养的人才是知识创新的主要力量。知识创新是指通过科学研究，包括基础研究和应用研究，获得新的基础科学和技术科学知识的过程。知识创新的目的是追求新发现、探索新规律、创立新学说、创造新方法、积累新知识。知识创新是技术创新的基础，是新技术和新发明的源泉，是促进科技进步和经济增长的革命性力量。知识创新为人类认识世界、改造世界提供新理论和新方法，为人类文明进步和社会发展提供不竭动力②。知识创新主要通过高等院校所从事的科学研究来实现。

---

① 20 世纪 70 年代，美国人马丁·特罗用高等教育毛入学率把高等教育划分为精英、大众和普及三个阶段，即高等教育毛入学率低于 15% 为精英教育阶段，在 15%—50% 之间为大众化教育阶段，50% 以上为普及教育阶段。

② 参照百度百科关于"知识创新"的解释，见 http://baike.baidu.com/view/451655.htm。

毋庸置疑，现代大学已成为国家创新系统的支柱和基础，肩负着提供各类人才支持和知识贡献的历史使命，在知识创新中具有重要的作用。

在高等教育竞争力评价指标中，我们以居民科技论文以及专利数的绝对值和相对值指标来反映高等教育对知识创新的贡献。从总体上来看，我国居民科技论文及专利在数量上都占据明显优势，其中，我国的科技论文在 2006 年共有 41596 篇，居世界第 5 位，接近英国（45572 篇）和日本（55471 篇）；在专利数绝对指标上，我国 2006 年拥有的专利数为 16807 项，排在第 5 位，仅次于日本、美国、韩国和俄罗斯。我国科技论文和专利数量所具有的优势，与我国重视科技工作、大幅增加科技投入是密不可分的。

尽管如此，仍需看到我国在科技论文和专利数的相对值上明显处于劣势地位。从每千人科技论文数来看，美国、英国、日本和韩国分别是中国的 22、24、14 和 11 倍，俄罗斯是中国的 3 倍多，连巴西也是中国的 1.7 倍。而从每千人所拥有的专利数来看，中国的排名迅速下滑至 32 位，而韩国、日本和美国分别是中国的 97、72 和 22 倍。这一方面源于我国人口众多的国情，同时也表明我国高等教育对知识创新的贡献仍需强化，如何更好地发挥高等教育在培养创新人才方面的能力是需要解决的重大课题。

4. 我国高等教育对经济增长的贡献有很大的提升空间

教育是经济发展中的重要促进因素，这已被世界各国的发展历程所证明。教育对人力资本的提高，对产业结构、劳动生产率以及科学技术的贡献，直接影响着经济发展。而高等教育作为教育与人力资源转化的重要环节，对经济的贡献尤为重大。首先，高等教育通过培养高素质人才资源来促进经济快速发展。高等教育所培养的大量高素质的毕业生，投入劳动力市场后直接与社会经济生活相联系。其次，高等教育通过产学研结合以促进科技成果转化成生产力。科研是高校的功能之一。高校科研成果与生产的结合，一方面可以服务于经济发展，另一方面可以引导高校研究与教学更贴近实际应用。最后，高等教育还可以启动民间教育消费与投资。高等教育由于具有较高的回报率而吸引着家庭对教育的众多投资。另外，随着高等教育的不断发展，很多民间资金的注入也可以很好地促进社会资本的流通。

因此，高等教育对经济发展的贡献应该是衡量一国高等教育竞争力的重要指标。而我国在这一指标上却具有明显的劣势。从高等教育对经济发展的贡献来看，我国在"大学与企业的合作"和"大学教育是否满足竞争经济的需要"这两项指标中，排名分别居于第 49 位和第 48 位（见表 6.1）。从大学与企业的合作来看，我国不仅低于美国、日本、英国等发达国家，与印度也存在一定的差距。从大学教育对经济的适应程度来看，可以说我国的高等教育发展尚不能满足竞争经济的需要，与世界上其他国家的大学相比差距非常大。因此，如何更好地提升高等教育对经济发展的贡献，进一步加强高校的社会服务能力，是我国高等教育发展中面临的巨大挑战。

　　总而言之，在国际化、信息化、大众化、多样化的时代趋势下，中国高等教育承担着建设创新国家、和谐社会，实现科学发展，体现以人为本的责任和使命。因此，提升高等教育竞争力是提高我国国家整体竞争力的重要基础。我们应当充分认识到我国高等教育竞争力存在的优势和劣势，形成正确的价值判断，进而作出科学的决策。

第四篇

个案分析

第七章

美国高等教育竞争力分析

一、美国高等教育竞争力评价

1. 美国高等教育竞争力概述

美国高等教育在世界享有盛誉。肇始于1636年哈佛学院建立，经过短短300多年的发展与积累，美国高等教育成为世界高等教育翘楚，有着毋庸置疑的竞争力。

国际上对世界各国高等教育的排名层出不穷，且各有侧重，美国高等教育基本上都占据前列。英国《泰晤士报高等教育副刊》2010年9月16日公布了该报评出的2010年世界大学排行榜，前200名中美国高校占72所，美国哈佛大学排名第1位。西班牙国家研究委员会（National Research Council of Spain）赛博计量学实验室（Cybermetrics Lab）2010年全球大学网站排名显示，全球200强大学中，美国大学占106所（见图7.1）①。在上海交通大学高等教育研究院2010"世界大学学术排名"中，美国在全球20强中占85%，在200强中占44.5%（见表7.1）②。

---

① http：//www. webometrics. info/about_ rank. html.

② 参见 http：//www. arwu. org/ARWUStatistics2010. jsp。根据获诺贝尔奖和菲尔兹奖的校友折合数、获诺贝尔奖和菲尔兹奖的教师折合数、各学科领域被引用次数最高的科学家数、在《自然》（*Nature*）和《科学》（*Science*）杂志上发表论文的折合数、被科学引文索引（SCIE）和社会科学引文索引（SSCI）收录的论文数、上述五项指标得分的师均值等六个指标对世界大学的学术表现进行排名。

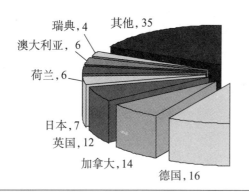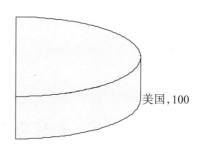

图 7.1 2010 年全球大学网站排名全球 200 强大学的国家分布

表 7.1 2010 "世界大学学术排名" 各国大学数量统计（单位：所）

序号	国 家	前 20 名	前 100 名	前 200 名	前 300 名	前 400 名	前 500 名
1	美国	17	54	89	111	137	154
2	英国	2	11	19	30	35	38
3	日本	1	5	9	10	17	25
4	德国	—	5	14	23	33	39
5	加拿大	—	4	8	18	18	23
6	法国	—	3	7	13	18	22
7	澳大利亚	—	3	7	9	13	17
8	瑞士	—	3	6	7	7	7
9	瑞典	—	3	4	9	10	11
10	荷兰	—	2	9	9	11	12
11	丹麦	—	2	3	3	4	4
12	比利时	—	1	4	6	6	7
13	以色列	—	1	4	4	6	7
14	挪威	—	1	1	3	4	4
15	芬兰	—	1	1	1	3	6
16	俄罗斯	—	1	1	1	2	2
17	中国（含港台地区）	—	—	4	13	19	34
18	意大利	—	—	4	8	13	22
19	韩国	—	—	1	4	7	10

续表

序号	国　家	前 20 名	前 100 名	前 200 名	前 300 名	前 400 名	前 500 名
20	奥地利	—	—	1	3	6	7
21	巴西	—	—	1	2	5	6
22	新加坡	—	—	1	1	2	2
23	阿根廷	—	—	1	1	1	1
24	墨西哥	—	—	1	1	1	1
25	西班牙	—	—	—	4	7	10
26	新西兰	—	—	—	2	2	5
27	爱尔兰	—	—	—	1	2	3
28	南非	—	—	—	1	2	3
29	希腊	—	—	—	1	2	2
30	捷克	—	—	—	1	1	1
31	匈牙利	—	—	—	—	2	2
32	波兰	—	—	—	—	2	2
33	印度	—	—	—	—	1	2
34	沙特阿拉伯	—	—	—	—	1	2
35	智利	—	—	—	—	—	2
36	葡萄牙	—	—	—	—	—	2
37	伊朗	—	—	—	—	—	1
38	斯洛文尼亚	—	—	—	—	—	1
39	土耳其	—	—	—	—	—	1
	合计	20	100	200	300	400	500

在本项研究中，美国高等教育竞争力的综合排名稳居首位，其绝对值和相对值排名也居于首位，这与国际上对高等教育竞争力的专项排名结果也比较一致。本次排名从发展水平和贡献两个方面考量，综合考虑了规模、质量、国际化以及对人力资源、经济发展和知识创新的贡献等六个方面，涉及 12 项指标。其中美国高等教育同行评价、高等教育毕业生雇主评价、诺贝尔奖获得者人数以及科技论文总数都居于首位，只有每一千居民中外国留学生人数、25—34 岁受过高等教育人口比例、大学与企业的合作、每千人科技论文数排名稍后，但也分别居于第 18、12、12 和 13 位。

表7.2　美国高等教育竞争力各项指标排名

指标维度	指标类型	指标名称（绝对值/相对值）	排　名
高等教育 发展水平	高等教育规模	高等教育毛入学率	5
		在校大学生人数（千人）/ 每千人中在校大学生人数	2/7
	高等教育质量	高等教育同行评价	1
		高等教育毕业生雇主评价	1
	高等教育国际化	每一千居民中外国留学生人数	18
高等教育 的贡献	高等教育对人力 资源的贡献	诺贝尔奖获得者人数	1
		25—34 岁受过高等教育人口比例	12
		全职研发人员数（千人）/ 每千人中全职研发人员数	—
	高等教育对经济 发展的贡献	大学教育是否满足竞争经济的需要	9
		大学与企业的合作	12
	高等教育对知识 创新的贡献	科技论文数 / 每千人科技论文数	1/13
		专利数 / 每千人专利数	2/3

2. 美国高等教育竞争力优势与劣势分析

美国高等教育竞争力优势与劣势并存。一方面，美国高等教育竞争力排名居首，美国的高等教育投入较多，高等教育发展水平较高，对美国乃至世界都作出了巨大贡献。另一方面，美国高等教育也存在质量参差不齐、入学率下降、学费负担重等不足之处。

（1）美国高等教育竞争力优势分析

美国高等教育在投入、规模、国际化、教育创新等方面的优势明显。

首先，美国高等教育经费较充裕。美国高等教育经费渠道广泛，不论是公立还是私立，大部分学校都能获得所需的办学经费。高校经费渠道包括政府、捐助、投资收入、学杂费、专利转让和社会服务等等，其中联邦和州政府以及社会机构、私人财团或企业的捐助是最主要的渠道。联邦政府的高等教育经费用于包括公立和私立学校在内的所有高等教育机构，以科研经费的形式支持高校发展，整体科研水平较高的私立研究型大学获得的资助经费较多；州政府则是公立高等学校的主要经费来源，学费和捐助是私立高等学校的主要经费来源。自20世纪90年代开始，美国全国每年投入教育的经费均超过4000亿美元。联合国教科文组织的数据显示，自1999年至今，美国公共教育经费支出占国民生产总值（GDP）的比例一直在 5% 以上；从教育经费支出占政府支出的百分比来看，美国 2001 年高达 17.15%，除 2005 年为 13.71% 以外，自 2002 年以来一直保持在 14% 以上；2007 年美国高等教育生均经费占人均 GDP 的 21.72%，充分反映了政府对教育的投入力度。

其次，美国高等教育的规模庞大，类型齐全且相互贯通。联合国教科文组织公布的统计资料显示，2007 年美国高等教育毛入学率为 82%；美国拥有的高校数量为 5758 所，居世界第 2 位，仅次于印度（8407 所），平均每个州有 115 所学校；在校生总数达 1426 万人，占全国总人口的 4.75%，居世界首位①。到 2007 年，在校大学生高达 1748.7 万人，在本次排名中仅次于中国的大学生总数，排在第 2 位。然而，相对于 3.03 亿的总人口数，相当于每 1000 人中约有 58 名大学生，这一点是中国目前远无法比拟的，中国大陆每 1000 人中只有不到 18 人。从类型上来看，按照卡内基基金会对高等教育机构的分类标准，美国高等学校大体可以分为六大类 10 个小类，由研究型大学、博士学位授予大学、硕士学位授予大学、学士学位授予学院和授予副学士的两年制社区学院五大层次构成。这个体系既有研究型大学，也有综合性大学和传统的四年制学院，还有两年制的社区学院，形成了以专科院校为基础的专科教育、以综合大学及文理学院为主的本科生教育和以少数研究型大学为主的研究生教育所组成的三级高等教育结构，建立了由副学士、学士、硕士和博士构成的完整的四级学位制度。这些不同层级的高等教育机构不仅为不同禀赋和资质的学生提供了一个满足其不同需求的广阔选择空间，而且有效地打破了不同层级高校之间的壁垒，搭建了相互贯通的平台和机制，低层级院校学生毕业后可以到更高层级的院校深造，同层级大学的学分可以互认。比如两年制社区学院的毕业生可以到州立学院、州立大学继续深造；一所大学的学生可以转到同层级的另一所大学继续学习。

再次，美国高等教育国际化程度较高。据默克斯考证，美国的高等教育共经历了三次国际化浪潮，分别是在二战以前、20 世纪 70 年代和随后的第三次浪潮。当今的国际化浪潮不仅是对国际化和科技发展的回应，而且是出于对本土安全的考量。自 2001 年的"9·11"事件以来，美国各界对国际化的讨论更加深入和紧迫，美国高等教育国际化的程度也得到进一步提升，在课程设置、师生流动、跨国培训、跨国性研究、在海外设置分支机构等方面都有所体现。仅以学生流动为例，2002 年全球 160 万名到国外留学的学生中，约有 54.7 万名是在美国学习。2007 年，美国高等学府中的 3.24% 是

---

① http://world.people.com.cn/GB/41218/11993625.html.

国际学生。在耶鲁大学、杜克大学和加州大学伯克利分校这样的研究型大学，2007 年国际学生的比例甚至分别达到了 17.7%、13.6% 和 9.3%。学生流出率也从 1996 年的 0.6% 上升到了 2006 年的 1.5%，其中有 5.5% 进入了为期一年甚至更长的项目，而 37% 进入了为期一个学期的项目[①]。

最后，美国高等教育拥有良好的创新环境以及很强的创新能力和实力。美国高等教育享有政府、社会和机构本身提供的良好的创新环境，体现在法律、制度和文化等方面。从法律层面上看，美国政府将许多创新成果纳入专利法的保护范围，并早在 1980 年就出台了《拜杜法》（BavhDole Act of 1980），允许大学拥有创新成果的专利产权和向企业转让技术，通过法律保障为高等教育机构提供了创新的动力。在此基础上，国会继续出台了一系列法律鼓励创新和技术转让活动。此外，美国大学历来推崇的学术自由和高校自治为大学创新提供了必要的文化条件，并通过终身聘任制和定期聘任相结合的形式，一方面保障了学者的学术自由和合法权益，另一方面引入竞争机制，迫使教师不断更新知识、提升能力，在科研上孜孜进取。正是这样的环境引发了创新投入的激情，孕育出了充裕的创新人才和创新成果。1996—2008 年间，美国用于研发的国内支出总额（不包括资本性支出）逐年攀升，1996 年已经达到 1977.92 亿美元，到 2008 年则高达 3980.86 亿美元，年增长率达到 15.48%。在《2009 美国复苏与再投资法案》中专项提供了 6.5 亿美元的创新基金扶持在教育创新方面作出卓越表现的地方教育当局。美国在创新人才储备和创新成果方面也表现卓越。仅从诺贝尔奖获得者人数这一项来看，美国获奖者人数居世界首位。美国高校中更是聚集了大量顶尖创新人才。以麻省理工学院和斯坦福大学为例，到 2007 年，麻省理工学院已有 71 位教师获得了诺贝尔奖，有 32 位教师获得了美国国家科学奖章[②]。到 2008 年，斯坦福大学已有 27 位教师获得了诺贝尔奖[③]。

（2）美国高等教育竞争力劣势分析

但是，美国高等教育也存在一定的不足之处。

首先，美国高等教育中学校的质量参差不齐。美国有 5000 多所各类大学和学院，其规模和水平良莠不齐，结构类似金字塔形，其顶端有代表世界先进水平的一百余所高校，最底层有只进行教学的两年制的社区学院。一些位于旧城区、低收入家庭聚居

---

① 曾满超，王美欣，蔺乐. 美国、英国、澳大利亚的高等教育国际化［J］. 北京大学教育评论，2009（2）.

② Faculty and Staff［EB/OL］.［2008 – 04 – 06］. http：//web. mit. edu/facts/faculty. html.

③ Stanford facts 2008［EB/OL］.［2008 – 04 – 06］. http：//www. stanford. edu/home/stanford/facts/faculty. html.

的社区的学校教学质量实在令人担忧，这些学校服务的对象一般是黑人、西班牙裔和其他少数族裔的学生。因此，从一定程度上说，美国同时拥有最好的大学和最差的大学，教育质量参差不齐。

其次，美国大学学费增长过快，学费负担重。州政府的财政拨款和学费收入是美国公立高校办学经费的主要来源，但近年来，伴随着美国经济的下滑和减税计划的实施，美国州级政府都普遍缩减了对公立高校的经费支持额度。"2001—2004年，美国生均高教政府拨款下降了650美元。州政府拨款占公立高等教育经费收入的百分比从45%下降到36%，而学费占公立高等教育经费收入的百分比却从12%上升到19%。"[①]再加上受近年来金融危机影响，大学经费来源不足，从而造成大学学费飙升。据2007年全美公共政策和高等教育研究中心对美国50个州的高教表现评比报告，"2006年没有一个州在这方面获得A甚至B的成绩，50个州中有43个州在这方面的表现为不及格，成绩最好的州仅获C减成绩。跟老百姓的收入相比，美国大学的学费越来越昂贵"[②]。此外，受金融危机影响，美国两家最大联邦贷款机构（The Pennsylvania Higher Education Assistance Agency and The College Loan Corp）宣布将暂停联邦担保的学生贷款计划，这样来自中低收入家庭的学生获得贷款资助的机会大为减少。这无疑增加了他们的择学困难和家庭支付学费的压力[③]。由于巨额的学费以及在金融危机中经济的不景气，许多学生只能选择中断、延期或搁置求学计划，努力工作或兼职赚取学费。

此外，美国大学学生毕业率较低影响了学生入学积极性。与不断上涨的学费相比，美国高校的毕业率则长期在较低的水平徘徊，威斯康星大学密尔沃基分校现在的年学生毕业率一般只有40%左右。虽然美国20多个州曾宣布在2009年进一步提升学费标准，进而削减招生名额、裁减教职员工、削减预算、减少专业、扩大教学班规模、减少教学课时、推迟基建和修缮项目[④]，但较低的毕业率使得美国部分年轻人不愿意到高校就读。

二、美国高等教育发展现状与主要特征

1. 美国高等教育发展现状

如前所述，美国高等教育成就举世瞩目，在教育投入、教育规模、国际化程度和教

---

① 杨明，杨建华. 论美国高等学校收费偏高的现状、成因和后果 [J]. 外国教育研究，2006 (2)：21 - 26.

② 中评社. 美国43州未提供廉价上大学机会 [EB/OL]. [2008 - 02 - 06]. http：// cn. chinareviewnews. com/doc/1002/0/6/4/100206442. html？ coluid = 7&kindid = 0&docid = 100206442.

③ 王洪才. 金融危机对美国高等教育的影响及思考 [J]. 复旦教育论坛，2009 (1).

④ Tamer Lewin. College May Become Unaffordable for Most in U. S [N]. New York Times, 2008 - 12 - 03 (A17).

育创新等方面都位居世界前列，但是也存在着教育质量不均衡、学费负担过重和毕业率低及其引发的一系列问题。美国非营利组织"全国公共政策及高等教育中心"（National Center for Public Policy and Higher Education）在其"衡量"2008（Measuring Up 2008）报告①中指出，虽然美国高中毕业生接受大学教育的人数逐年增加，但增加的幅度远远落后于许多国家。加之美国青年接受高等教育的情形受收入、种族和州的影响，受教育的程度并不均衡，加上学费负担过重，美国高等教育的全球竞争力有所降低。从美国18—24岁入学比例这一指标来看，仅为34%，排名世界第7位，报告指出美国正在逐渐丧失其世界高等教育的首席地位。在本评价体系中25—34岁受过高等教育人口比例这一指标，美国也只有39%，排在其前面的有11个国家，美国与另外3个国家并列第12位。

2. 美国高等教育主要特征

（1）规模大：学生数量、学校面积、学校投入

美国拥有庞大的高等教育规模。从高等教育毛入学率来看，美国在1941年成为世界上第一个进入高等教育大众化阶段的国家；20世纪60年代率先进入高等教育普及化阶段；1970—1996年间高等教育毛入学率持续增长，达到80.9%；此后几年略有下降，自2003年起，便一直保持在80%以上（见图7.2）。

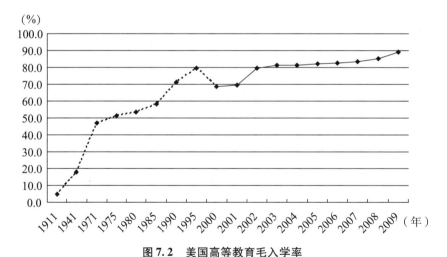

图7.2　美国高等教育毛入学率

数据来源：1911年和1941年数据取自《2000年中国教育绿皮书》，其他数据来自联合国教科文组织统计数据。

---

① Measuring Up 2008—The National Report Card on Higher Education［EB/OL］.［2008-12-12］. http://measuringup2008. higher education. org/.

2003 年，美国高等院校的数量达到 4236 所，其中私立学校 2516 所，公立高校 1720 所；四年制高校 2530 所，两年制高校 1706 所。在校学生总数达到 1660 万人，其中本专科生 1430 万人，研究生 200 多万人。研究型大学总共 261 所（公立 165 所、私立 96 所），在高质量的人才培养和科技创新中占绝对的优势。这些高校分布在全美的 51 个行政区（邮区），包括 50 个州、1 个特区①。

此外，雄厚的经济实力和办学条件使美国高校在国际上具有很强的竞争优势。这主要表现在两个方面：一是高校面积大。美国的高校一般都有非常好的校园环境，如斯坦福大学拥有 5 万亩土地。有的高校则和城市融为一体，如宾夕法尼亚大学和费城即为一体，费城有多大，宾大校园就有多大。而且，许多赠地大学的办学土地是无偿获得的。二是投入经费多。美国高校有着其他国家无法相比的办学财力，其较好的综合性或研究型大学每校年预算经费约 20 亿美元，有的甚至高达上百亿美元（见表 7.3）。美国高校因为经费充足而拥有世界上最好的图书馆，如哈佛大学图书馆拥有世界一流的实验室，又如纽约州立大学奥尔巴尼分校总投资达 35 亿美元的纳米试验中心，拥有世界上优秀的专家、教授以及多民族来源的专家队伍。这些资源使得美国高校具有天然的区位竞争优势，使得他们可以从全世界招聘到最好的师资、招收到最优秀的学生。这种良性发展，大大地提升了美国高校在全球的核心竞争力②。

表 7.3 美国常青藤盟校基金情况③

大　学	基金（万美元）	在全美大学基金中排序
哈佛大学	1716976	1
耶鲁大学	1052360	2
普林斯顿大学	831960	4
哥伦比亚大学	420837	8
宾夕法尼亚大学	339330	12
康奈尔大学	285374	18
达特默斯学院	218661	20
布朗大学	141429	25

资料来源：College and University Endowments, The Chronicle of Higher Education, Jan. 24, 2003.

---

① National Center for Educational Statistics, http://nces. ed. gov/help/sitemap. asp, 2006 - 10 - 22.
② 成长春. 中美高校核心竞争力之比较 [J]. 国家教育行政学院学报, 2007 (1)：91 - 95.
③ 王定华. 走进美国教育 [M]. 北京：人民教育出版社, 2004：159, 155, 156.

（2）多元化：学校类型、招生、经费筹措渠道

伯顿·R. 克拉克教授指出，高等教育多元化"（1）能立即对几种不同的需求同时作出较好的反应；（2）在出现未曾预料到的情况以后能够作出相应的调整；（3）提供较大的回旋余地……每一个价值体系都不会因和其他体系直接摩擦而付出沉重代价，因为每一组价值观念的忠实信奉者至少有那么一块属于自己的地盘，可以避开他人的锋芒而迂回前进"①。美国高等教育学校的多元化主要体现在其学校类型、招生、投资渠道等方面。

首先在学校类型方面，美国建立和发展了类型灵活多样的高等教育制度。多层次和多样化已成为美国高等教育的鲜明特点。第一类是研究型大学，它们是美国高等教育的核心和灵魂，其中最著名的有哈佛、普林斯顿、斯坦福、麻省理工等。研究型大学着力培养高水平科学人才，使之成为美国高层次科学研究的重要承担者和高层次人才的培养基地，从而确立了其他大学无法与之抗争的地位。第二类是社区学院。社区学院是美国的独创，美国早在1902年就建立了第一所公立的两年制学院。加州颁布的《加州高等教育总体规划》中阐述了三类公立高等教育系统——加州大学、加州州立大学和加州社区学院，以法律的形式明确了社区学院在高等教育中的地位②。第三类是私立大学。美国高等教育起源于私立大学，其是美国现代社会中一支十分重要的高等教育力量。根据1995年9月18日《美国新闻与世界报道》公布的美国大学排行榜，在1995年全美25所最佳大学排名中，前18位都是私立大学，25所最佳大学中私立大学23所，公立大学仅2所③。此外美国的大学还有文理学院、高等专科学院、技术学院、军事学校和成人大学（校外课程、远程教育、继续教育）等等，各级各类高等教育共同存在与共同发展，形成了不同的校园文化和特色，也进一步推动了美国高等教育的多元化发展。

在招生方面，高校也尽可能实现多样化。不计性别、不究年龄、不论种族和语言，不论婚否和不问残障，美国的大学向一切有接受高等教育要求和能力的公民公平开放高等教育机会。社区大学面向所有申请者，开放式录取。一般性大学根据情况进行最低限度的筛选。实施精英教育的高水平研究型大学则采取竞争性或选择性招生的办法，其一般要通过考查申请者三方面的材料后择优录取：一是SAT成绩，二是高中的学习

① 伯顿·R. 克拉克. 高等教育系统：学术组织的跨国研究［M］. 杭州：杭州大学出版社. 1994：287.

② 赵庆典. 高等学校办学模式研究［M］. 北京：人民教育出版社，2005：237.

③ 郑富芝，范文曜. 高等教育发展政策国别报告［M］. 北京：教育科学出版社，2002：25.

成绩、论文写作和社会实践等情况，三是有关人士的推荐信和面试情况。这些学校，特别是一百多所高水平研究型大学的竞争性是相当激烈的，可谓百里挑一，而且这些学校的学费普遍较高。如此，有利于避免整体高等教育质量的大众化，保障美国高等教育的质量。

美国大学的多样性还表现在经费来源的多样性。美国是实行分权管理的国家，州政府对高等教育承担了主要的责任。公立学校经费主要依靠州政府的投资，而私立学校主要依靠学校的筹措、大财阀的支持、校友的捐赠等。而在长期的办学实践中，美国目前已经形成了多元化的经费筹措渠道，尤其是在大学办学经费日益高涨的现况下，美国高校通过积极争取政府拨款、提高学费、扩大留学生招生规模、发行大学债券、出让学校专利、开展面向社会及企业的咨询服务、加强社会募捐等方式来多渠道地筹措办学经费。在经费使用上，高等院校可根据自己的办学体制进行自主支配。

多元性不仅保证了美国的高等教育能够适应美国经济和社会发展的需要，而且使美国大学形成了一种自主发展的特色，通过多元发展，美国大学能够塑造个性和特色以更好地参与市场竞争。

（3）分权：责权分担、民主灵活

美国作为一个联邦制国家，在宪法中规定，凡未经宪法确定的事项各州均享有保留权。该宪法未提及教育问题，此后的宪法补充条款也未提及。直到 1979 年才设立联邦教育部，但依然强调"关于教育的权限和责任，保留给州和地方学区及州所规定的其他机关"，即教育行政的最高权力是属于各州，因此，高度的分权成为美国教育行政的重要特点。

联邦政府不掌握教育权，具体由各州教育部门及地方学区中的教育董事会来负责实施，州担负主要责任，地方承担具体责任，联邦具有重要影响。州级政府是最主要的高等教育管理和财政支付部门，公立高校主要由州负担财政。联邦政府则是通过财政资助的形式引导高校的发展，但是不直接管理高校。事实上即使对高等教育负有直接管理责任的州政府，其管理职能大部分也是通过程序核准、目标监督、发展规划等外部和宏观手段予以实施，并不直接插手高等教育内部事务，由此推动了美国高等教育管理体制的民主化、分权化。

分权制使美国高等教育获得了自主性，高校具有了灵活性，形成了开放性和多元性。正如美国教育家自己所评价的那样，"分权制"是美国高等教育不断变革与发展的动力源。

（4）自治：学校内部自主管理

美国高校内部也都实行分权管理，体现了较强的自主性。领导机构方面设立校董事会，主要由社会贤达、知名人士、财团老板和教育界专家组成，其职责是任命校长，协调处理学校与社会各界的关系，是办学的最高决策者。美国高校中的教授会权力较大，教师聘岗、师资引进、学术职务的评聘一般都由教授为主组成的学术委员会来决定。校长则全面负责学校行政，包括行政管理人员的任命，提出学校预算并监督实施，领导制订学校发展规划等。因此，美国高校大学管理便形成了董事会、教授会和校长分权，"董事会管政策，教授会管学术，校长负责行政"[①]。在校、院、系三级上，三者有不同的功能。校级管理侧重处理教学和科研之外的其他事务，系级管理侧重在教学和科研方面，学院则介于校系之间起协调作用。

相比之下，政府对公立学校所能施加的管理和影响，只是划拨经费和参与任命校长。在正常的办学范围内，政府则几乎不干涉私立学校的任何事务。校董事会和校长对办学方向、经费筹措、招生计划、课程设置、专业调整及部门负责人的任免等事务，拥有绝对的自主权。这就使得各大学能够根据社会需要和本校优势及特色，保持快速反应、调整和运作的能力，在激烈的竞争中求生存和发展。

从总体上看，美国高校内部分权管理模式使得高校管理变得相对简单，降低了学校管理重心，有利于提高管理效率。美国高校本身的办学自主权和很强的独立性极大地发挥了美国大学的办学积极性，并因此而促进了美国高等教育的多样化。

（5）评估：严把质量关

美国是世界上最早开展教育评估的国家，早在1817年，纽约州就成立了大学评议会，现在美国高等学校的质量评价工作已成为一种为控制教育质量而由高校自愿参加、进行集体自我管理的方法。可以说，美国之所以拥有哈佛大学、耶鲁大学、斯坦福大学等当今世界一流高校，与美国高等教育质量保障机制的完善和问责机制的健全是紧密相关的。

在美国，一所学校要成为学术意义上真正的正规大学，至少要得到大学同行成立的民间的地区院校认证机构或者其他权威专业机构的认证。虽然美国的相关法律没有规定高校必须获得认证地位，学校申请认证完全是自愿行为，但经过认证的学校，更容易取得社会和其他院校的承认，博得大众对其教育资质的认可，有助于在日益激烈的学生市场争得足够的生源，更有机会申请到联邦政府和地方政府的拨款，争取联邦

---

① 申建军. 美国高校管理对我们的启示［J］. 北京教育·高教版，2006（1）62-64.

学生资助贷款、各类科研基金等经费，等等。可以说，经过认证的学校其教育质量和信誉已经得到了保障，也是美国学生选拔学校的重要参考指标。因此，通过让高校自主选择，美国实质上是强化了大学对质量的关注和重视，这一点尤其让人称道。

为了更好地对高等教育质量进行管理和认证，美国有专业的认证机构，如美国高等教育认证委员会（CHEA）和联邦教育部（USDE）等。一般来说，USDE 强调政府对高等教育监管的作用，对想获得联邦政府学生资助资格的学校或项目进行认证的机构，需要得到 USDE 的认可。而 CHEA 主要是授予认证机构学术上的合法性，有效保证高等教育质量，为学生和家长、学院和大学、资助单位、雇主和政府服务①。认证制度的程序包括院校自我评价、认证小组实地考察和委员会评价三个方面。总体来说，认证机构对美国高等教育的发展起到了四个方面的作用：（1）保证和提高高等教育的质量；（2）保证高等教育的学术价值；（3）避免高等教育受到政治的影响和干预；（4）为公众的利益和需要服务②。

此外，美国高等教育质量保障体系强调不断完善自身，以促进高校质量的不断提高。各个认证机构每隔一定时间修订认证标准和认证政策，以适应高等教育领域内外部环境的变化。而且认证并非"一次定终身"，通过循环进行，定期复评，美国高等教育严格把关保证高等教育质量。

三、美国提升高等教育竞争力的重要举措

1. 实用导向

实用主义是长期以来指导美国高等教育建设和发展的核心理念。美国州立大学创办伊始，就确立了服务世俗社会需要的办学宗旨。《莫里尔法案》、威斯康星思想、康奈尔计划等均反复强调：大学的目标是要把知识的光亮和发展的机会带给全国各地的人民，服务应成为大学的唯一理想，短期大学、社区学院和成人大学更体现了这一思想。

实用主义导向之下，美国高等教育注重于培养具有实际工作能力、富有创造性且社会适应能力强的人。为此，美国高等院校从招生到管理，从教学方法到教材使用，都采取十分灵活的办法。首先，大学招生采用多方面考查选拔的原则。录取新生时，

---

① 张晓琴. 高等教育质量认证：比较与借鉴 [J]. 黑龙江教育·高教研究与评估，2007（7/8）：170－172.
② 朱迪斯·伊顿，韩晓燕. 美国高等教育认证的四个重要作用 [J]. 理工高教研究，2004（1）：21－22.

大学既要审查学生高中时的学业成绩，又要考虑入学考试成绩，同时还要参考入学申请书和推荐信等材料。学生录取后，学校让他们根据学分制的要求自由选修课程，并在此基础上选定专业。允许学生自由转学，美国的学生不仅在入学前可以自由选择学校和专业，在学习过程中，任何时候都可以转学校和专业。大多数美国高校实行"通才"教育，为学生们设置了相当灵活的课程选修范围。教材由开设相关课程的教授决定，只有那些能够反映最新研究成果的教材才会受到青睐。在具体授课上，美国大学教授强调课堂授课和课堂讨论结合起来的方法，鼓励师生交流，提倡"群言堂"式的研讨课方式。

从理念到行动，实用主义体现在高等教育的方方面面，确实为美国培养了大批能够扎实服务于社会需要的人才，推动着美国政治、经济和社会的发展。

2. 创新教育

创新是一个国家兴旺发达的动力和源泉，是提高国家竞争力的重要战略举措，而高校又是培养创新人才和生产创新成果的重要场所。美国政府高度重视创新教育，实行灵活开放的教育制度，为实施创新教育提供了坚实的基础。

一是美国开放的教育制度营造了激烈的教育竞争环境，迫使高校不断探索创新教育模式，培养和输送了大量的创造性人才，以适应市场的需要。在政府导向下，创新教育迅速在美国高校得以普及，各大学专门开设了开发创造力的理论课程和实践课程，如哈佛大学早在20世纪50年代就把创造学列为学生的基础教学课程等。

二是国家政策、企业和社会的广泛支持。美国积极组织制定政策计划落实教育创新研究工作及成果分享，将教育创新成果落到实处，企业则积极投入资金为创新教育提供操作机会和空间。更重要的是，美国的各种媒体也对创新教育大力支持。如美国探索和科学两个电视频道，不仅给大众提供深具创意性、教育性及娱乐性节目，更专门设立网站，针对学生、教师、家长提供自行研发的学习教材。对学校教师来说，这是一项不可或缺的课程创意资源。

三是美国高校创新人才的培养标准非常具体明确，操作性强，这对于创新教育来说意义重大。例如普林斯顿大学在本科生培养目标的12项标准中就包含了详细的创新型人才必须具备的知识、能力和素质结构：清楚地思维、表达和写作的能力；以批评的方式系统地推理的能力；形成概念和解决问题的能力；独立思考的能力；敢于创新及独立工作的能力；与他人合作的能力；判断什么意味着彻底理解某种东西的能力；辨识重要的东西与琐碎的东西、持久的东西与短暂的东西的能力；熟悉不同的思维方式；某一领域知识的深度；观察不同学科、文化、理念相关之处的能力；一生求学不止的能力等①。

3. 有力的经费支持

针对美国大学学费走高的问题，美国政府积极采取行动，以应对金融海啸对美国高等教育所产生的影响。2009 年 2 月奥巴马签署了《美国复苏与再投资法》（American Recovery and Reinvestment Act）。在该法案中奥巴马提出目标：到 2020 年，使美国成为世界上拥有大学毕业生比例最高的国家。在刺激经济法案总价 7870 亿美元中，有约 1/7，即 1170 亿美元直接补助教育系统，其中 300 亿美元直接投向高等教育领域，以资助学生学费，帮助提高大学入学率。这是美国历史上最大的一笔一次性投向教育的拨款，也是奥巴马政府将教育视为确保美国知识经济能持续长久发展的主要基础设施之一。由此可见美国对其高等教育重视之程度，也可以看到美国在拓宽途径、通过立法等来给予高等教育有力的经费支持。

4. 多元办学，凸显特色

美国是讲求多样、崇尚自由的学历社会。多样化的社会，多元的结构，要求多元化的教育与之相适应。大学的多元化因而应运而生。除了学校类型多元化、招生和课程多元化以外，美国高校亦格外讲求办学特色。

美国高校在长期办学过程中都已经形成并具有了相对稳定性和发展性的独特办学风格。如耶鲁大学坚持"教育不是为了求职，而是为了生活"的办学理念，实施教育目的多样性和坚持人文主义精神及博雅教育原则，把培养学生的领导才能作为学校的目标之一。哈佛大学坚持独立、自由、合作的办学三原则，形成了独特的办学特色。麻省理工学院坚持"理工与人文相通，博学与专精兼取，教学与实践并重"的办学理念，重视本科基础教育，让学生在实践活动中获得成就感。宾夕法尼亚大学第八任校长艾米·嘉特曼博士提出的"宾大誓约"涵盖三个原则：提高就学机会、知识的结合、本地和全球性的参与②，也形成了自己的特色。

此外，美国各类高校更注重将特色形成比较优势，并在办学实践中将其落实并不断创新。如"常青藤盟校"建立了有效的知识联盟，按实际情况规划学校的发展，坚持有所为有所不为；达特茅斯学院坚持搞好本科教育；普林斯顿放弃办医科，集中财力办好原有系科③。

---

① 邓春梅，刘焰余. 对美国大学创新型人才培养模式思考和借鉴［J］. 云南行政学院学报，2008（4）：164 – 166.

② The Penn Compact［DB/OL］.［2011 – 09 – 05］. http：//www. upenn. edu/compact.

③ 王定华. 走进美国教育［M］. 北京：人民教育出版社，2004：159，155，156.

5. 多种途径打造优秀教师队伍

美国的高等院校大多拥有一流的师资，可谓大师云集。在美国，高校教师的职称分为教授、副教授、助理教授和讲师四个层次。凡符合受聘条件的教师在聘任期间能够充分发挥自己的才能，按照一定的晋升程序即可晋升。如果在聘用期间或聘用结束时不能晋升，即可离校另谋出路，坚持实行"非升即走"的原则。

此外，美国设置了终身雇佣制，它是美国高校雇佣制度的重要组成部分，是教师晋升中的重要环节。也正因为此，要求更为严格。"终身制"有两个目的，一是确保教授合格。获得"终身制"教授者需要做多项独立科研、在高水平的期刊发表文章、成功地指导博士生，再经过严格的师资评审制度，由同行教授进行客观考评，仔细衡量其对科研的实际贡献，加上学生的评价等，然后才能证明其"终身雇佣"的资格。如此高的门槛，保证了教授的质量，也保证了教授的社会地位。二是保障思想自由。一旦获得"终身制"，学校不能因为思想偏激或攻击学校、政府而解雇教授。

美国高校非常重视在职教师的进修和提高，并采取许多措施，促使教师素质的提高。其主要措施有：建立系主任、教师间、学生相结合评价教师的制度；建立教学中心，保证教学用书（包括教学法图书），并利用录音、录像等电化教学手段组织有经验的教师传授教学经验；实行学术休假制度（在一所大学连续工作七年可享受一年学术休假），教师可利用学术休假时间到外国或国内其他学校学习、考察或开展科研工作；鼓励或资助教师参加校际或校内各系间学术活动，参加校外的咨询服务，同时还经常组织跨学科的学术讲座，不断扩大教师的知识面和寻求运用新知识的能力[①]。

通过多种方式，美国吸引了大批优秀教师，为高等教育的发展奠定了坚实的人才基础。尤其是研究型大学聚集了大批顶尖学者，包括诺贝尔奖获得者、院士等。如到2007年，麻省理工学院的在职教师中有63名教师和工作人员是美国工程院院士，65人为国家科学院院士，130人为美国文理学院院士。已有71位教师获得了诺贝尔奖，有32位教师获得了美国国家科学奖章[②]。到2008年，在加州大学伯克利分校的教师中，有诺贝尔奖获得者3人，普利策奖获得者4人，有美国工程院院士85人，美国科学院院士132人，有国家科学奖章获得者13人[③]。

6. 问责机制：完善的质量评估体系

美国高等教育质量的监控，主要是靠教育认证体系。它是一个由众多非政府、非

①　马琴. 美国高等教育的特点探析 [J]. 中国成人教育，2010 (3)：87 – 88.

②　Faculty and Staff [EB/OL]. [2008 – 04 – 06]. http：//web. mit. edu/facts/faculty. html.

③　Honors & Awards [EB/OL]. [2008 – 04 – 06]. http：//www. berkeley. edu/about/honors/.

营利的认证机构组成的网络体系。美国教育部不直接参与管理和认可任何大学，而是通过授权这些认证机构间接影响高等教育质量。

美国高等教育认证制度包括院校认证和专业认证，其认证机构也可分为院校认证机构和专业认证机构。院校认证是对院校办学理念、办学能力、教学资源及工作绩效的评估，主要对各院校教育教学质量、师资队伍建设、生源及录取工作、图书信息资源、仪器设备、经费来源、学生工作、少数民族学生比例、毕业生就业情况、办公及体育设施、行政管理水平、办学效益、社会参与和服务等方面进行整体评估。院校认证机构即对院校进行整体评估认证的组织。2009 年，全国 19 个院校认证机构共认证了 7000 多所院校。

专业认证机构则是对全国院校的学科、专业予以评估和认证，只要某单科院校或院校某专业达到了该机构认证的最低专业标准，它就能通过相应的专业认证委员会的认证。2009 年，美国联合健康教育专业认证委员会（CAAHEP）等 62 个专业认证组织，对全国 18152 个专业及单科院校进行了评估认证[①]。审查的内容通常包括学校的师资、课程、教学质量、设备、管理等各个方面，经过较为全面的审查后决定某一学校是否被认可。

通过认证标准研发、单位自评、同行评价、公布结果、周期性外部评估等步骤和程序，认证的院校及专业将由认证机构予以公布，学生及公众可以根据认证机构的影响力作出自己的判断，院校也以此认证评估来保障高等教育的质量，来获取政府各种教育资助。由此来看，美国高等教育认可、认证制度构建了美国高等教育得以稳步健康发展的基石。

7. 竞争机制：推动高校发展

美国的高等教育一直以竞争自诩，所有的大学、学院、社区学院——公立、私立和营利性院校——都为生源和财政经费展开竞争。整个高等教育系统就像一个结构复杂、功能各异、竞争激烈的巨型市场。自主决策、公平竞争、市场开放是美国高等教育市场的重要特征，也是促进高等教育系统不断发展和完善的不竭动力。

"当前大学相互的竞争是全面性的，一方面是国际间的校际竞争，特别是研究型大学，无不以成为区域性一流学府或跻身世界大学名校排行榜前一百名为目标，另一方面竞争力也表现于国内的校际竞争，甚至于与其他校院同一学门的系所，或同领域的

---

① CAAHEP. Policies&Procedures［EB/OL］.［2010－01－11］. http：// www. caahep. org/documents/file/Publi-cations － And － Governing － Documents/Pocily Manual. pdf.

研究中心之间的竞争。"①美国高等教育的竞争机制，最直接地体现为人和财的竞争。

从人员来讲，主要表现为院校之间、教师之间和学生之间的竞争。院校之间的竞争主要表现为同一类型、同一层次的学校之间的竞争。在美国社会颇有影响的《美国新闻与世界报道》每年都要组织全美各级大学的评比活动，在学术地位、录取难度、师资水平、财务状况、毕业率、校友满意度等六个方面打出分数，从而对各个高校进行排名，形成排行榜。因为，为了提高教学质量与学术水平，学校与学校之间已经形成了一种关于师资、科研、就业、学费等的全方位的竞争机制。这就要求学校要增强竞争力，办出特色，做到在同层次、同类型大学中出类拔萃，这样才不至于在激烈的竞争中被淘汰。再加上师资队伍水平的高低和管理者的素质高低直接决定着学校教学和科研的优劣，间接影响着学校生源和财源的多寡。所以建立高水平的师资队伍和选聘优秀的管理者是所有高校为之奋斗的目标之一。相应的，各个高校也都通过创建特色，打造品牌来吸引更多的优秀教师和优秀的管理者进入。这种竞争在一定程度上成为美国高等教育发展的推动力量。

在财政方面，美国也形成了一种市场机制以促进高等教育的竞争和高等教育质量的提高。1980 年以来，随着对高等教育质量的关注，联邦政府在继续实行以贫困学生为基础的资助政策的同时，开始将竞争机制引入学生资助中。近年来，各州也相继将竞争机制引入对高等院校的财政资助。科罗拉多、康涅狄格、佛罗里达、密苏里、南卡罗来纳、田纳西、弗吉尼亚和怀俄明等州已经开始实施或正在考虑实施以业绩为基础（merit-based）的资助政策，或者根据一系列学术标准向各院校分配州政府的资助或奖金。以业绩为基础的资助政策的目的是激励各院校在学生的学业和就业率方面达到一致同意的标准，使各院校对获得的公共资金更加负责，这种资助政策将重点从对过程的规范转向对优异的结果的奖励②。

通过人员和财政的争夺，美国高度教育形成了以质量为核心的良性竞争机制，这也是美国高等教育质量能遥遥领先的一个重要因素。

8. 建立健全相关政策法律保障

美国宪法并未赋予联邦政府任何教育责任或义务，然而，联邦政府对美国高等教育的影响却从未中断过。在联邦政府管理高等教育的诸多举措中，最主要、最有力的

①　郭为藩. 转变中的大学：传统、议题与前景［M］. 北京：北京大学出版社，2006：134.

②　A New Challenge for Higher Education Policy：Channeling the Power of Market Forces to Achieve a New Vision for Higher Education［R］. The Future Project：Policy for Higher Education in a Changing World，February，2001.

手段是教育立法。

美国高等教育历史上有诸多著名的法案对美国高等教育的发展产生了重要影响。如美国独立后不久的"达特茅斯学院案"，确立了私立高校在美国的"私人机构"地位，为维护美国高等教育发展的相对独立性提供了可借鉴的法律依据；1862年通过的《莫里尔法案》，资助农业院校的创建，使得各州的公立高校得到了快速发展，当今举世闻名的麻省理工学院、康奈尔大学等就是由这些学院发展而来的；1944年的《军人权利法案》，联邦政府通过资助退役军人进入高校学习，使高等教育明确地成为国家实现目标的工具，不仅稳定了社会，提高了民众素质，也给各类高校提供了扩大生源的机遇；1958年的《国防教育法》，采取了全面而具体的措施以确保高等教育的优先发展。在该法案及后来美国国会通过的一系列有关大学立法推动下，联邦政府对大学的影响和干预空前加强，以至出现了大学的联邦时期；1964年的《经济机会法》，联邦政府设立"联邦基金"分拨给州政府，由州政府拨款给大学，用以推进勤工俭学，给困难学生提供经济资助，该项法案使美国高校入学率激增，使美国的高等教育从精英教育走向大众教育；还有1972年的高等教育修正案建立了保证政府拨款用于学生基本资助计划（如佩尔助学金），同时赋予学生自由选择学校的权利，此法案改变了资助资金的"游戏规则"，促进了美国高等教育市场化的倾向①。

所有这些法案，体现了美国对高等教育与社会的协调发展的重视。因各种高等教育法令都随着社会、政治、经济的变革而进行不断调整，美国教育立法也形成了高等教育领域相对独立的法律体系，对美国高等教育的改革与发展产生了深远影响。

四、美国提升高等教育竞争力的启示

1. 高等教育多样化，赋予高校更多自主权

多元性的美国高等教育以其鲜明的特征促进了高等教育人才的个性发展，使其用自身的个性和特色去参与市场竞争，并以其多元性满足了美国社会与经济发展的人才需求。在我国高等教育大众化、人才需求多样化的今天，高校必须加强内涵建设，形成鲜明的学科、专业和人才培养特色，才能跟上时代发展的步伐，在激烈的市场竞争中立于不败之地。因此根据我国国情，随着经济社会的发展，也需要打破大一统的培

---

① 刘弘. 立法管理—认证规范—评估监督—需求引导——谈美国高等教育发展的四大宏观调控机制［J］. 高等职业教育：天津职业大学学报，2006（6）：61－64.

养模式，培养多样化的人才以适应当前形势的需要。为此，政府应鼓励大学办出特点，办出水平，鼓励大学依据不同办学层次、不同办学类型设立不同培养目标。各级各类大学应从自身的特点出发，根据多元化质量观构建质量保障体系，在各自的平台上，在最大限度上保证所培养的人才满足社会发展的需要。

此外，我国高等教育一直受到国家的严格控制，高校办学自主权尚未真正得到尊重，这不利于高校的发展。中国这么大，办有多层次、多类型的高等教育，不能用一个模式去管理，划一的管理模式不利于高校的改革与发展。因此，必须改革高等教育管理体制。要扩大高校办学的自主权，使高校真正成为面向社会自主办学的法人实体，以充分调动高校办学的积极性。

2. 社会广泛参与，加大经费投入

从美国高等教育的发展来看，充足的经费投入一直是大学不断发展的动力和源泉。即使是受到金融危机的影响，美国仍然通过颁发法案等一系列措施来保障教育经费的支持。从我国目前的状况来看，虽然每年高等教育的投入一直在增长，但是自高校扩招以来，经费投入的增长仍然难以满足高等教育规模快速发展的需要。高校办学经费紧张、学费升高仍然是当前存在的显著问题，也直接导致很多青年学子在高昂的学费面前望而却步。中国高等教育经费来源结构单一，政府是主要承担者，但政府投入总量明显不足，教育支出比例低，高等教育分得的蛋糕则更少。所有这些让我们看到，加大经费投入不单单是需要国家加大对教育经费的投入，更需要全社会广泛参与，通过多种途径，如政府投入、企业捐资、个人捐款及筹款等方式来共同承担高等教育的高成本。而对于来自山区以及农村的贫困孩子，国家更要加大扶持力度，通过奖学金设立、绿色通道开通、一对一帮扶等多种途径帮助他们入学。

3. 注重实用性，质量为先

美国高校始终把实用性作为自己的生命，时刻保持所设专业、课程和所培养学生的社会实用性。紧紧围绕社会经济发展的需要设置专业，安排课程，并及时调换课程，不断拓宽学生的知识面。而从我国来看，目前高校的市场意识和办学方式的实用性还不强，既不适应我国经济社会的发展，也不适应世界科学技术的发展。专业设置较窄，单一的专业教育思想和教育观念占主导地位等问题，某种程度上造成学生的就业率偏低，致使国家、社会、学生个人投资教育的收益不高，从而使教育投资跟不上，高校发展乏力。为此，我国高校应着眼于现实实用性，从学科、课程、教学等方面入手，加大改革力度，尽快把高校的"出口"和"入口"与市场对接，确保学生学有所长和学有所用。

此外，前面我们已经看到，美国高等教育质量体系很大程度上激励和促进了美国高等学校的发展，为保证和提高美国高等教育质量作出了巨大贡献。而我国目前的高等教育评估体系却非常单一，其评估主体主要是政府，并只以研究型大学或者精英型大学为标准评估所有学校，学校没有分类，评估标准单一，导致千校一面和人才结构失衡，与高等学校的个性化发展相悖。我国对于高等学校的认证（审批）一旦通过，以后几乎不再进行重新认证，也使得我国的高等学校发展缺乏动力。针对此，我们需建立更为完善的质量评估体系，制定能够体现不同类型、不同层次高校的评价标准，切实将质量看做高校发展的生命线，以质量促发展，激励我国高校在不断改进、提升教育质量上下工夫。

4. 加强教育立法，推动教育改革

美国强调依法治教，并在依法治教的过程中逐渐完善自己的高等教育法律体系。与美国高等教育立法体系相比较，我国目前还有很多方面需丰富、完善。

一是我国高等教育立法中缺乏可操作性条例。纲领性的规定多，义务多、权利少，具体的量化少，条款过于笼统，可操作性较差，对高校学生的权利缺乏系统的法律解释，明显滞后于经济社会文化发展的进程。

二是教育立法跟不上经济社会发展的形势。随着改革开放的不断深入，我国高校处于改革的风口浪尖，其管理体制、资金筹备等问题在现在的立法中还缺乏应变机制。日益激烈的竞争要求教育立法适时跟进，建立灵活的应变机制，以便高校保持蓬勃发展的良好势头。

三是教育立法要有保障性。除了更加合理地制定教育法律，还必须以法律形式保障每一次改革的实施，否则法律就成了摆设，没有任何的实际意义。同时，要注重立法和司法程序公正，切实实现法律的公正价值。

第八章

英国高等教育竞争力分析

英国重视高等教育，不仅云集了世界上最著名、最古老的大学，而且不乏最富创新意识的新型院校。目前英国仍然把高等教育当做一种支柱产业。英国高等教育的质量堪与美国比肩。当前，英国的科技论文总发表量排在美国和日本之后，而顶尖级科研期刊论文的被引率则仅次于美国，占到了全世界总数量的13%；英国在高等教育产业转化方面也成效显著，尤其是医药与生物技术研发及其投资在欧洲居首；世界上约50%的重要的研发机构均选址英国；等等。这些成就反映了英国高等教育竞争力的现状及其在国家发展中所发挥的巨大作用。

一、英国高等教育竞争力评价结果概述及分析

1. 英国高等教育竞争力评价结果概述

（1）英国高等教育的基本规模

英国高等教育历史悠久，高等教育普及率高。英国高等教育统计局（HESA）2011 年发布的最新数据统计显示，英国高等教育机构大约有 249 万名学生，全国 18 岁的年轻人有 1/3 进入了大学或高教学院，苏格兰年轻人就读大学比例更高达50%以上。有越来越多的成年人开始返回校园继续学业，有的半工半读，有的放弃工作，重新当全职学生。此外，英国高等教育近年来还积极向国际发展，在蓬勃发展的国际教育市场中也占有重要一席。

当前，英国高等教育规模的总体状况为①：

---

① Department for Business, Innovation and Skills（DIUS）. National Statistics Statistical First Release on Higher Education Enrolments and Qualifications Obtained at Higher Education Institutions in the UK in the Academic Year 2007/08 [DB/OL]. [2009 - 01 - 29]. http：//www. dcsf. gov. uk/rsgateway/DB/SFR/s000829/index. shtml.

- 2009/10 年度，英国高等教育机构登记就学人数为 2493415，与 2008/09 学年 2396050 相比，就学率继续稳定增长且未发生大的变化。
- 从 2006/07 和 2007/08 学年开始，英国本土学生数开始以 1% 左右的比例下降（从 1978715 降至 1964315）。欧盟其他国家的学生数则增加了 6%（从 105410 升至 112150）。非欧盟学生数则增加了 4%（从 220575 增至 229640）。
- 全日制一年级学生数增加了 3%（从 2006/07 学年到 2007/08 学年），非全日制一年级学生数则下降了 2%。
- 在 2007/08 学年，334890 名学生获得了第一学位，2006/07 学年的这一数字为 319260，增长了 5%。
- 在学位分类方面，2007/08 学年中 13% 的学生获得了第一荣誉学位，这一数字与 2006/07 学年相同；48% 的学生获得了优等荣誉奖励，这一数字也与 2006/07 学年相同。

（2）英国高等教育竞争力排名概述

在全球众多竞争力排行榜以及本项研究的评价结果中，英国高等教育机构质量基本处于全球排名的前 3 位左右，堪与美国比肩。2009 年《泰晤士报高等教育副刊》公布的全球大学排行榜前 200 强当中，英国大学有 29 所。英国人口仅占全球总人口 1%，但是英国科研成果被其他国家科研引用的比例却高达 13%。在本项研究的竞争力排行榜上，英国综合排名第三，排在美国和澳大利亚之后；绝对值综合指数排名第三，排在美国和日本之后；相对值综合指数排名第九（见表 8.1）。本项研究的排名印证了传统印象中英国优质的高等教育质量，但排行中仍有多项指标排名处于中等或相较其他发达国家较为靠后的位置，与美国的距离逐渐拉大。

表 8.1　英国高等教育竞争力指数排名

国　别	均值综合指数及排名		绝对值综合指数及排名		相对值综合指数及排名	
美国	75.09	1	78.76	1	71.42	1
澳大利亚	46.62	2	39.30	4	53.94	3
英国	44.78	3	40.04	3	49.52	9

从高等教育毛入学率（59.34%）、在校大学生人数、每千人中在校大学生人数来看，英国高等教育规模并不是很大，排名居于中等靠前位置，但高等教育的质量（如高等教育同行评价、高等教育毕业生雇主评价）的排名靠前，仅次于美国。在经济全

球化的背景下，英国政府十分重视大学服务于产业界与地区发展的作用。自20世纪80年代后期开始，政府就开始强调大学应该与社会经济发展和工商业紧密地联系起来，大学需要担负为社会经济发展作贡献的"第三使命"，在创造知识、转化知识、应用知识中发挥作用。在此背景下，英国政府出台了系列旨在吸引高科技人才的战略措施，其中影响最大的莫过于国家层面以及校级层面的各种海外研究生奖学金计划。通过这些计划，英国高等教育吸引了大量的海外留学生，高等教育产业化的成果及国际化程度为世人所公认。

2. 英国高等教育竞争力评价结果分析

（1）英国高等教育对人力资源的贡献

从诺贝尔奖获得者人数、25—34岁受过高等教育人口比例、全职研发人员数、每千人中全职研发人员数等几项指标来看，英国高等教育对人力资源发展的贡献居于世界前列（具体数值及排名见表8.2）。其中，诺贝尔奖获得人数的指数排名第二。英国在过去50多年产生了53位诺贝尔奖获得者。尽管英国人口占世界人口的1%，但它却拥有世界上8%的科学出版物，世界上引用率最高的出版物中13%来自英国。除美国以外，英国学生在各项测评中都比其他国家学生取得了更好的成绩。同时，全职研发人员数的指数（排名第六）排名位置也较为突出。这些均反映出英国传统精英高等教育（如牛津、剑桥等）一贯的高质以及近年来日益扩张或加速的高等教育的普及程度。

表8.2　英国高等教育对人力资源贡献排名

指标名称	数　值	指数值	排　名
诺贝尔奖获得者人数	53	21.29	2
25—34岁受过高等教育人口比例	37%	61.90	17
全职研发人员数（千人）	323.40	21.42（绝对值）	6
每千人中全职研发人员数	5.37	48.18（相对值）	17

（2）英国高等教育对经济发展的贡献

从大学教育是否满足竞争经济的需要、大学与企业的合作等项指标来看，英国高等教育对经济发展的贡献也较为明显（见表8.3）。近些年来，英国的许多经济竞争对手对高等教育机构的投资均较多，法国、德国、日本和美国等对高等教育的投入占GDP的1%，而印度与中国的比例也正逐年升高，对英国的挑战巨大，因为这些国家都认识到发展知识经济意味着需要更多的受到良好训练的劳动力。

表 8.3　英国高等教育对经济发展的贡献排名

指标名称	数　值	指数值	排　名
大学教育是否满足竞争经济的需要	6.17	58.85	16
大学与企业的合作	4.81	49.77	21

（3）英国高等教育对知识创新的贡献

从科技论文数、每千人中的科技论文数、专利数以及每千人中的专利数及其指数来看，英国高等教育对知识创新的贡献较高，如科技论文数的绝对值指数仅次于美国和日本。

表 8.4　英国高等教育对知识创新的贡献排名

指标名称	数　值	指数值	排　名
科技论文数（篇）	45572	22.17（绝对值指数）	3
每千人中的科技论文数（篇）	0.753	64.14（相对值指数）	11
		43.16（均值指数）	4
专利数（项）	3503	2.99（绝对值指数）	9
每千人中的专利数（项）	0.058	4.67（相对值指数）	17
		3.83（均值指数）	16

3. 英国高等教育竞争力优、劣势概述

从英国高等教育竞争力评价结果来看，英国高等教育喜忧参半：一方面英国高等教育发展成就显著，对人力资源、知识创新的贡献较大；但另一方面，高等教育对经济发展的贡献尚不明显。英国高等教育为英国经济创造了数百亿英镑的产出，扶持了几十万个工作岗位，但是利用大学的知识和技能的企业比例仍然较低，大学和学院在创造工作岗位和促进繁荣方面还可以发挥更大的作用。

归结起来看，造成这些现象的原因与英国自由主义及精英教育传统理念深入民心有着密切的关系。这种传统虽然造就了英国优质的精英高等教育质量，但却较大地阻碍了高等教育与工业、经济或产业界结合的发展。近年来，英国政府为了扭转这一局面，采取了诸多改革措施与政策，但效果仍需观察。

如今，经过 10 多年的高等教育改革和蓬勃发展，英国高等教育正在进入一个关键时期，未来如何发展将影响着英国高等教育的国际地位与竞争力。虽然英国高等教育竞争力仍然较强且发展势头良好，但也将面临经费缩减和来自国际范围内的竞争。近来由于受到金融危机影响，政府赤字居高不下而不得不削减高教拨款经费，导致大学财源转向学生的学费。2012 年以后，英格兰大学的学费将上涨到每年 6000 英镑，甚至9000 英镑以上，这势必会使英国高等教育的发展面临严重的挑战。

二、英国高等教育发展的现状与主要特征

英国政府认为，在未来的国际竞争中，英国将失去数百万个工作岗位。对此，英国所采取的对策是，把不需要太多技能的简单劳动岗位让给发展中国家，把需要劳动技能的工作岗位留住。因此，发展高等教育至关重要。为此，英国政府制定了高等教育的发展目标，到 2010 年，18—30 岁人口的毛入学率达到 50%。除学生数量的增加之外，英国强调弱势阶层、少数民族家庭的孩子接受更多高等教育。

1. 英国高等教育发展现状

（1）英国高等教育投入现状

传统上，英国大学的经费主要来自政府，大学也一直把政府当做主要的甚至是唯一的客户。现在，政府拨款仅占高等教育总经费的 60%，有些大学的政府拨款仅占30%。逐步减少的高等教育经费更向研究型大学倾斜，42% 的研究经费分到了 8 所著名大学。随着政府资助的相对减少，高等教育变得更加市场化。2003 年 11 月 26 日，布莱尔政府宣布英国大学学费由每年 1000 英镑增加到 3000 英镑，引起社会的广泛争议。英国学者认为，从此高等教育的顾客从政府变成了学生，这对大学的办学行为会带来深刻的变化。

最近几年，英国对高等教育的投入不断加大，投入比重逐渐转向科技研发及创新。以英格兰为例，英格兰对教育的投入 1997 年为 GDP 的 4.5%，2006 年为 5.6%，而其中高等教育占到 GDP 的 1% 左右。2002—2006 年，英格兰政府对大学的投资比例不断增加（具体支出见表 8.5）。在针对大学的投入中，英国尤其加大了对创新基金的资助力度。到 2010/11 年度，英国在科研方面的投入增至 60 亿英镑[①]。

---

① Clarke, C. The Future of Higher Education [R]. Department for Education and Skills Publications, London, 2003: 19.

表 8.5　英格兰政府对大学的投资

年　份 类　别	02/03 （百万英镑）	03/04 （百万英镑）	04/05 （百万英镑）	05/06 （百万英镑）	05/06 实际 比 02/03 增长 百分比（%）
研究经常性支出	1910	2144	2318	2633	38
研究资本	256	364	453	453	77
知识传播	62	82	101	114	84
教学经常性支出	3943	4230	4604	4963	26
教学资本	155	207	377	442	185
扩大高等教育	0	9	21	32	
公平入学	86	119	130	132	53
管理、领导和 战略发展	15	23	32	34	127
学生资助	1578	1691	1839	1996	26
其他	2	11	12	14	
经常性支出总计	7185	7738	8227	9023	
投资总计	411	571	830	895	
总计	7596	8309	9057	9918	

资料来源：Charles Clarke. The Future of Higher Education [R]. Department for Education and Skills. Publications. London, 2003：19.

（2）英国高等教育对国家经济发展的影响现状

2003 年，英国政府发布的《高等教育的未来》白皮书以及 2003 年的兰博大学—产业协作评论都认为，英国高等教育为国家竞争力的提升作出了卓越的贡献。英国高等教育学会（Universities UK）对高等教育机构对经济发展的影响进行了细致的研究，并于 2006 年发布了专门的研究报告①。

a. 英国高等教育对经济发展的直接影响

高等教育创造了大量的直接收益、支出与就业机会。具体数据如下：

• 2003/04 年度，英国高等教育机构的税收达到了 168.7 亿英镑。这一产出或贡

---

① Universities UK. The Economic Impact of UK Higher Education Institutions [DB/OL]. [2006 – 05 – 11]. http：//www. universitiesuk. ac. uk/Publications/Pages/Publication – 237. aspx.

献率远高于医药产业，略比法律以及金融服务业低。

- 核心公共部门对高等教育机构的投入仅占到高教机构收入的48%左右。（这些投入主要来自拨款委员会的拨款与公共服务机构的学术资助。）
- 公共服务机构对高教机构的总投入是103亿英镑，占高教全部收益的61%。
- 高等教育机构中私营产业的税收达到了46亿英镑，占高等教育机构总税收的27%。
- 高教机构的国际收益达到近20亿英镑，占所有高教收益的12%。
- 在2003/04年度，英国高教机构支出约166亿英镑，其中人力资本的支出约占总支出的59%。
- 高教机构直接创造了33万个左右的就业岗位，其中全职工作岗位约28万个，这相当于为英国创造了1.2%的就业机会①。

b. 英国高等教育对经济发展的间接影响

高等教育对经济的间接影响以及增值效益明显：

- 高教机构及其员工的支出为经济附加创造了就业机会。
- 在高教机构中，每100个全职工作岗位中就有99个机会是自身直接创造的。经济领域里其他产业的27.64万个就业机会依赖于高教机构。
- 高教机构中每100万英镑的支出，额外为经济领域中其他产业创造了152万英镑的新收益②。

c. 英国高等教育国际化对经济发展的影响

国际学生的增加助推了商业旅游产业的发展：

- 2003/04年度，英国高教机构国际学生的校外开支约15亿英镑。这占到英国2004年全年所有入境者支出的9%。
- 高等教育为旅游业的发展作出了主要贡献。国际商业与娱乐业的学生参观者为英国经济的贡献仅1亿多英镑，约占英国海外参观者收益的1%（2004年度）。
- 国际学生与访学者为整个国家创造了收益与就业机会。
- 国际学生的花销大约为英国经济产生了24亿英镑的收入和2万多个就业机会。
- 海外学生旅游者的贡献为2亿多英镑，创造了约2700个就业岗位。

---

①　Universities UK. The Economic Impact of UK Higher Education Institutions ［DB/OL］. ［2006 - 05 - 11］. http：//www. universitiesuk. ac. uk/Publications/Pages/Publication - 237. aspx.

②　Universities UK. The Economic Impact of UK Higher Education Institutions ［DB/OL］. ［2006 - 05 - 11］. http：//www. universitiesuk. ac. uk/Publications/Pages/Publication - 237. aspx.

英国高等教育统计局（Higher Education Statistics Agency, HESA）公布的数据显示，2007/08 学年英国大学的高等教育学位中有 1/5 颁发给了海外学生。高等教育已经成为英国公共服务机构中最为主要的税收盈利大户：每年吸引到 30 多亿英镑的国际税收，2 亿英镑直接来自高教产业，其中 39% 的税收是来自高教机构的私营产业以及国际学生的支出方面①。

d. 英国高等教育对国家经济发展总体影响

高等教育产业为经济的总体发展作出了显著的贡献（见表 8.6）②：

- 总出口值大约为 36 亿英镑（2003/04 年度）。
- 为英国经济创造了约 451 亿英镑的总产出。
- 为英国创造的就业机会为 58 万多个，占到总数的 2.5%。

表 8.6　英国高等教育产业对英国经济的总体影响

	高等教育机构	国际学生	国际访学	高教产业
直接产出（亿英镑）	169	0	0	160.9
间接产出（亿英镑）	256	24	2	280.2
总产出（亿英镑）	425	24	2	451
直接就业量（个）	280146	0	0	280146
间接就业量（个）	276438	21924	2715	301077
总就业量（个）	556584	21924	2715	581223
出口获利（亿英镑）	20	15	1	36

资料来源：Universities UK. The Economic Impact of UK Higher Education Institutions［DB/OL］. 2006.

（3）英国高等教育对国家人力资本培养的影响现状

英国经济发展成就及其较高比例的商业研发，必然得益于高等教育机构所培养的合格的人力资源。英国政府认为，人力资本方面的投资与培养，与政府在科研与知识方面的投资同等重要，特别是接受科学、技术、工程与数学方面（STEM）优质而良好的教育与培训的学生数，是国家创新及技能创新体系健康发展的代表性指标。从 2002/

---

① Universities UK. The Economic Impact of UK Higher Education Institutions［DB/OL］.［2006 - 05 - 11］. http：//www. universitiesuk. ac. uk/Publications/Pages/Publication - 237. aspx.

② Universities UK. The Economic Impact of UK Higher Education Institutions［DB/OL］.［2006 - 05 - 11］. http：//www. universitiesuk. ac. uk/Publications/Pages/Publication - 237. aspx.

03 学年到 2006/07 学年期间，在 STEM 学科领域 A 级水平入学与毕业的学生数（第一学位、博士毕业生）处于快速增长期（见图 8.1)①。

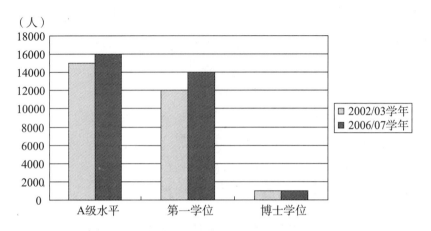

图 8.1 STEM 学科合格人数的变化

资料来源：高等教育统计局 HESA 网站。

一些企业开始倾向于雇用越来越多的研究生毕业的学生，特别是一些创新型的产业与知识密集型企业。2007 年，拥有研究生以上学历员工的公司，在创新方面取得的成就，要远大于没有此类员工的公司②。

（4）英国高等教育对知识创新的影响现状

近年来，尽管受到金融危机影响，但英国经济还是处于缓慢复苏过程中，不少复苏企业得益于科技和教育的发展，故投资教育的热情大涨，大学也非常乐意与企业界开展合作。大学与企业界存在互惠互利，已成为双方的共识。当前，英国政府也高度重视高等教育机构与商业企业之间的联系。这些因素都为知识的生产与传播创造了有利的条件。

在政府的大力推动下，高教机构和企业之间的联系不断加强且日益紧密。近些年来，高教机构创造了许多新型企业，且数量还在不断增长。申报专利的数量也仅次于美国。由公司资助的高等教育研究收入的比例也不断增长，甚至比美国还要高。高等教育机构帮助公司增加其创新性和竞争性的案例非常多，成效显著。如爱塞特大学

---

① Department for Business, Innovation and Skills（DIUS）. Annual Innovation Report 2008 ［DB/OL］. ［2009 – 01 – 29］. http://webarchive. nationalarchives. gov. uk/ + /http://www. dius. gov. uk/policy/annual_innovation_report. html.

② Department for Business, Innovation and Skills（DIUS）. Annual Innovation Report 2008 ［DB/OL］. ［2009 – 01 – 29］. http://webarchive. nationalarchives. gov. uk/ + /http://www. dius. gov. uk/policy/annual_innovation_report. html.

（Exeter University）提供的产品开发设备使数百家中小企业受益。如今高等院校能提供更大范围内的课程，为特定公司或企业部门的从业员工接受继续教育提供服务。高等教育在支持公共部门（如国家卫生事业局，NHS）的知识转移和创新管理方面也起着关键作用（见表8.7、表8.8）。

表8.7　英国高等教育与企业间的知识传播情况

指　标	2000/01年度	2001/02年度	2002/03年度	2003/04年度	2004/05年度	2005/06年度	2006/07年度	高教贡献率（%）
专利数（个）	250	199	377	463	711	579	647	159
许可证数（个）	728	759	615	2154	2099	2707	3286	351
知识产权税收（百万英镑）	18	47	37	38	57	58	58	222
子公司数量（个）	248	213	197	161	148	187	236	−5
企业税（百万英镑）	104	122	168	211	219	242	288	177
研发合同税（百万英镑）	262	328	289	577	617	651	782	198

资料来源：Higher Education Business-Community Interaction Survey 2008. 子公司数量下降原因是由于受到2002/04年税率政策变化的影响。

表8.8　企业参与知识传播伙伴项目情况（2008年）

企业规模	雇员（人）	伙伴数量（个）	伙伴投资所占比率（%）
微型	<10	91	9
小型	10—49	352	36
中型	50—249	301	31
大型	≥250	231	24
总数	—	975	100

资料来源：英国商务、创新与技能部（DIUS）网站。

2. 英国高等教育发展的主要特征

综合上述发展现状，英国高等教育发展呈现出以下二个主要特点：

（1）以质量确保高等教育竞争力

20世纪90年代以来，英国高等教育进入大众化发展快车道。接受高等教育的人数不断增加，高等教育规模也急剧膨胀。由于高等教育机构和在校学生数的剧增预示着数量与质量的冲突，英国传统的"双轨制"高等教育体系和相应的质量保障体系开始变得不符合社会发展的需求。因此，英国政府自1991年出台白皮书《高等教育——一个新的框架》起，逐步构建起了"单轨制"的高等教育体系，废除了全国学位授予委员会（CNAA），对多科技术学院进行质量评估，评估合格者即可升格为大学，同时由高等教育基金会（HEFC）统一拨款，基金会下设质量保障委员会（QAC）检查教育教学质量，并与拨款直接挂钩等。这些做法的核心目的，无非是在高等教育大众化时代继续维持英国传统精英高等教育的质量声誉。近年来，随着现代科学技术的发展，特别是以高科技、信息化为特征的知识经济时代的到来，社会发展急需高质量人才，英国更为关注高等教育质量问题。

（2）强化高等教育的产业意识

近些年来，高等教育一直被英国政府视为重要的经济产业，特别是通过高等教育的国际化发展，吸引到了越来越多的留学生，并带来附加的经济效益。但在20世纪80年代以前的相当长时期，英国的观念并非如此。当时，高等教育被看做社会公共事业，具有非营利的性质，政府是高等教育的提供者和购买者，高等教育并不具备市场经济体系所普遍具有的竞争精神和经济效益。20世纪90年代以后，情况发生了很大的变化：私有化和市场化为特征的撒切尔主义开始被引入高等教育等一些公共事业领域。政府开始在高等教育领域引入市场经济和产业意识，降低教育财政支出，削减投入，并连年提高学费，尤其是在经费的分配上，逐步取消了对高校经费的完全保障，代之以具体的协商和订立合同，政府开始成为高教投资者。产业与竞争逐渐成为各大学奉行的新的发展理念。

（3）高等教育成为国家竞争力的核心因素之一

伴随着大学的产业化和竞争意识的增强，高等教育逐步成为国家竞争力的核心因素之一。大学开始普遍加强与社会、企业或产业界的联系，增强知识创新与转化能力。特别是多科技术学院和其他规模较大的学院，利用传统优势主动与地方、产业建立联系。英国政府也开始将高等教育作为增强国家竞争力的重要政策调节工具，以便使其更有效地为经济服务和同工商界建立更密切的联系。创办大学科技园、高等教育基金委员会增设企业代表、加强与地方或社区联系等，就是这种发展特征的具体体现。另外，很多大学的实验室都是与企业界合作建立的，直接从事产品的开发与生产，既赚取比纯粹出售科研专利更高的利润，又锻炼了大学的科研队伍，促进了教学和科研的协调发展，同时也提高了企业员工的技术水平，推动了经济及产业界的发展，并最终转化为国家的竞争力。

三、英国提升高等教育竞争力的重要举措

1. 建立国家创新发展体系与战略

创新是国家发展的核心动力，国家的创新发展体系建设是提升国家竞争力的关键战略。英国对高等教育与国家创新体系战略之间的认识较为深刻。迄今，国际上关于国家创新战略与教育之间关系的论证中，英国一直走在前列。英国经济学家克里斯托弗·弗里曼将李斯特的国家专有因素传统与熊彼特的技术创新论有机地结合起来，早在 1987 年出版的《技术政策与管理绩效：日本的经验》一书中，他就首次提出了国家创新系统概念。他的界定与 OECD 的定义"不谋而合"：国家创新体系是由政府、企业、公共研究和开发机构、教育与培训机构以及金融机构五个部分相结合组成的网络系统。

国家创新体系是由公共部门和私营部门中各种机构组成的网络，这些机构的活动和相互影响促进了新技术的开发、引进、改进和扩散。现代国家创新系统既包括各种制度因素、技术创新因素，也包括致力于研究公共技术知识的大学以及提供政府基金、规划等机构，它们既相互竞争也彼此合作，共同促进了本国经济的高速发展。由于高等教育机构与研发的密切关系，高等教育在其中扮演了更为重要的角色。《英国 2008 年度创新报告》为我们详细解释了英国国家创新战略的绩效，这些成就的背后切实反映出了国家创新体系对高等教育竞争力的积极促进作用。以英格兰为例，英国国家创新发展的基本进展如下：

- 从 2007/08 学年，科技战略委员会投入 1.8 亿英镑，用于研发机构（RDA）的开支，并制定永久性的管理制度与活动经费使用的战略规划。政府公布了综合性低碳交通运输工具创新计划，中西部与东北地区为该计划联合投入了 1 亿英镑经费。

- 2009 年，国家科技与艺术捐赠机构（NESTA）实施了旨在推动区域及次区域创新发展的综合计划。

- 2008 年 7 月，在大曼彻斯特地区、利兹以及蒂斯瓦利（Tees Valley）等多个地方当局的推动下，首个跨区域协议宣布签署。该协议旨在解决创新途径中的各种复杂问题。

- 为了配合国家科技与艺术捐赠机构的工作，创新、大学与技能部委托开展一项关于创新模式的地理分布研究，最终形成了一幅英国创新地图。

- 新的创新伙伴关系将风险投资、大学、
  企业和区域伙伴紧密地连接在一起。

2006 年，英国政府用于研发的经费已占到 GDP 的 1.75%，比 2005 年增长了 4%，达到了 232 亿英镑。其中将近一半的经费来自英国的产业界，1/3 来自政府部门、高等教育资助委员会、海外机构以及私营企业等机构（见图 8.2）①。

与其他国家相比，英国的商业研发开支在 GDP 中所占的比例在 OECD 国家中排名第五。其中，62% 的研发开支是在企业中完成的（见图 8.3）②。

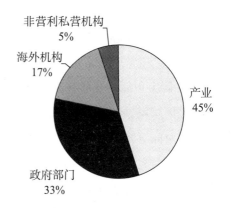

图 8.2　英国研发经费来源分布（2006 年）

资料来源：英国商务、创新与技能部（DIUS）网站。

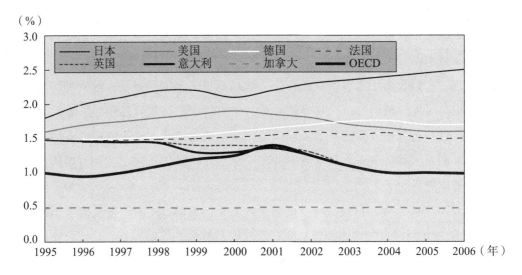

图 8.3　部分国家商业研发在 GDP 中所占比重

资料来源：英国商务、创新与技能部. 英国 2008 年度创新报告［R］. DIUS, 2009.

国家创新的根本目的在于为公众提供更加创新的服务。一项关于公众对科学的态度的调查显示，2007 年公众对科技的了解程度要比两年前好得多。公众在处理与技术

①　Department for Business, Innovation and Skills（DIUS）. Annual Innovation Report 2008［DB/OL］.［2009 – 01 – 29］. http：//webarchive. nationalarchives. gov. uk/ + /http：//www. dius. gov. uk/policy/annual_innovation_report. html.

②　Department for Business, Innovation and Skills（DIUS）. Annual Innovation Report 2008［DB/OL］.［2009 – 01 – 29］. http：//webarchive. nationalarchives. gov. uk/ + /http：//www. dius. gov. uk/policy/annual_innovation_report. html.

创新相关的产品与服务时，能够理性地作出自己的判断与决定（见图8.4）。这也更加直接说明了高等教育的效果与竞争力正在与日俱增。

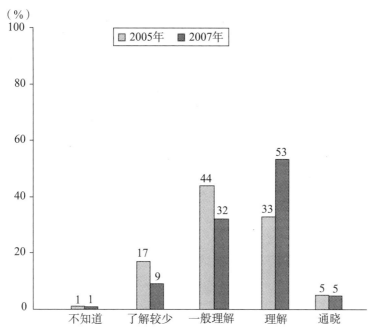

图8.4　公众对科技的理解程度

资料来源：根据 RCUK《2008 年公众对科学的态度调查》数据重新制作，参见 http：//www. rcuk. ac. uk/sis/pas. htm。

2. 拓展高等教育经费投入渠道

毫无疑问，英国高等教育已在国际教育市场上占有主要位置。英国高等教育机构除了可以获得政府投入以外，各自也在寻找更加多元的资金投入渠道与来源，如学费、捐赠、企业资助等。来自海外留学生的学费收入，就是英国高校重要的一项资金来源。近年，英国学生学费不断上涨，经常引起学生群体的抗议。尽管如此，吸引欧盟以外留学生仍然是英国高校和政府在高等教育改革方面的主要政策诉求。

虽然如此，政府机构或私人机构的捐助仍然是英国高等教育投入的主体来源之一。高等教育支出的一半左右仍来自政府的财政拨款。英国高等教育基金会（即英格兰高等教育基金会、威尔士高等教育基金会、北爱尔兰教育部、苏格兰高等教育基金会）为高等教育提供了最大限额的经费投入，这些资金主要用于教学和研究。教学基金的分配主要依据在校生数量和课程设置而定，而研究基金几乎直接和研究质量及数量密切相关。根据英格兰高等教育基金会的官方网站公布的信息，在 2011/12 学年，他们将为 130 所大学和学院，以及 124 所继续教育学院提供 65 亿英镑的教育基金。其中，绝大部分基金将用于教学和科研。而到 2012/13 学年，更多的基金将通过学生贷款系统发送到各所高校。

3. 促进大学知识传播能力与产业转化能力的发展

为了加快大学知识的传播和知识对经济的影响，提高大学的产业转化能力及知识对经济增长的贡献，政府建立了"知识传播中心"，以促进知识的市场化。尤其是科技战略委员会发起的知识传播伙伴（Knowledge Transfer Partnerships，KTPs）计划，收效显著：高等教育与企业之间的联系得到加强，新的研发文化形成，企业的各项发展指标均取得了长足的进步。截至 2008 年，英国已在全国范围内建立起了 24 个知识传播网络中心，参与高校达到 100 余所，参与企业达到 1000 多家，工作成员总数达到了35000 多名，这些成员分别来自企业、大学、科研机构、金融以及技术研发等部门。

政府在这方面的具体举措包括：

- 强化高等教育创新基金（HEIF），每年提供专项资金用于特别鼓励非研究密集型大学同地方、地区和全国的雇主合作。
- 通过高等教育创新基金资助知识交流网络，以奖励和支持高等教育院校同企业合作。
- 不断增强地区发展机构（RDAs）在分配高等教育创新基金中的作用，建立高等教育院校和地区发展机构间密切的伙伴关系。
- 帮助产业技能委员会在企业和大学的相关院系间建立紧密的联盟等。

为鼓励企业和研究机构开展创新，英国政府还建立了许多用于创新的专项基金和专项计划，如"高等教育创新基金"、"科学企业挑战基金"、"大学挑战基金"、"公共领域开发基金"、"大学—企业联系计划"、"智慧计划"、"法拉第伙伴关系"等。这些专项基金和专项计划侧重为高等教育的科技创新和科技转化提供基础资金，侧重于增强高校的产业化或商业化能力，侧重于鼓励产学研结合，为实现创新产品的商品化提供支持。现在，英国许多大学和中小企业的创新资金都是从政府拨款中获得，其对提高大学和企业的创新能力起了重要作用。

4. 推进技能导向的高等教育发展

近些年，无论是在基础教育领域，还是在高等教育领域，英国日益重视职业技能或能力导向的教育。英国官方统计数据显示，英国成人人口中有 1/3 离校之后仍然未拥有其应该拥有的条件与资格，几乎一半的成年人计算能力有问题，1/6 的成年人读写能力有问题[①]。解决这些问题，仅靠在基础教育领域努力显然是不够的，高等教育可以

---

① DCSF. Autumn Performance Report 2009：Progress against Public Service Agreements［R］. 2009：86.

发挥更大的作用。为适应英国快速的社会经济发展、科技变革以及提升国际竞争力，英国政府推动了多项技能导向的高等教育改革，规划长期的技能教育，设立技能导向的培训课程，以满足年轻人、学习者与雇主的需求，培养年轻人生活技能与能力。

促进技能导向的高等教育发展的各项改革政策，满足了受教育者潜在的技能需求，增加了企业效益，增强了企业界创新的能力，让更多的人因此而拥有高技能，也让高等教育在经济发展中扮演更为重要的角色，最终促进了经济的繁荣。

5. 建立与欧盟对接的高等教育质量保障框架

欧盟一体化的加速以及全球化时代的到来，迫使欧洲许多国家开始构建具有共同标准的资格及质量框架。英国高等教育国际化成就明显，高等教育质量保障局于2008年起开始制定英格兰、威尔士及北爱尔兰高等教育质量架构，以便和欧盟国家高等教育机构之间建立起互认学分与课程及学习时间等共同的质量标准。这一政策既是增强与欧盟资格框架对接的做法，同时也是确保英国在欧盟乃至世界教育体系中的竞争力的具体措施。

前文提到，英国高等教育质量体系日趋成熟，高等教育机构的质量全球排名第二，仅次于美国，在国际上享有很高的声誉。这不仅因为英国的高等教育学风严谨，也与其成功的高等教育质量保障模式密切相关。英国高等教育质量保障模式的形成走过了迂回曲折的道路，既有深刻的教训，也有成功的经验。传统上，英国高等教育质量保障机制主要是依靠大学自身自我规范、自我保障。20世纪末期以来，在高等教育规模扩张和经费紧张的情况下，英国政府对高等学校自我质量保障的可靠性失去信任，由此着手成立评估机构，强化外部对高等学校的绩效评估，通过科层机制方式控制高等学校的质量和效率。近年来，由于这一科层保障模式屡受争议，英国于是开始着手建立与欧盟对接的高等教育质量保障体系，重新调整各种战略与措施，如资助教学改进项目、奖励教学优秀的教师、支持学校实施提高教学质量的战略，逐步提升高校自身在质量管理与评价方面的功能与作用。

四、英国提升高等教育竞争力的启示

正如本项研究评价结果所揭示的那样，英国高等教育的发展及竞争力的确保，首先得益于政府的大力支持。英国高等教育虽然近年来规模不断增大、就读学生人数不断增加，但高等教育质量在全球排名仅次于美国，在国际上保持了声誉，极大地促进了国家竞争力的提升。究其原因，除了偏重古典与学术的精英传统之外，独特而成功的高等教育体制模式及政府不断革新的改革策略也是其中重要的因素。

首先，英国大学偏重古典与学术的精英传统，维系了优质的高等教育质量。学术自由、大学自治在英国精英大学的治理模式中成为典范。这种典范不仅造就了大量拔尖优秀人才（如诺贝尔奖获得者人数居世界第 2 位），而且也在全球化背景下保持了其原来在教学和科研领域的高水平。同时，这种体制的优越性还体现在大学体制模式的不断革新与发展，例如积极与外界合作，协助政府开发人力资源、培育高素质和拥有高层次技能的劳动力，并协助企业界创新发展高科技与技术等。此外，前文提到的严密的高等教育质量体系等也是这种体制优点的体现。

其次，政府积极通过多种改革政策渠道，努力促进大学提升竞争力。2009 年 12 月，英国商务、创新与技能部公布了高等教育改革新计划《更高的雄心——知识经济时代大学的未来》。在这份新的改革计划中，大学被置于保障国家经济复苏和长期繁荣的重要位置，重点是使大学扩大入学机会、提高科研能力、培养更多经济竞争所需的高水准技术人才和科研人员，为经济发展作出更大的贡献。这份计划可极大地促进英国高等教育竞争力的提高。此外，重视技能导向的高等教育发展，也更加坚定了英国高等教育向终身学习方向的变革与拓展。高等教育开始成为人们终身学习的一个组成部分，且并不限于基础教育阶段，还可以延伸到人一生的工作、生活历程中去。

当然，英国高等教育在提升竞争力过程中也面临一些困难与问题，如高等教育与经济、产业等之间日益拉紧的关系，必然会带来许多新的挑战；技能导向的高等教育发展，必然会影响精英高等教育质量的提升等。21 世纪以来，英国高等教育 的改革几乎是围绕着经济、就业与竞争力等问题展开的。政府在给予高等教育机构更多自主权的时候，同时要求高等教育机构要筹措较以往更多的经费。在补助高等教育机构更多经费的同时，也必然要求高教满足国家人力资源的需求，对经济发展及竞争力提升要有比过去更多的投入与贡献。近年日益加剧的高等教育产业化趋势首先就遇到了严重的经费问题挑战。

无独有偶，与本项研究评价结果中英国多项指标"靠后"印象相对应，2009 年《泰晤士报高等教育副刊》公布的世界大学排名中，英国大学排名有所下滑，且与美国差距逐渐拉大：排名前 10 位的只有 4 所英国大学，其余全为美国院校。而排名前 200 位的世界大学中，英国仅占 29 个名额，其中有 22 所英国大学的排名比 2008 年退步。对于英国大学竞争力下滑的原因，有英国大学的校长表示，经费不足是导致竞争力下降的主要原因，并认为 2010 年的排名可能还会更差①。

---

① 于冬雪. 经费不足，英国大学排名下滑但不降低入学门槛 [EB/OL]. [2009 - 01 - 04]. http：//www.jyb. cn/world/cglx/200901/t20090104_ 233138. html.

第九章

日本高等教育竞争力分析

信息社会促进了知识经济和全球化的爆炸性发展，在引发了威胁地球可持续发展的重大危机的同时，引起了激烈的知识与智能的世界性竞争。世界人口激增以及 BRICS[①] 新兴经济体的迅速崛起，打破了全球限制与世界格局，发达国家已率先认识到维持经济增长的关键在于创新，纷纷构建以技术革新为动力的国家创新战略，以创造新价值、建立新机制促进社会和国家的可持续发展。日本于 2007 年制定了以知识创造贡献于世界，以创新国家建设为核心的科学技术立国发展战略——"长期战略方针——创新25"[②]，确立了到 2025 年将日本建成富饶、充满希望的美丽国度的发展目标以及如何进行研究开发、社会制度改革、人才培养的中长期发展战略与政策措施。

日本科学技术与学术审议会人才委员会认为："日本目前正处于由追赶型向领跑性过渡的发展阶段，科研人员是直接参与和创造优秀研究成果的主体，无论是从激发经济活力还是从保护知识产权战略的角度，都要不断创造出引领世界发展方向的、独创的研究成果。"[③] 培养什么样的人才，如何培养人才，是创新战略的核心。作为培养世界顶级的优秀研究人才的主阵地，日本高等教育改革与发展的政策措施，是日本国家发展战略的重要组成部分，实现创新国家的人才战略是 21 世纪日本高等教育发展的主要目标。

---

① 金砖五国，指巴西、俄罗斯、印度、中国、南非。

② 《长期战略方针——创新 25》，日本内阁决议，2007 年 6 月 1 日。http：//www. mext. go. jp/a_ menu/ka-gaku/kihon/06032816/001/001. htm.

③ 《培养世界顶级的研究者》，日本科学技术与学术审议会人才委员会第一次提案，2003 年 7 月。

一、日本高等教育竞争力现状

在 53 个国家的高等教育竞争力评估中，日本高等教育竞争力的均值综合指数排在第 5 位，绝对值综合指数排在第 2 位，相对值综合指数排在第 14 位。高等教育规模排在第 24 位，高等教育质量排在第 6 位，高等教育国际化排在第 26 位，高等教育对人力资源的贡献排在第 2 位，高等教育对经济发展的贡献排在第 20 位，高等教育对知识创新的贡献排在第 2 位。在单项指标上，专利数排在第 1 位，科技论文数、每千人专利数均排在第 2 位，25—34 岁受过高等教育人口比例、全职研发人员数均排在第 3 位，高等教育毕业生雇主评价排在第 4 位，在校大学生人数、高等教育同行评价、诺贝尔奖获得者人数、每千人中全职研发人员数均排在第 6 位。这显示了日本不俗的高等教育竞争力。

日本的高等教育入学率是按照高等教育机构入学人数与 18 岁同龄人口的比例计算得出，包括全日制和定时制两种学习形态。根据日本文部科学省发布的《2011 教育指标国际比较》，日本 2010 年度的普通高等教育入学率（包括全日制、通信函授和广播电视大学）为 59.4%，如果将高级职业技术学院以及普通技校高职课程计算在内，其高等教育入学率则已经达到 81.3%，基本实现了高等教育的普及（见表 9.1、表 9.2）。

表 9.1　日本 18 岁人口高等教育入学人数及入学率

		高等教育入学人数（人）				高等教育入学率（%）			
		2007 年	2008 年	2009 年	2010 年	2007 年	2008 年	2009 年	2010 年
大学、短期大学入学人数 A	男	374591	366886	363377	368507	56.4	58.0	58.7	59.2
	女	335054	328591	329589	333867	52.8	54.4	55.6	56.3
	计	709645	695477	692966	702374	54.6	56.2	57.2	57.8
函授、电大入学人数 B	男	381538	372830	370892	376680	57.4	58.9	59.9	60.5
	女	345460	337659	340354	345329	54.4	55.9	57.4	58.2
	计	726998	710489	711246	722009	55.9	57.4	58.7	59.4
技校高职专业课程入学人数 A＋B	男	507243	484711	479871	495981	76.3	76.6	77.5	79.7
	女	501774	480527	479198	492943	79.0	79.5	80.8	83.1
	计	1009017	965238	959069	988924	77.6	78.0	79.1	81.3

数据来源：根据日本文部科学省 2011 年版《教育指标的国际比较》高等教育统计部分整理。
http://www.mext.go.jp/b_menu/toukei/data/kokusai/_icsFiles/afieldfile/2011/03/10/1302640_1_1.pdf.

表 9.2　日本高中毕业生高等教育入学率

		应届毕业生高等教育入学人数（人）				应届毕业生高等教育入学率（%）			
		2006 年	2007 年	2008 年	2009 年	2006 年	2007 年	2008 年	2009 年
普通高中毕业生入学人数 A	男	182971	185717	193844	185534	86.8	86.3	87.2	83.7
	女	171676	173761	178258	175361	88.1	88.0	88.6	86.3
	计	354647	359478	372102	360895	87.5	87.1	87.9	84.9
职业高中毕业生入学人数 B	男	63326	64657	64634	62148	73.4	75.7	75.7	75.8
	女	48275	48830	50773	49200	63.3	66.6	69.5	70.8
	计	111601	113487	115407	111348	68.6	71.5	72.9	73.5
普高＋职高入学人数 A＋B	男	246297	250374	258478	247682	82.9	83.3	84.0	81.6
	女	219951	222591	229031	224561	81.1	82.2	83.5	82.4
	计	466248	472965	487509	472243	82.1	82.8	83.8	81.9

数据来源：根据日本文部科学省 2011 年版《教育指标国际比较》高等教育统计部分整理。http://www.mext.go.jp/b_menu/toukei/data/kokusai/_icsFiles/afieldfile/2011/03/10/1302640_1_1.pdf.

日本文部科学省的统计表明，截至 2010 年底，日本全国共有普通高等教育院校（包括大学、短期大学大专）778 所，其中国立大学（含短大）86 所，地方公立大学95 所；私立大学（含短大）597 所，占日本全国高等教育机构总数的 76.7%，是日本高等教育的主要承担者（见表 9.3）。因此日本的私立大学不仅在推进高等教育大众化过程中发挥着主要作用，同时私立高等教育也是日本高等教育竞争力水平的基本保证。

表 9.3　日本大学数量与办学主体结构

年　度	大学总数（所）	国立大学（所）	公立大学（所）	私立大学（所）	私立大学占比（%）
2000	649	99	72	478	73.7
2005	726	87	86	553	76.2
2006	744	87	89	568	76.3
2007	756	87	89	580	76.7
2008	765	86	90	589	77.0
2009	773	86	92	595	77.0
2010	778	86	95	597	76.7

数据来源：文部科学省生涯学习政策局调查企画课数据。http://www.mext.go.jp/b_menu/toukei/data/kokusai/__icsFiles/afieldfile/2011/03/10/1302640_1_1.pdf.

2010 年度，日本普通高等教育在校生人数为 288.7 万人（其中男生 170.2 万人，女生 118.6 万人；同比增加了 4.2 万人）。本科生 255.9 万人，研究生 27.1 万人，女生比例为 41.1%。私立大学在校生人数占总数比例为 73.4%，与大学结构比例基本一致（见表 9.4）。

表 9.4　在校大学生数量与结构

年度	大学在校生总数（人）	本科生在校人数（人）	研究生在校人数（人）	在校女生人数（人）	女生比例（%）	国立大学在校生数（人）	公立大学在校生数（人）	私立大学在校生数（人）
2000	2740023	2471755	205311	992312	36.2	624082	107198	2008743
2005	2865051	2508088	254480	1124900	39.3	627850	124910	2112291
2006	2859212	2504885	261049	1127474	39.4	628947	127872	2102393
2007	2828708	2514228	262113	1126751	39.8	627402	129592	2071714
2008	2836127	2520593	262686	1140755	40.2	623811	131970	2080346
2009	2845908	2527319	263989	1158390	40.7	621800	136913	2087195
2010	2887414	2559191	271454	1185580	41.1	625048	142523	2119843

此外，日本从 2003 年开始，在国立、公立、私立高等教育机构设立专业学位研究生课程，以培养高级专业技术人才。

2010 年日本高等教育研究生学科结构中，占学科比例前三位的分别是工学（41.5%）、社会学（11.1%）、理学（8.2%）。从统计数据来看，工学比例逐年上升，而社会学比例则呈现逐年递减的趋势。

二、21 世纪日本大学功能定位

日本中央教育审议会在题为《我国高等教育未来发展方向》（2004 年）的咨询报告中，将日本的大学按其职能分为七类：（1）世界级研究与教育基地；（2）高级专业人才培养；（3）各类职业人才培养；（4）综合教养与通识教育；（5）特殊专业的教育与研究（体育、艺术）；（6）地区终身学习基地；（7）社会贡献职能（服务区域社会、产学研结合、国际交流）。

日本中央教育审议会为所有高等教育机构的发展所作出的上述职能定位，表明大学可通过自主选择，逐渐实现个性化、多样化发展，并可以平缓进行大学的功能分化。

将新知识、新技术返还社会造福于民，为区域发展贡献力量，以广泛年龄段为对象进行人才培养等，充分发挥大学的资源优势和人才优势的机会越来越多。高等教育改革使得日本的大学获得了充分的政策空间，只有认清大学自身的存在价值和社会意义，朝着个性化、多样化发展才是大学改革与发展的前提。

日本于 2007 年全面推出了国家创新战略，而大学作为"知识集散地"在国家创新体系建设中发挥着巨大的作用，因此有必要从创新人才培养的视角，重新认识日本大学以及高等教育机构的国家和社会职能以及全新使命。日本的率先发展同时也导致日本率先面临人口发展少子老龄化、能源竞争白热化、地球温暖化等一系列社会和环境问题。为了在 21 世纪的全球化背景下维持社会活力，日本提出了全新的国家发展框架和政策目标。以创造新价值、新观念、新理论的"国家创新"为核心动力，追求国家和社会新的发展，实现 21 世纪的国家发展目标。而高等教育不仅承担着人力资源开发与创新人才培养的主要任务，同时高等教育机构自身的科研优势和人才优势是国家创新体系中主要的科技创新基地。建立适合创新人才培养和创新成果产生的现代高等教育科研和管理体制是构建国家创新体系的重要组成部分。

三、日本高等教育竞争力与发展目标

日本 2007 年制定了"2025 年国家创新基本构想"（简称为"创新 25"）。该计划重点指明了到 2025 年将日本建成富饶、充满希望的美丽国度的计划目标，包括研究开发、社会制度改革、人才培养的短期及中长期政策措施。该计划指出，国家创新不仅仅体现在技术革新层面，还要引入全新的思维、全新的机制，创造出全新的价值，引发社会的重大变化，为此沿用原有的理念和机制将不能满足创新的需要，营造能够最大限度发挥人的创新能力的环境至关重要，政府、民间以及每个国民都要转变传统的价值观念。

"创新 25"强调世界水平的研究人员必须有极高的能力，而作为能力的核心内容包括：独创性、创造性、对未知事物的挑战精神、丰富的感性、主体性课题设定能力、逻辑思维、国际性交流能力，同时面对复杂的国际环境，需要有坚强的意志和坚忍不拔的精神，21 世纪科学技术与社会的关系越来越紧密，所以科研人还必须具备社会说服力和正确伦理观。

制定面向未来的挑战性目标——不受既定模式限制，设定超常目标，向着目标的

反复挑战与失败会带来飞跃性进展，精心呵护勇于挑战的精神是"日本成为创新多发国"① 的重要因素。成功的背后不仅是科学的发现和基础的创新，更重要的是与时代相吻合的社会制度的变革才能催生创新成果与可持续的发展（坚持创新人才培养的前瞻性原则）。

应对全球化与信息化发展——世界各国对以技术革新为动力的国家创新重要性的认识迅速提高，科技成果以最快的速度向国外市场转移以换取经济价值和社会价值的重要性越来越受到广泛关注，仅限于基础研究成果、研究开发成果、专利发明，其经济价值和社会价值的转换是不充分的，更重要的是打造各种知识高度融合、创造出新价值的平台（突出机制创新的重要性）。

重视生活视点——技术革新一般都以追求物质充足、便捷为主要目标。通过创新使国民切实的愿望得以满足，使普通百姓共享创新成果才是创新应有的出发点。得不到纳税人的理解，创新就无法维持。不断认清自己的强项和弱项，认识到生活者的需要，战略性推进经济价值和社会价值的创造，对于国家创新十分重要（强调服务社会是创新的出发点）。

构建有利于创新发展的社会环境——富于创造性的尖端知识往往产生于突发奇想，从大量诺贝尔奖获得者的经历来看，都具有容易标新立异、容易出头、容易发挥的社会环境。必须制造能够使更多的"异议"相互碰撞的机会和环境。未来的社会充满变化与可能，国家政策、企业战略都要得到国际的信赖，以科学依据为立脚点，排除经验主义的干扰。采用独立的政策立案机构、各种委托机构、科学家团体等各方面的意见建议，保证决策过程和执行过程的高透明度极其重要（确保创新发展的宽松环境）。

日本战后60年每年都在进行教育改革，而教育体制背后的教育思想、制度框架并没有大的改变，总体上可分为平等地向社会渗透教育的时代、效仿欧美等成功先例的时代、以第二产业为主的产业经济发展时代。而21世纪将彻底改变上述时代背景下构建的教育体制，从而全面推进国家创新，综合推进科技振兴、科学研究、事业创新和社会进步与开放。而培养具有创新意识和创新素质的优秀人才是国家创新战略的重中之重，冲破既定模式，挑战新事物，创造新价值将成为当代日本高等教育的重要培养目标。

---

① 《长期战略方针——创新25》，日本内阁决议，2007年6月1日。http：//www.mext.go.jp/a_menu/kagaku/kihon/06032816/001/001.htm.

四、日本高等教育竞争力与创新人才培养

日本将主要依靠大学和研究生院等高等教育机构，在知识创造与活用方面发挥主要作用，培养具有丰富的创造意识、广博的视野与灵活的思维的国际性领先人才。为此，日本政府在科学技术振兴基本计划中强调"进一步强化大学的人才培养机能"。各大学的本科阶段要明确自身的个性与特色，在加强通识教育的同时，使通识教育与专业教育密切连接，通过主攻专业与副攻专业的相互组合，构建有特色的专业课程，培养基础理论功底扎实、思维能力灵活、知识运用自如、有实际工作能力的本科毕业生。

大学是诱发创新思维的知识源泉，而许多世界一流大学并不满足于机构内部的智力开发与保有，还不断向外界寻求刺激。在世界一流大学之间已经展开如火如荼的头脑和智力争夺战，纷纷展开海内外大学的联合以及强化与跨国企业的产学研合作，使大学实现了充满活力的变革，已成为吸引有丰富经历的研究人员和优秀学生的竞争与合作据点。"日本的大学不管是否愿意都必须清楚地意识到已经被卷入了这场竞争之中，大学应该对世界更加开放，通过环境整备吸引了大量优秀外国学生前来学习、研究，作为创造新活力的场所而获得新生，成为培养出众多具备活力的多样人才的据点，而同时要提供更多的机会使许多日本学生到海外的大学去学习，不由自主地接触异文化，掌握更广博的视野与知识，并且向他们提供结交国际人脉网络的机会。"[①] 因此，日本高等教育的多样化发展和国际交流的进一步扩大是日本国家发展战略的重要一环。

截至2006年，日本实现了在校研究生数量10年增加2倍以上的量的发展目标。目前日本正在着力强化研究生培养质量的提高。培养什么样的人才，如何培养人才，是日本高等教育创新政策的核心。目前我国专科毕业生比例已占到高等教育毕业生总量的60%以上，而研究生毕业人数虽然近年来激增不止，但由于增长基数较小，目前在高等教育毕业生总量中的比例仅占2%左右。

---

① 《国家创新长期发展方针——创新25》，日本内阁决议，2007年6月1日。http://www.mext.go.jp/a_ menu/kagaku/kihon/06032816/001/001.htm.

表9.5 中日研究生（硕士、博士）毕业数量统计比较（单位：万人）

教育层次	日本 1965—2007 年	中国 1949—2007 年
硕　士	54.03	153.47
博　士	12.00	24.15
专业学位	1.75（新设）	—
总　计	67.78	177.62

数据来源：《文部科学统计要览2007》、《中国教育统计年鉴2007》。

　　日本政府认为，大学是创新人才培养的主阵地，以考分为单一标准的大学选拔对整个教育造成巨大影响，推进选拔方法多样化、评价尺度多元化发展，组织个性化有特色的入学选拔势在必行。为了培养具备多种能力的"出类拔萃"的人才，不仅要改善入学选拔的内容、方法，而且要彻底进行大学教育改革。各大学将以提高课题研究能力为基础，建设专业高水平、视野国际化、有国际竞争力、有吸引力的研究生培养机构，培养掌握高水平的专业知识，具备跨学科适应能力和知识运用能力的高级专业人才。

　　作为高科技人才的主要培养平台，高质量的研究生教育在国家自主创新和提高国家竞争力等方面发挥着巨大的作用，因此受到世界越来越多国家的高度重视。理工科博士学位的授予数量与培养能力已经成为衡量高等教育竞争力和国家自主创新能力的重要指标。以2005年为例，在世界主要国家的理工科博士学位授予数量上"美国以27974人居世界领先地位，中国以14885人跃居第二位，几乎是日本7912人的两倍"[1]，而2007年我国授予的理工科博士学位数量已达到22530人[2]，我国高等教育的长足发展与科技人力资源总量的增长也给日本带来了一定的压力（见图9.1、图9.2）。

---

[1] 日本《平成20（2008）年度科学技术白书》第1部第2章第2节第4款。

[2] 数据来源于《2007年中国教育统计年鉴》。

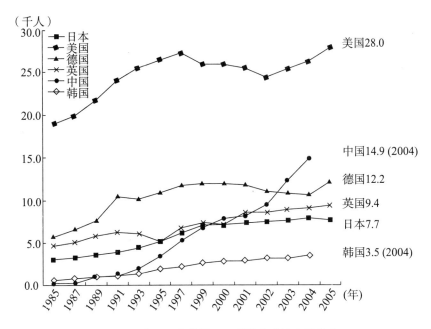

图9.1 主要国家获得理工科博士学位人数推移

注：图中所示主要国家分别为：韩国、中国、英国、德国、美国、日本。

资料来源：日本《平成20（2008）年度科学技术白书》，该图由日本文部科学省参照美国国家科学基金会《科学技术指标2008》（Science and Engineering Indicators 2008）附表 2 - 42、附表 2 - 43 制作而成。

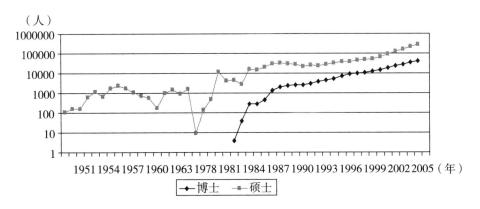

图9.2 我国硕士、博士研究生毕业人数增长

注：1967—1977 年我国硕士、博士研究生毕业人数为 0，故省略。

数据来源：中国科学技术协会调研宣传部等 . 中国科技人力资源发展报告 [M]. 北京：中国科学技术出版社，2009.

推进高等教育的国际化发展是 21 世纪日本高等教育改革的主要措施之一。日本教育界认识到，高等教育不必只限于日本国内，接触不同的文化与价值观反倒会提高作为日本人的自我意识，对异域文化的理解与兼容，是培养开拓型人才的重要因素。在成功实施了"留学生 10 万人计划"之后，日本确立了"留学生接收 30 万人计划"，以培养具有国际化思维与视野，在激烈的国际竞争中立于不败之地的顶尖人才。

五、适度超前的日本高等教育发展目标

日本的人口总数从 2005 年开始呈下降趋势——据统计到 2025 年统计意义上的日本生产人口（15—65 岁）将减少 1350 万。而 65 岁以上高龄人口与生产人口的比例将由 2005 年的 1 : 3 发展到 2025 年的 2 : 1，支撑高龄人口的劳动力人数将大幅度减少。新兴经济体，尤其是中国和印度的发展带来亚洲显著的经济增长，改变着世界经济势力结构。

知识社会、信息社会以及全球化的迅猛发展引发了世界范围内知识与智力（头脑）的大竞争。而地球可持续发展又受到严重威胁——世界人口到 2025 年将会增加到 80 亿，其中以中国、印度为首的亚洲人口将达到 47 亿，2025 年世界将有 40 亿人面临用水危机，世界饥饿人口将会减少，但非洲等最贫困国家和地区依然不能摆脱严峻局面。

世界人口激增以及新兴经济体（金砖国家 BRICS）的迅速崛起，打破了世界的既有格局，发达国家已认识到维持增长的关键在于创新，纷纷构建国家创新战略。如果日本不能维持较高的竞争力，到 2025 年日本占世界 GDP 的比例就会从现在的 15% 下降到 4%。

为此，日本制定了大学改革与人才培养计划：加强大学的研究能力、教学能力，提高大学研究与教学双方面的国际竞争力，重新认识文科与理科的划分，改善高考制度以选拔学习热情高和学习能力强的学生。建设面向世界的开放大学，促进与海外大学的学分互换，扩大双学位制，支持海外优秀人才的接收，打破国籍界限为所有优秀学生发放研究经费。发挥地方大学优势，构建终身学习体系，充实与加强对青年人的培养，大胆资助年轻学者和积极的、具有挑战性的研究课题，建设世界"智库基地"。选拔出类拔萃人才，培养数理人才支持科技创新，提供高精尖的数理学习机会，加强基础阶段的数理教育，构建从基础教育到高等教育的整体化创新教育体系，全面培养观念创新、理论创新以及价值创造型人才。

六、创新战略中的日本高等教育改革措施

日本国家创新战略中包含多项直接涉及高等教育改革与发展的具体政策和措施，从这些措施中可以看出高等教育的发展对国家战略具有重要意义。

（1）"21 世纪 COE 计划"（21 century Center of Excellence）

为了把日本的大学建设成世界一流水平，进一步加强竞争性因素，在国立、公立、私立大学之间通过竞争促进教育研究的活性化，通过第三者评价的竞争性机制，重点支援世界先进水平研究教育基地（大学院博士课程水平），加快具有国际竞争力的世界最高水平大学建设。此计划于 2002 年开始实施。

（2）"环球 COE 计划"（Global Center of Excellence）

为进一步发挥与提高大学院等教育研究机构的教育研究功能，在世界最高水平的研究平台上培养世界领先的创新性人才，重点支持国际领先的优秀教育研究基地建设，以加快具有国际竞争力的重点大学、重点学科的建设步伐。2007 年继 "21 世纪 COE 计划" 之后开始实施，为期 5 年。

（3）"魅力大学院①教育" 推进计划

为适应现代社会的需求，加强对富有创造性的年轻研究人员的培养，对于大学院积极独创的教育举措 "魅力大学院教育" 进行重点扶持，以加强大学院教育课程的系统性展开与规范性教学，促进大学院教育的实质性提高。此计划于 2005 年开始实施。

（4）促进实践型人才培养计划（服务创新型人才培养）

为了培养符合社会需求的、能够创造出新产业的、富有创造能力的实践型人才，大学、短大、高等专科学校通过产学联合，在实践环境中开发、实施教育课程，加强大学的实践型人才培养能力，将 "派遣型高级人才培养合作计划"、"手工制作技术人才培养支持计划" 与 "服务创新人才培养推进计划" 整合成三位一体的 "产学联合实践型人才培养计划"。

（5）促进专业大学院高级人才培养计划

支持国立、公立、私立大学与产业界、学术界、职业技能团体联合，积极探索有效的教育方法与培养途径，在所有国立、公立、私立大学之间通过公平竞争，选出重点基地予以扶持，以推进高等教育机构对于法律、医疗、工程等高级专业技术人才的

---

① 日本的本科以上研究生层次的教育机构称为大学院（研究生院）。

培养。

（6）加速高等教育国际化发展计划

根据各大学国际化目标的战略构想，充实教育内容，提高教育水平，创造本国学生与留学生切磋交流的环境，以加强高等教育国际竞争力和提高国际通用性和共同性。该计划分为"综合战略型"和"交流项目开发型"两类。"综合战略型"主要支持与海外大学学分互换，双学位制等双方协作，英语教学的系统性教育计划的开发、实施，以及与各大学的国际化战略相关的综合性、系统性战略措施的实施等。

（7）提高高等教育质量推进计划

以积极配合大学设置基准改革为前提，从各大学、短大、高等专科学校申请的与提高教育质量有关的教育措施中选取优秀案例，进行重点财政支持，以保证全国的高等教育质量，加强国际竞争力。

（8）领先型IT专家培养计划

打破大学之间以及产学之间的界限，会聚潜在能力，通过强化教育内容、教育体制，培养世界顶级IT人才必备的专业技能，同时兼备对社会变化的前瞻性认识，能对企业经营起引领作用的专业人才。该计划对领先型IT专家培养基地建设给予重点支持。

在实现了经济发展和赶超欧美各国的发展目标之后，日本正面临如何构建适应全球化发展、充满活力的成熟社会体制的新课题。21世纪高等教育的发展方向对于世界任何一个国家而言都是一个缺少前车之鉴的探索性课题，日本教育界一些人士认为"21世纪的日本高等教育是一道无解的难题"。然而，从日本国家发展战略中高等教育改革与发展的相关政策与措施以及日本中央教育审议会为日本高等教育所作的功能定位，不难看出以创新机制推进高等教育国际化，提高质量培养创新人才和顶级人才是日本高等教育未来20年的基本目标和发展方向。

第十章

韩国高等教育竞争力分析

一、韩国高等教育竞争力现状

韩国政府和社会各界将"教育立国"作为国家重要发展战略之一，不遗余力地发展各级各类教育，其中高等教育作为培养国家高级人才的主要阵地而受到高度重视并得到迅速发展。1996 年，韩国高等教育毛入学率达到 67.7%，已经超过了 50% 的普及化界线。2007 年，韩国的高等教育毛入学率达到 96%，远远高于同样进入了高等教育普及化阶段的亚洲近邻日本（58%），居于世界第一位，成为世界上高等教育发展速度最快的国家之一。

根据 2006 年的数据，韩国有各类高等教育机构 1300 多所，教师近 7 万人，学生 350 余万人。2008 年，韩国获得硕士、博士学位的毕业生共计约 8.2 万人，比 2007 年增长了 3.9%（3000 余人）。其中，硕士学位毕业生约 7.3 万人，博士学位毕业生接近 1 万人，均呈持续增长趋势。

根据本课题组对世界主要国家高等教育竞争力的排名计算，2011 年度韩国高等教育竞争力均值综合指数为 37.03，在所选 53 个国家当中排名第 14 位，位于参加排名的亚洲国家的第 3 名（第 1 名日本 43.11，总排名第 5 位；第 2 名新加坡 41.56，总排名第 7 位）；绝对值综合指数为 29.43，在所选国家当中排名第 15 位（日本 42.59，排名第 2 位；新加坡 33.31，排名第 8 位）；相对值综合指数为 44.63，在所选国家当中排名第 13 位（日本 43.62，排名第 14 位；新加坡 49.81，排名第 7 位）。

在本课题设定的高等教育竞争力指标当中，韩国排名前 5 位的指标有：

每千人中在校大学生人数 66.68 人 第 1 位

高等教育毛入学率	93.68%	第2位
每千人专利数	1.23 项	第1位
专利数	59335 项	第3位
25—34 岁受过高等教育人口比例	53%	第5位

除了以上所列，排名前 10 位的指标有：

全职研发人员数	21.5 万人	第7位
在校大学生人数	320 万人	第8位
高等教育同行评价	601.00	第9位
科技论文数	16396 篇	第10位

韩国在本课题指标排名中位次居中的指标（第11—30 位）有：

高等教育毕业生雇主评价	391	第14位
每千人中全职研发人员数	4.47 人	第21位
每千人科技论文数	0.34 篇	第24位
大学与企业的合作	4.25	第30位

韩国在本课题指标排名中位次较靠后的指标（第31—53 位）有：

每一千居民中外国留学生人数	0.46 人	第33位
大学教育是否满足竞争经济的需要	3.95	第47位
诺贝尔奖获得者人数	0 人	第25位

由这些数据可以看出，韩国高等教育在数量规模的发展上居于世界前列，而对于其质量的评价也比较靠前，但是反映高等教育国际化的"每一千居民中外国留学生人数"指标则较为靠后。总体来看，韩国高等教育的发展水平还是处在比较高的水平。在反映高等教育对人力资源的贡献的几个指标当中，除了"诺贝尔奖获得者人数"为 0 而与其他 28 个国家共同排在第 25 位之外，其他三项指标中有两项，即"25—34 岁受过高等教育人口比例"和"全职研发人员数"分别排在第 5 位和第 7 位，另一项指标"每千人中全职研发人员数"排在第 21 位。而韩国在反映高等教育对经济发展的贡献的两项指标上则排名比较靠后，"大学与企业的合作"排在第 30 位，"大学教育是否满足竞争经济的需要"指标仅排名第 47 位，列倒数第 7 位。虽然这两项属于软指标，在很大程度上取决于打分者的主观判断，但至少可以说明产业界对于韩国高等教育在对经济发展贡献的表现上颇为不满。在反映高等教育对知识创新的贡献的四项指标中，除"每千人科技论文数"一项排在第 24 位以外，其余三项"专利数"、"每千人专利数"以及"科技论文数"均排在前 10 名，特别是前两项指标还分别排在第 3 位和第 1

位，在一定程度上反映出韩国高等教育对于知识创新的贡献程度是比较高的。

二、韩国高等教育发展状况与主要特征

1. 韩国高等教育的数量与规模发展

韩国的高等教育是伴随着社会经济的发展而迅速发展起来的。在二战后初期，韩国高等教育十分落后，1945 年，全国仅有 19 所高等学校，学生不足 8000 人，教师 1400 余人。1991 年，韩国高等学校数量发展到 273 所，学生 176 万余人，教师近 4.5 万人，这三项分别是 1945 年的 14.4 倍、225.3 倍和 30.2 倍。而到 2006 年，韩国有各类高等教育机构 1300 多所，学生 350 余万人，教师近 7 万人，分别是 1945 年的 73.2 倍、453.5 倍和 46.4 倍。表 10.1 显示了韩国高等教育数量的发展。

表 10.1 韩国高等教育数量的发展

年 份	学校数（所）	学生数（人）	教师数（人）	每名教师负担的学生数（人）
1945	19	7819	1490	5.2
1950	55	11358	1100	10.3
1955	74	84996	2626	32.4
1960	85	101041	3803	26.6
1965	114	141636	6801	20.8
1970	168	177996	9265	19.2
1972	173	195349	10368	18.8
1975	198	238719	11416	20.9
1980	236	601994	20900	28.8
1982	255	947334	27616	34.3
1988	260	1630154	42346	38.5
1991	273	1761775	44937	39.2
1995	754	2340000	58977	39.7
2000	1184	3360000	79136	42.5
2006	1391	3545774	69201	51.2

资料来源：张晓鹏. 高等教育：韩国经济腾飞的"翅膀"［J］. 比较教育研究，1996（1）：19；程爱洁. 韩国高等教育的发展历程及特点［J］. 上海理工大学学报：社会科学版，2005（3）：72.

2. 韩国高等教育的发展历程

对于韩国教育的发展历程，孙启林将二战后至 1990 年分为三个时期，即"膨胀混乱期"（1945—1960 年）、"整顿控制期"（1961—1969 年）和"改革发展期"（1970—1990 年）①。张开芬、王雪燕将 1970—1990 年这段时期又划分为"改革试验期"（1970—1980 年）和"改革与扩充期"（1980—1990 年），将 1990 年以来作为"自律化、多样化与特色化时期"②。

二战后初期至 20 世纪 50 年代，韩国处于经济整顿、恢复时期，政府无暇顾及高等教育的发展，对高等教育采取了自由放任的态度，其结果激发了民间的办学热情，高等教育发展迅速。1950 年韩国高校达 55 所，学生数 1.1 万余人，与 1945 年相比，均有大幅度增长。50 年代末，韩国高等学校及学生的数量分别是 1945 年的 4 倍多和 10 余倍，但同时高等教育的发展也带有一定的盲目性，大量大学毕业生就业困难，失业率一度高达 60%。

20 世纪 60 年代，朴正熙军事政权对高等教育采取控制和整顿的政策。从 1961 年开始，关闭了 20 所四年制大学，高校学生数在 1962 年、1963 年分别递减 14% 和 14.5%。同时配合政府以轻工业产品出口加工为主的外向型经济的需要，新建了一批以培养产业技术人才为目标的五年制高等专科和两年制的初级学院。1963 年韩国政府颁布《私人学校法》，加强对私立高校的监督、统管和规范。1965 年颁布了《大学生额定法》和《学位登录制》，加强对高等教育招生总数的控制。1969 年又实行全国大学新生入学统一考试，规定考试合格者才能申请入学。同时根据市场的需求，调整高校的科类结构，缩减文科，增加理科③。

进入 20 世纪 70 年代以后，为了进一步满足经济社会发展对专门人才的需求和顺应世界高等教育改革的潮流，韩国政府加大了高等教育改革的力度。1972 年政府以国立汉城大学为"实验大学"进行了全方位的改革：加强教学管理；改革招生制度（把"学科定额招生"改为"大学科定额招生"）；拓宽学生知识面（实行"主辅修制"和"双学位制"）；改革教师聘用制度（引进美国的"教授任期制"）；改革学分制（把 160 学分获学士学位改为 140 学分）；等等④。1973 年韩国实验大学为 10 所，1980 年增加到 43 所，1981 年把实验大学的经验推广到所有四年制大学。70 年代中期，韩国人

---

①　孙启林. 韩国高等教育发展战略及措施 [J]. 外国教育研究，1992（4）：33 – 34.

②　张开芬，王雪燕. 韩国高等教育大众化对我国高等教育发展的启示 [J]. 现代教育科学，2008（3）：57.

③　谢作栩. 韩国高等教育大众化的发展历程与特征 [J]. 外国教育研究，2002（1）：6.

④　袁韶莹. 当代韩国高等教育述要 [J]. 吉林教育科学·高教研究，1996（5）：23.

均国民生产总值增长很快，1975 年为 591 美元，1976 年为 800 美元，1977 年为 1028 美元。在人均收入 800—1000 美元期间，1976 年每 10 万人口中大学生数为 922，高等教育毛入学率约为 12%。其发展规模和速度，不仅超过了绝大多数发展中国家，而且也超过了部分发达国家①。

　　20 世纪 80 年代以后，韩国为适应劳动密集型向技术知识密集型升级的产业转型对人才结构的变革需要，加大了高等教育改革和发展的力度。政府通过增加教育经费的投入、扩大高等教育的规模、重点举办高等职业技术教育、创办开放大学等措施，有力推进了高等教育大众化的进程。同时，为了配合国家工业化的发展需要，韩国政府努力改变长期以来重文轻理的传统，着重发展理工科专业。1968 年通过《产学合作法》，旨在加强大学中的理工科教育及研究。1965—1980 年间，在韩国的本科大学和研究生院中，就读于理学、工学的学生比例相对稳定在 35% 左右，而就读于社会科学的学生比例则从 27.5% 下降到 17.9%，减少了近 10 个百分点；专科大学中就读于理学、工科的学生比例超过了文科，且逐年攀升，1975 年达到顶峰 79.6%②。此外，从 1981 年起，韩国高等教育还一度进行了一项重要改革，即把招生定额改成毕业生定额制，实行宽进严出的淘汰制，在招生时允许超招 30%，而在校学习期间达不到一定成绩要求的学生，不能准予毕业。这项措施是为了维持学生发奋学习的动力和培养竞争意识，保证高等教育质量。但这项改革引起很大争议，收效不大。1988 年，考试制度又改回入学定额制，由 30% 的中学学习成绩和 70% 的入学考试成绩，加上面试成绩来决定学生是否入学。

　　20 世纪 90 年代以来，鉴于高等教育适龄人口的下降、青年升学压力的减轻，韩国高等教育改革开始建立面向全体人民普及高等教育的多样化终身学习社会的教育制度。韩国教育部 1995 年颁布《大学教育自主化方案》，采取招生定额自主化，在国家最低基准下的大学自由设置，扶持如农、林、水系列的有办学特色的大学等措施。此改革方案促进了韩国的大学教育管理从政府主导型过渡到大学自治型，有力地促进了 90 年代韩国高等教育规模的大发展。1995 年，韩国高等教育毛入学率达到 52%，1996 年高达 60.3%，标志着韩国高等教育进入了"普及阶段"③。

　　从 20 世纪末至 21 世纪初，韩国顺应经济全球化的形势要求，努力提高高等教育的

①　周满生. 韩国 50 至 80 年代高等教育规模和速度的发展与改革述评 [J]. 中国高教研究，1993（4）：90.
②　戴艺萌. 试论韩国经济起飞时期的高等教育 [J]. 煤炭高等教育，2010（1）：79.
③　谢作栩. 韩国高等教育大众化的发展历程与特征 [J]. 外国教育研究，2002（1）：8.

总体竞争力，实行了"21 世纪智力韩国计划"、"大学改组重构计划"、"新大学区域创新工程"、"世界一流大学计划"等一系列促进高等教育发展的措施。

3. 韩国高等教育发展的主要特征

（1）高等教育发展迅速，办学形式多样化

韩国二战后在高等教育基础极为薄弱的情况下，经过政府和社会的共同努力，高等教育得到迅速的发展，在 50 年内跨越了大众化和普及化的两大阶段。1980 年，韩国大学毛入学率为 15.9%，进入了高等教育大众化阶段；1995 年，大学毛入学率超过 50%，跨入了高等教育普及化阶段。进入 21 世纪以来，韩国高等教育的发展速度之快，更是在全世界的位置独占鳌头。2007 年，韩国高等教育毛入学率达到 96%，居于世界第 1 位。

韩国高等教育在迅速发展的同时，呈现出办学形式多样化的特点。高等教育机构主要有以下几种类型：

①大学校（University）和学院（College）。大学校即综合性大学，含少部分学院，设有研究生院和研究所，均可招收研究生，所以规模较大。大学校一般采用 4 年学制，医药类为 6 年。

②大学院（Graduate School）。大学院即研究生院。韩国的研究生院分为普通研究生院、专门研究生院和成人研究生院，前者属于综合性机构，后两者分别为专业性机构和继续教育机构。大学或大学校附属的研究所、教育大学、产业大学等机构可以设立大学院。

③教育大学（Teachers' College）。韩国教育大学的前身是 1980 年以前的两年制师范学院，教育大学都是国立高等学校，主要培养小学和中学教师，提供免费教育，学生毕业后必须到中小学至少任教 4 年。此外韩国还拥有一所融教员培养、教员进修、教育研究于一身的新型师范大学——国立韩国教员大学（成立于 1985 年）。

④专科大学（Junior College）。专科大学是实施 2—3 年职业教育的高等学校，也称初级学院。专科大学自 1979 年正式组建以来发展速度很快，截至 2008 年，全国已有 147 所专科大学，其中国立 2 所，公立 8 所，私立 137 所。

⑤产业大学（Open College）。产业大学即开放大学，是在原有工业/产业开放大学基础上改建而成的。第一所开放大学是 1982 年成立的汉城京畿工业开放大学。

⑥广播函授大学（Air and Correspondence University）。韩国广播函授大学的前身是 1972 年附设于国立汉城大学内的一所两年制初级学院。1982 年独立建校，该校既开展学士学位教育，也提供非学士学位课程。

⑦虚拟大学（Online University）。虚拟大学即网络大学，根据1997年制定的《虚拟大学法》，由高丽大学、延世大学、汉阳大学和世宗大学等大学筹建，并于2000年首次招生（6220人），以应用型专业为主①。

（2）以私立学校为主，民间和社会力量发挥着举足轻重的作用

在韩国高等教育体系当中，私立学校约占4/5的比重，占了绝大多数。私立高校在缓解公共教育经费紧张、发展高等教育大众化和普及化的过程中起到了至关重要的作用。

根据相关研究资料，韩国高等教育费用的10%来自政府资助，其余部分则来自学生学费及社会捐资等，其中绝大部分是学生缴纳的学费。现在韩国私立大学学生学费占学校经费的比率，虽然与1985年的82.3%相比已有很大幅度的下降，但2005年度的这一比率仍然接近67.4%②。私人缴纳学费的比率之大，表明韩国民间和社会力量在高等教育发展中发挥着极为重要的作用。

在韩国，就业者的工资随着学历层次的提高而明显增加，这对于吸引人们接受高等教育极为有利。1977年，韩国初中毕业生平均年工资为53889韩元，高中毕业生为88939韩元，大专为131112韩元，本科为204944韩元。工资上的这种差距是政府政策倾斜的结果，有利于刺激人力资源的开发，使全体国民都重视高等教育，增加经济发展的潜力③。

从文化传统的角度来看，作为东亚儒教文化圈的主要国家之一，韩国素有重视教育的文化传统，从政府部门到民间百姓，为了兴办教育或接受教育，都不遗余力地投入人力、物力和财力，普通民众对于教育尤其是高等教育的热情之高，是其教育事业得以快速发展的重要动因。例如，近十多年来，韩国教育经费占国民生产总值的比例始终保持在7%左右，而教育投资的构成当中，私人投资的比重占了一半左右。韩国教育开发院院长韩钟河在回顾韩国50年教育发展的成就时说："私人负担的教育经费在增长规模上超过了政府的教育经费，它是韩国教育发展不可缺少的支柱。如果没有私人负担的教育投资，韩国初、中等教育的普及和高等教育的发展都是不可能的。"④

（3）将高等职业教育作为高等教育的重要组成部分而予以高度重视

韩国政府十分重视发展高等职业教育，早在20世纪50年代就建立了一批两年制的

---

①　张玉荣，刘光华. 韩国高等教育的主要特征及其对我国的启示 [J]. 江西行政学院学报，2006（3）：76.

②　黄海华. 韩国私立高校的发展及其启示 [J]. 黄河科技大学学报，2010（2）：9.

③　张晓鹏. 高等教育：韩国经济腾飞的"翅膀"[J]. 比较教育研究，1996（1）：22.

④　张晓鹏. 教育：韩国打开OECD大门的钥匙 [J]. 上海教育，2007（10B）.

初级学院，60 年代陆续开设了一批实业高等专科学校。为适应经济社会发展需要，韩国政府在 60 年代还注意压缩普通高校，发展职业高校，初步建立一套独立的高职教育体系。1978 年，韩国政府制定了第二个长期综合教育十二年计划（1979—1991 年），要求加速培养高级职业技术人才。为此，教育部决定把各种初级学院、专门学校、实业高专一律改造成为招收高中毕业生的 2—3 年的专科大学。实践证明，专科大学这种办学形式有利于多快好省地培养高级职业技术专门人才，因而，受到社会各界的普遍欢迎①。

韩国政府为了加强对高职教育和高职培训的管理，保障高职教育长期健康地发展，非常重视高职教育的立法工作。1963 年的《产业教育振兴法》、1967 年的《职业培训法》、1969 年的《科学教育振兴法》、1973 年的《国家技术资格法》、1974 年的《职业训练特别措施法》、1976 年的《职业培训基本法》和《职业培训资金法》以及 1995 年修订的《技能大学法》等等，形成了一个较为完备的体系。1996 年韩国政府通过的《职业教育和培训促进法》规定，政府应建立高职技能评估方案，对高职学校的办学条件、师资力量和质量效益等方面进行定期或不定期的监督评估。2000 年实施的《建立新的职业培训体制的相关法律法规案》明确了韩国职业教育改革的重点和目标，构建了职教与企业、职高与普高、中职与高职、高职与普通大学、职业教育与研究生教育等相互沟通相互衔接的新模式，确定了终身教育的新体制框架②。

韩国的高等职业教育不仅是职业教育的组成部分，同时也是高等教育的重要组成部分。正如联合国教科文组织职业技术教育和培训国际中心的研究报告所指出的，韩国的职业高等教育一直是高等教育体系中必不可少的一部分，其专科大学从建立之初就开始提供本科层次的职业导向课程，并授予副学士学历。政府通过相关的质量规章制度对其进行控制，这包括师生比、教师资格和学校设施等方面。此外，与日本和其他同类国家相比，韩国的大部分职业高等教育机构都是由国家主办的，政府对于本国职业教育体系的发展发挥着积极的作用，专科大学在严格的管制下，主要培养具有深厚理论基础和实践技能的技师③。

（4）注重使高等教育发展与经济社会发展的需要相互协调和适应

韩国从 20 世纪 60 年代起，配合政府出口导向型战略的需要，强调培养大批优秀技

---

① 袁韶莹. 当代韩国高等教育述要 [J]. 吉林教育科学·高教研究，1996（5）：25.

② 范兴奎，陈倩华. 韩国高职教育的特点及对我国的启示 [J]. 宁波职业技术学院学报，2003（6）：44.

③ UNEVOC. 当代日本和韩国职业高等教育地位的变迁（一）[J]. 联合国教科文组织职业技术教育和培训国际中心专讯，2009（6）.

术人员和技术工人以促进产业的发展。在第一个五年计划（1962—1966 年）中，韩国政府逐年增加自然科学和工程技术专业的招生人数，同时限制人文、社会科学专业的人数，并在全国各地新建科技院校。

20 世纪 70 年代，韩国产业结构从轻工业向重工业转变，针对产业结构的转型升级，韩国政府相继制定第一个（1972—1986 年）和第二个（1979—1991 年）长期综合教育发展规划，确定了培养技工 77.8 万人、中等技术人员 9.6 万人、高等技术人员 4.1 万人的教育目标[①]。同时，新设和增设工科大学及大学工学院，加大科学技术人才的培养力度。1972 年，韩国成立广播函授大学，招收在职人员，进行职业技术培训，大力发展成人教育和继续教育。

20 世纪 80 年代，随着技术和知识密集型产业的发展，韩国政府力图使经济由总量增长型转向质量效率型，提高国家的整体竞争力。为此，加大了高等教育的改革力度，增加公共教育投入，继续扩大高等教育规模，并调整文理科结构，扩大理科招生规模。1980—1990 年，韩国高校在校生从 60 万猛增到 149 万，文理科学生的比例也由 6∶4 变为 4∶6[②]。

进入 20 世纪 90 年代，随着适龄人口比例的下降，韩国高等教育改革开始建立向社会全体人普及高等教育的"多样化的终身学习社会"的教育制度。1995 年韩国教育部颁布的《大学教育自主化方案》推行自主化办学和多样化办学的政策，促进多样化、特色化的大学办学模式。此改革方案促进了韩国的大学教育管理从政府主导型过渡到大学自治型，因此这个改革方案被誉为"划时代"的改革标志[③]。

三、韩国提升高等教育竞争力的主要举措

自 20 世纪末开始，韩国在全球经济一体化和国际竞争日趋激烈的形势下，再次确立了"教育立国"的战略方针，为了培养富有竞争力的高层次人才，加大了高等教育改革的力度。十多年来韩国政府相继出台了一系列高等教育改革措施，包括"21 世纪智力韩国计划"、"大学改组重构计划"、"新大学区域创新工程"、"世界一流大学计划"等。

---

① 于兵兵，曾晓萱. 韩国大力发展与经济相适应的高等教育 [J]. 科技导报，1996 (12)：41.
② 程爱洁. 韩国高等教育的发展历程及特点 [J]. 上海理工大学学报：社会科学版，2005 (3)：72.
③ 谢作栩. 韩国高等教育大众化的发展历程与特征 [J]. 外国教育研究，2002 (1)：8.

1. "21 世纪智力韩国计划"

"21 世纪智力韩国计划"（Brain Korea 21，简称"BK21 工程"）是旨在建设世界一流水平的研究生院和地方优秀大学，培养 21 世纪知识经济与信息化时代所需的新型高级人才和国家栋梁的高等教育改革工程。韩国政府为制定这一计划对中国的"211 工程"以及美国、日本等国加强大学科研力量的举措进行了广泛的调研。这一工程有三个主要的目标：（1）有重点地培养一批具有世界水平的大学院，即研究生院，为社会发展提供优良的技术和创意；（2）有重点地建设一批地方优秀大学，加强地方高校的竞争力；（3）提倡和鼓励大学教育机构广泛培养社会所需要的专门人才，创造一个公平的竞争机制，即在高校之间的竞争中，评价某所大学不能以"是不是名牌学校"为标准，而要看学校科研成果的数量和质量以及学生的实际能力。以此为核心，韩国还提出了加强国际教育交流与合作，建立严格的高校管理制度和大学教授业绩评价制度以及到 2002 年为止建立一套比较完善的大学入学制度等任务。

"BK21 工程"涵盖了 4 个学术领域，即：应用科学——信息技术、生命工程、机械与材料；艺术与社会科学——韩国学研究与文化；特色（传统）科学——韩医药学（源于中医学、中药学）及发酵食品；新兴产业科学——设计、影像动画等。按照"BK21 工程"中的计划，韩国政府在 1999—2006 年的 7 年内投资 12 亿美元，用于以下三方面：（1）培养和建设具有世界一流水平的研究生院和地方优秀大学，主要支持科学技术、人类学及社会学等方面的研究和地方大学建设。为此，韩国政府在 7 年内每年投资 1.7 亿美元。（2）开发高校研究生院的科研潜力，投入 4200 万美元。（3）加强学术研究的基础设施建设，为各项学术研究领域，特别是基础学科的研究工作提供财政支持，投资 4200 万美元①。

2. "大学改组重构计划"

"大学改组重构计划"（University Restructuring Plan）是韩国教育人力资源部在 2004 年 8 月宣布的一项计划，鼓励大学通过合并或兼并、战略联盟和改组重构的方式在各自的学术领域实现专业化，以提升大学的竞争力，即支持高水平的强学科领域和改组社会需求较小的弱势领域。2006 年，有 12 所大学被合并成 6 所：釜山国立大学和 Miryang 国立大学合并；Chonnam 国立大学和 Yosu 国立大学合并；Kangwon 国立大学和 Samchok 国立大学合并；Chungju 国立大学和 Chungju 国立科学和技术学院合并；韩国大学和韩国大学健康科学学院合并；Gachon 医药科技大学和 Gachongil 学院合并。为鼓

---

① 孟宪华，牟为娇．"BK21 工程"与韩国高等教育改革 [J]．东北亚论坛，2004（4）：43 – 44.

励大学改组重构，2005 年韩国政府投资 800 亿韩元给领导改革和发展且具有高生长潜力专业的大学，2006 年后根据项目实施结果资助资金进一步增加①。

3. "新大学区域创新工程"

"新大学区域创新工程"（New University for Regional Innovation，NURI）是韩国教育人力资源部从 2004 年起实施的一项计划，该工程是韩国加强产学联盟的重大举措，其目的是提高地区大学的能力建设，推动地区创新发展和人力资源开发，主要对象是首尔地区以外的大学，采取绩效拨款机制。按照计划，韩国在五年内投资 1.4 兆韩元，2004 年投资 2200 亿韩元，2005 年投资 2400 亿韩元，2006 年投资 2700 亿韩元，韩国204 所地方性大学中有 109 所参与实施这一计划②。

4. "世界一流大学计划"

"世界一流大学计划"（World Class University，WCU）是韩国在"BK21 工程"等计划之后实施的又一个旨在建设世界一流水平大学的国家级项目，其经费支援的类型有三类，包括对开设新的专业、学科的支援（类型 1），对招聘个别教授的支援（类型2）和对招聘世界级大师的支援（类型 3）。该计划从 2008 年到 2012 年总支援额为8250 亿韩元，每年支援 1650 亿韩元。支援项目分为人事经费、研究经费和间接经费。具有项目申请资格的是大学教授或研究团队，并由大学校长签署保证书。项目评审要经过专业小组评审、国际同行评议及综合小组评审三道程序。其中，专业小组评审的结果占 60%，国际同行评价占 30%，综合小组评审的结果占 10%。该项目的总管理委员会由各学术领域的专家以及经济、企业界及舆论界人士共 16 人组成，受教育科学技术部长官的委托，负责对项目整体的咨询、审议工作③。

2008 年 12 月 2 日，韩国教育科学技术部公布了"世界水平研究型大学建设计划"的第一期评选结果，共有 18 所大学（包括 4 所地方大学）的 52 个项目入选，其中包括第一类型的 26 个项目和第二类型的 26 个项目。这些项目中新设学科专业 26 个，涉及人文社会、自然科学、生命科学及工学四个主要领域。通过这次 WCU 项目，韩国引进 284 名海外学者到国内的大学工作（第一类型 161 名、第二类型 42 名、第三类型 81名）。这其中包括 2 名诺贝尔奖获得者，即 1984 年诺贝尔物理学奖获得者鲁比亚（Carlo Rubbia）和 2006 年诺贝尔物理学奖获得者斯穆特（George F. Smoot）。韩国教育

---

① 蒙有华. 韩国提高高等教育国际竞争力的新举措［J］. 世界教育信息，2006（9）：12.
② 蒙有华. 韩国提高高等教育国际竞争力的新举措［J］. 世界教育信息，2006（9）：13.
③ 索丰. 韩国"世界水平研究型大学建设计划"评析［J］. 外国教育研究，2009（12）：48 – 49.

科学技术部又于 2008 年 12 月 18 日公布了第二期"世界水平研究型大学建设计划"公告，计划对全国性课题中以人文社会科学为中心的课题支援 70 亿韩元，以理工科为中心的课题支援 20 亿韩元；地方性的课题支援 180 亿韩元①。

四、韩国提升高等教育竞争力的启示

韩国高等教育在二战以后经历了从膨胀到控制，再到改革发展的阶段，取得了令人瞩目的成就，也积累了值得别国借鉴的经验。

1. 依靠法律体系的建设来规范、引导和促进高等教育的发展

韩国注重高等教育法律体系的建设，这是值得我们借鉴的经验之一。它除了在 1949 年颁布的教育基本法典——《教育法》中对包括高等教育在内的各级各类教育作出了规范性的规定以外，自 20 世纪 50 年代以来还颁布实施了有关高等教育的一系列专项法令：《大学设置基准令》（1955 年）、《高等学校设置法》（1956 年）、《大学生定员令》（1965 年）、《学位登记制》（1965 年）、《汉城大学综合化方案》（1969 年）、《引进教授任期制》（1973 年）、《学术振兴法》（1979 年）、《韩国教员大学设置令》（1984 年）、《虚拟大学法》（1997 年）和《高等教育法》（1998 年）。与高等教育有关的私立教育法规有《私立学校法》（1963 年）、《私立高等学校财务政策》（1969 年）、《私立学校教师退休实施法》（1973 年）和《私立学校教师健康保险法》（1977 年）②。

完备的高等教育法律体系一方面为韩国高等教育提供了促进的动力和规范的依据，同时它也是韩国高等教育比较发达的一个标志。为了使高等教育法规趋于完善并符合现实情况的要求，韩国还根据教育改革与发展的形势变化对高等教育法规进行了多次修改。例如，截至 1993 年和 1997 年，韩国分别对《私立教育法》和《教育法》修订了 18 次和 38 次③。

2. 制定高等教育发展战略计划，促进重点区域和地方高等教育全面发展

韩国从 20 世纪 70 年代起就根据产业发展和人力资源的状况，相继制定了第一个长期综合教育计划（1972—1986 年）、第二个长期综合教育计划（1979—1991 年）等教育综合发展规划，并在国家发展各个五年规划当中就教育发展进行了规划。有关高等

① 索丰. 韩国"世界水平研究型大学建设计划"评析 [J]. 外国教育研究，2009（12）：50.
② 王留栓. 中、韩高等教育发展战略比较研究 [J]. 现代教育科学，2003（4）：74.
③ 王留栓. 中、韩高等教育发展战略比较研究 [J]. 现代教育科学，2003（4）：74.

教育的发展战略不仅在这些规划当中有所体现，而且韩国政府还制定了一系列专门的高等教育发展战略规划，如"21 世纪智力韩国计划"、"大学改组重构计划"、"新大学区域创新工程"、"世界一流大学计划"等。1998 年，韩国成立总统教育改革委员会，并直属于总统领导；1999 年，该委员会制定指导性文件《教育发展五年规划》，明确了大学在国家经济建设中的作用，提出要以提高大学竞争力作为提高国家综合竞争力的主要途径。

韩国高等教育发展规划的制定，注重结合社会经济的发展状况，调整高等教育的发展规模、速度与结构。同时，既重视首尔等核心与重点区域的高等学校建设，也关注地方性大学的发展，如"新大学区域创新工程"就是为提高地区大学的能力建设，推动地区创新发展和人力资源开发而实施的规划项目。在关注重点区域的同时促进各地高等教育的整体发展，有利于全面提高国家高等教育的总体实力和竞争力，这也是值得我们借鉴的经验之一。

3. 下放管理权限以提高办学自主权，推进大学的多样化、个性化发展

1995 年韩国教育部颁布的《大学教育自主化方案》，就包含大学自主化招生、根据国家规定的最低设置基准自由设置大学以及国家集中力量扶持各地有办学特色的大学等措施。这一方案的出台，对于韩国高等教育在 1995 年进入普及化阶段后又有大幅度的规模发展起到了推动作用。

1999 年起，韩国各大学自主享有批准大学学位的权利。2002 年开始，韩国新建高校的审批权从教育部下放到大学设置审查委员会，政府不再控制高校审批。此外，韩国政府通过将大学多样性建设、独特性建设以及专业独特性建设等项内容列入与财政拨款相挂钩的评估指标体系，引导大学实现特色化和多样化。大学则根据自己的优势发展自身特色，以适应社会对高等教育的多样化需求。同时，鼓励学校采取多种办学模式，如本科阶段的学生不限定专业，自由接受宽基础的教育，或将若干个相邻学科专业重组到一起，侧重于特定领域专门人才培养的专门教育，等等[①]。

4. 注意高等教育质量提升及应对就学人口减少等挑战

韩国高等教育在普及程度上已经达到很高水平，居于世界前列，但是在反映高等教育质量的指标上却没有排在很靠前的位置，有的指标还比较落后，这从前面谈到的本课题研究的指标排名结果当中也有所反映。2006 年，韩国 SCI 论文数量居世界第 11 位，但是篇均被引数量只排在世界第 28 位，韩国认为本国的科学研究质量还落后于世

---

① 董皓，赵健. 韩国高等教育发展策略对我国的启示 [J]. 石油教育，2007（1）：79.

界先进水平。在英国《泰晤士报高等教育副刊》的世界大学排行榜中，2007年只有2所韩国大学进入世界前200名①。进一步提升质量是韩国高等教育面临的重要课题，也是我们正在加速发展高等教育的国家需要注意的课题。

随着少子化进程的发展，就学人口减少将给韩国高等教育发展带来严峻的挑战。特别是资源相对处于劣势、缺乏竞争力的地方大学在未来可能面临生源紧张，经营难以为继的局面。韩国政府采取的鼓励大学合并以加强竞争力的"大学改组重构计划"以及扶持地方大学创新建设的"新大学区域创新工程"等项目，可以说也是为应对这一新形势的挑战而采取的措施。作为在文化传统和发展模式上有着相近或类似经历的国家，韩国高等教育发展的经验还值得我们今后进一步关注、研究和借鉴。

---

① 方勇.韩国世界一流大学计划注重引进"外脑"［N］.科学时报，2010－01－19：B3.

第十一章
俄罗斯高等教育竞争力分析

苏联的高等教育，乃至整个教育体系取得了举世瞩目的成绩。早在 1980 年，苏联大学生人数就已位居世界第五。1989 年，15 岁以上人口，每千人中受过高等教育和中等职业教育的人数达到了 322 人。2005 年，俄罗斯就业人口中受过高等教育的比例为 26.6%，仅次于挪威和美国，位居世界第三。此外，俄罗斯共有 18 位诺贝尔奖获得者，这些诺贝尔奖获得者均成长于苏联时期，基本都是在苏联接受高等教育，其中莫斯科大学培养了 11 位诺贝尔奖获得者、6 位菲尔兹奖获得者。至今，苏联时期形成的自然科学和工程技术领域的优势仍然保留。但是，在社会转型阶段，在经历了发展停滞甚至倒退之后，曾经举世公认的俄罗斯高等教育竞争力明显下降。

一、俄罗斯高等教育发展的现状与主要特征

高等教育是教育体系的一个重要组成部分，对个人、社会发展既有直接作用，也具有间接影响。其影响反映在人、社会组织的活动中，同时，也可以通过以上活动实现高等教育的职能。1996 年的《俄罗斯联邦高等及高等后教育法》第一次确定了教育的目的是满足个人的需求，满足个人智力、文化、道德发展的需求，通过科学研究和教学发展科学和艺术。高等教育的职能主要反映在以下几个方面：教育职能——培养高水平的，能够促进科技进步的专业人员；科学职能——发展科学、艺术，创造新知识；组织专业人员进修、再培训；高等教育既有利于培养积极的和自由的个体，也可以保证个人具有积极的生活态度；高等教育是促进社会精神形成的重要渠道，其最终目标是促进人的全面发展。

1. 俄罗斯高等学校模式

俄罗斯高等学校主要模式分为行业模式和基础模式。行业高校主要教授应用型知识，旨在迅速满足市场需求。行业性高校建立在投入迅速获得回报的原则基础上，旨在培养学生具有确定的标准化的知识、技能、技巧。应用型高校的活动成果基本上取决于投入的资金数量。这种学校可以从零开始建立，对于学校建立基础要求不高。社会转型时期，俄罗斯新出现的大量法律学院、管理学院和经济大学就属于这类学校，它们满足劳动力市场对管理人员的需求。俄罗斯几乎所有的非国立大学就是根据这一模式建立的。

另一类高校是培养基础性学科（化学、物理、生物、遗传学、计算机等）人才的高校。这类学校的使命是传授基础知识、技能、技巧；其关注外部市场，所以是开放的体系；其建立及运作必须以一定的学术流派为基础。因此，这类大学不可能仅仅依靠投入就可以从零开始。基础高校以恢复和发展传统的学术流派，以及发展优先的科学流派为己任。

2. 俄罗斯高等学校类型

从 1992 年《俄罗斯联邦教育法》颁布以来，俄罗斯高等教育均属于高等职业教育。按照 1996 年颁布的《俄罗斯联邦高等及大学后职业教育法》的规定，高等职业教育分为三个层次：（1）学制 4 年的本科，授学士学位；（2）学制 5 年，授相应专业职业资格证书；（3）学制 6 年的硕士，授硕士学位。大学后续职业教育为研究生阶段，即副博士研究生和博士研究生，学制均为 3 年。通过论文答辩（毕业设计）者，获得副博士（Ph. D. ）和博士（Doctor of Science，D. S. ）学位。

俄罗斯高等学校根据教育层次和专业范围分为以下三种类型：

（1）综合大学（университет）：实施高等职业以及大学后续职业教育；人才培养专业范围广；培养研究生，承担教学和科研人员的培训进修；开展多学科的基础研究和应用研究；在多个学科居领先水平。综合大学是促进科学知识传播、实施文化教育活动的中心，也是国家教育、科学、文化发展的重要中心。综合大学是大学中地位最高的一类学校。

（2）专科大学（академия）：实施高等职业以及大学后续职业教育；专业设置较多；培养研究生，承担教学和科研人员的培训进修；开展多学科的基础研究和应用研究；在本学科居领先水平。

（3）专科学院（институт）：实施高等职业以及大学后续职业教育；专业设置较多；培养研究生，承担教学和科研人员的培训进修；开展多学科的基础研究和应用研究。

根据俄罗斯联邦统计署 2010/11 学年初的统计数据，俄罗斯共有高校 1115 所，其中国立和市立学校 653 所，一半以上隶属于俄罗斯联邦教育科学部，非国立学校共计 462 所。学生共计 705 万人，每万人口中大学生人数为 493 人。非国立学校教师人数为 32.48 万人。高等教育的规模在扩大，与 1993/94 学年初相比，学校数量增加了 78%，其中非国立学校增加最为迅速，增加了近 5 倍，学生数量增加了 170%，每万人口中大学生人数增加了 180%[①]。

俄罗斯高等院校的地域分布不均衡。其中莫斯科市聚集了 309 所高等学校，圣彼得堡市则有 111 所[②]。

表 11.1 俄罗斯高等教育统计数据（学年初）

	1993/94	1995/96	2000/01	2005/06	2006/07	2007/08	2008/09	2009/10	2010/11
大学数量（所）	626	762	965	1068	1090	1108	1134	1114	1115
国立及市立大学数量（所）	548	569	607	655	660	658	660	662	653
非国立大学数量（所）	78	193	358	413	430	450	474	452	462
学生人数（千人）	2613	2791	4741	7064	7310	7461	7513	7419	7050
国立和市立学校学生人数（千人）	2543	2655	4271	5985	6133	6208	6215	6136	5849
非国立学校学生人数（千人）	70	136	471	1079	1177	1253	1298	1283	1201
每万人口中大学生人数（人）	176	188	324	495	514	525	529	523	493
国立和市立学校每万人口中大学生人数（人）	171	179	292	419	431	437	438	432	409

① http://www.gks.ru/bgd/regl/b11_11/IssWWW.exe/Stg/d1/08-09.htm.

② http://vuz.edunetwork.ru/articles/24/.

续表

	1993/94	1995/96	2000/01	2005/06	2006/07	2007/08	2008/09	2009/10	2010/11
大学生总数中女大学生数量（千人）	1347	1517	2686	4114	4256	4345	4344	4254	4030
国立和市立院校学校教师数（千人）	239.8	240.2	265.2	322.1	334.0	340.4	341.1	342.7	324.8
非国立学校学校教师数（千人）	3.8	13.0	42.2	65.2	75.0	78.8	63.4	54.8	32.0

数据来源：http://www.gks.ru/bgd/regl/b11_11/IssWWW.exe/Stg/d1/08-09.htm.

3. 俄罗斯高等教育的专业设置

2004—2008 年俄罗斯高校共有 36 个大专业类别，从国立和市立高校毕业生大的专业类别比例来看，2008 学年：物理数学类占 1%，自然科学类占 1%，人文科学类占 16%，教育和教育学类占 12%，经济管理类占 34%，农业渔业类占 3%，能源、电力机械、电力工程类占 2%，冶金、机械制造、冶金加工类占 2%，文化艺术类占 1.6%。2004—2008 年统计数据显示，物理数学专业的毕业生数量在逐年减少，经济管理类、服务业等专业的毕业生数量明显增加。

表 11.2 2004—2008 年国立和市立大学不同专业与培养方向的毕业生数量（千人）

类 别		2004 年	2005 年	2006 年	2007 年	2008 年
专业类别	物理数学	18.0	11.8	11.2	11.4	11.3
	自然科学	13.9	13.7	14.3	14.7	14.2
	人文科学	144.7	145.1	160.3	170.8	172.8
	社会科学	10.2	11.2	13.7	15.6	15.7
	教育和教育学	127.5	129.0	125.3	128.9	125.6
	保健	26.8	28.2	31.0	31.3	32.1
	文化艺术	14.9	16.4	17.3	17.0	16.8
	经济管理	269.9	292.7	325.6	349.0	359.7
	信息安全	0.9	1.3	1.9	2.3	2.8

续表

类　别		2004 年	2005 年	2006 年	2007 年	2008 年
专业类别	服务业	3.8	6.3	8.3	10.0	11.6
	农业渔业	32.7	34.8	36.9	36.4	35.9
	土地测量及规划	3.0	3.4	3.8	4.0	4.3
	地质学、矿产勘探开发	9.9	11.3	13.0	13.1	13.3
	能源、电力机械、电力工程	19.9	22.0	23.4	24.9	24.6
	冶金、机械制造、冶金加工	23.4	25.8	26.5	26.5	25.7
	航空、火箭空间技术	4.7	4.8	5.1	5.3	5.2
	武器和武器系统	0.6	0.6	0.6	0.6	0.6
	海洋技术	3.3	3.4	3.8	4.1	4.1
	运输工具	26.1	29.4	30.4	31.4	33.4
	仪表制造和光学技术	6.5	7.1	7.9	8.0	7.5
	电子技术、无线电技术和通信	14.6	15.1	15.9	15.7	16.1
	自动化和管理	10.5	11.4	12.7	12.6	13.6
	信息和计算机技术	17.5	17.7	20.5	20.5	21.1
	化学和生物技术	9.8	10.7	12.5	12.6	11.3
	森林资源再生产及加工	5.8	5.9	6.3	6.5	6.7
	食品和消费品加工技术	15.7	17.5	19.4	20.1	19.5
	建筑	26.6	29.4	31.8	33.5	34.2
	生命安全、环境工程和环境保护	7.6	8.8	10.1	11.1	11.7
	合计	868.8	914.8	989.4	1037.9	1051.5
培养方向	物理技术科学	5.1	5.3	5.7	5.7	6.1
	自然科学	2.6	2.6	2.7	2.9	3.3
	人文科学	7.0	8.6	9.0	9.3	10.6
	教育和教育学	6.3	6.1	5.9	7.0	6.1
	经济及管理	12.3	13.2	13.2	14.8	16.4
	能源、电力机械、电力工程	4.7	4.6	5.3	5.6	4.9
	冶金、机械制造、材料加工	4.5	4.4	4.4	4.5	3.9
	合计	61.6	63.6	66.5	71.0	73.7
毕业专业人员总计		930.4	978.4	1055.9	1108.9	1125.3

数据来源：http：//www.gks.ru/bgd/regl/b09_ 13/IssWWW.exe/Stg/html2/07 – 52.htm.

4. 俄罗斯高校投入结构

根据《俄罗斯联邦教育法》（1992）和《俄罗斯联邦高等及大学后职业教育法》（1996）规定，教育机构按照法律组织形式的不同可分为国立、市立和非国立教育机构三种形式。三者的本质区别在于创办人和财政来源的不同。国立学校的创办人是联邦政府，或者是联邦主体的行政机构。通常，学校名称对学校的权力组织形式有所体现，如莫斯科国立大学。市立高等学校由相应的地方自治机关予以创办和改建。非国立高等学校的举办人可以是个人、社会机构和宗教组织（团体）等。本着谁创办谁投入的原则，俄罗斯高校创办人不同，资金来源亦有所不同。其中，国立高等学校财政依赖于联邦或者联邦主体的预算；市立高等学校的举办人是地方政府，财政来自地方（市政）预算；非国立大学办学资金由创办人和学生以共同投入的原则来投入。非国立学校在获得国家认证后，有权获得联邦财政和地方财政支持。近些年来，国立大学的预算内学生比例明显减少。与此同时，从 2009 年开始，非国立大学开始获得少量的预算内学生的名额，从而和国立、市立大学一样开始获得预算内资金投入。从资金投入来看，俄罗斯高校预算内投入和预算外投入基本各占近一半。

表 11.3 俄罗斯高等教育资金来源结构（%）

经费渠道	高等教育资金结构
资金总额	100
私有资金	7.8
预算资金	47.6
联邦预算	46.2
联邦主体预算	0.6
市级预算	0.8
预算外资金	44.6
预算外投入	7.6
团体和企业	6.0
居民	31.0

数据来源：朱小蔓，H. E. 鲍列夫斯卡娅. 20—21 世纪之交俄教育改革比较［M］. 北京：教育科学出版社，2006：113.

高等教育的投入，在联邦预算的教育投入中所占比例一直较高，1998—2003 年，联邦预算中用于教育的投入所占比例为 3%—4%，占国内生产总值的 0.6%—0.7%。

而在不同年份，高等教育投入占联邦预算的总教育投入的比例一直保持在55%—62%，占联邦预算支出总量的2%，占国内生产总值的0.4%[①]。而在2007年，高等教育投入占联邦预算的总教育投入的比例达到77%。

表11.4 2000—2007年俄罗斯用于教育的联邦预算投资

	2000 年	2001 年	2002 年	2003 年	2004 年	2005 年	2006 年	2007 年
联邦预算中的教育投入（十亿卢布）	38.1	54.5	81.7	99.8	121.6	160.5	201.6	278.0
用于高等教育的预算投入（十亿卢布）	22.5	31.3	44.4	56.8	72.1	114.7	155.1	214.0
教育预算投入占国内生产总值比例（%）	0.5	0.6	0.8	0.8	0.7	0.7	0.8	0.9
高等教育预算投入占国内生产总值的比例（%）	0.3	0.3	0.4	0.5	0.4	0.5	0.6	0.7
教育投资占预算投资的比例（%）	3.8	4.1	4.1	4.1	4.9	4.6	4.7	5.1
高等教育投资占联邦投资的比例（%）	2.3	2.4	2.2	2.3	2.8	3.2	3.6	3.9

资料来源：Прогноз развития высшего образованияв России：2009—2011 гг. *Под редакцией д. э. н. Т. Л. КлячкоМАКС ПРЕСС. МОСКВА – 2009.*

二、俄罗斯高等教育竞争力特点分析

教育是培养高水平人力资源，保证国家高科技发展的起点。大学的竞争力由大学根据国家教育标准，对社会教育服务需求的满足程度所决定，且满足程度应优于现有的竞争对手。在竞争理论中，与竞争概念密切相关的是竞争优势和能力。其他竞争者不具备的，而且在短时间内不可能获得的大学教师的工作经验、技能、专业化程度是大学的主要竞争优势。此外，发达的管理和组织机构，也是大学的竞争优势。为了形成大学竞争优势，应当对其短期和长期能力及竞争优势进行管理。竞争优势以能力和被认同的竞争战略为基础，竞争战略是在竞争力市场上占优势的手段。一般情况下，可以说存在这样一个竞争力链条：能力、竞争优势—竞争力—竞争潜力。大学竞争优势主要表现在教学、科研、师资、投入、管理、学校声望、社会支持等几个方面。竞争优势决定了大学在这几个方面的竞争潜能。

1. 国际背景下的俄罗斯高等教育竞争力

俄罗斯高等教育竞争力欠佳首先体现为俄罗斯顶尖大学在全球大学排名中表现不佳。在上海交通大学2004—2008年的世界大学学术排名中，莫斯科国立大学的名次在

66—76 位之间波动,圣彼得堡国立大学则在 300—400 位之间。2006 年,前 500 所学校中只有 2 所俄罗斯大学,莫斯科国立大学位居第 70 位。在《泰晤士报高等教育副刊》的世界大学排名中,俄罗斯高校同样表现不佳:自 2004 年起,莫斯科国立大学的排名在 79—231 位之间变化①。

俄罗斯高校科研能力占全国的 50%。教育系统集中了全国近 40% 的博士、超过 30% 的副博士、近 75% 的博士研究生和 60% 的副博士研究生。从高级人才的学科分布上看,高等院校集中了 37.9% 的工科博士和 38.6% 的工科副博士,14.5% 的理科博士和 12.7% 的理科副博士,7.1% 的经济学博士和 8.2% 的经济学副博士。由于财政拨款不足,高校仅有 1/4 的教学科研人员参与研究工作。根据各种渠道的统计资料,现在俄罗斯只有 50—70 所重点大学从事科学研究工作。只有 16% 的大学教师开展研究活动。1999 年,高校科研人员获得的专利总数占全国的 20%②。

目前,俄罗斯大学总体创新能力不足,高校参与科研活动的兴趣不高等因素是导致高等教育竞争力下降的主要原因。社会转型以来,由于投入不足,教师收入降低,教师工作社会声望下降,最直接的后果是高校教师缺少开展科学研究的兴趣,研究人员数量绝对减少,大量的专业水平较高的中青年人才流失到国外,或者"内部移民"到经济领域,1990—2005 年,俄罗斯从事研究的工作人员缩减了 58%。从绝对数量来讲,损失了 100 多万人③。从 20 世纪 90 年代初到 21 世纪初,俄罗斯在高等教育领域流失了 30 万名最优秀的学者和教师,其中多数都离开了俄罗斯。大学科学研究减少到以前的 1/20,在俄罗斯注册的专利和版权减少到 1%。

人才外流加之"内部移民"导致俄罗斯高校师资队伍的高龄化,教育科研人员承接性遭到破坏。报考研究生和立志从事教育事业的青年人才,尤其是男性人数锐减,师范院校毕业生不愿从事教学工作。很长时间以来,高校预算投入减少了一半多,几乎没有添加任何新教学科研仪器。俄罗斯高校教师的收入甚至低于最低生活保障,高校教师不得不占用工作时间兼职,从事与教学无关的其他工作,从而导致他们专业逐渐荒废,对教学工作的兴趣降低,责任心减弱④。相对于"内部移民"数量,流失国外的学者数量不多,但他们多属于苏联时期形成的强势学科——数学、物理、生物学、病

① Anna Smolentseva. 创建世界一流大学:俄罗斯的案例 [J]. 国际高等教育,2010 (1).

② 潘德礼. 俄罗斯 [M]. 北京:社会科学文献出版社,2005.

③ Характеристика проблемы, на решение которой направлена Программа. [2011 – 05 – 17]. http://www.ohome.ru/regions-showpage – 723.html.

④ 张瑞. 俄罗斯高等教育的现状及存在的问题 [J]. 黑龙江高教研究,1999 (5).

毒学、遗传学和生化学领域的专业人员，其流失对于俄罗斯科学研究不啻为极大损失。

俄罗斯研究生教育的培养目标是培养高层次科研和科教人才。苏联解体后俄罗斯研究生教育规模呈现急剧增长态势，但是培养效率低下，论文答辩通过率还不到30%，大部分研究生延期毕业或拿不到学位，而且，研究生毕业后从事科研和教学工作的人数也很少。

2. 俄罗斯国内研究中的高等教育竞争力

知识经济时代，提升人力资本是世界各国的战略重点。人力资本发展的基础是具有竞争力的、灵活的教育体系，包括拥有世界级大学。各国大学努力在全球大学排行中占据显著位置。俄罗斯的现实并不令人满意，社会转型之后，国家整体在后退，社会各界进行了关于求得国家稳定发展途径的讨论，教育体系正努力寻找恢复竞争力的关键因素。为提高大学竞争力，俄罗斯也对国内大学进行排名。早在2001年，俄罗斯教育科学部就第631号《关于高校排名》的命令倡导制定大学排名方法，但是政府的排名多显得官方化。对于企业、职业界，毕业生和学生的意见和利益缺乏足够关注，与官方排名相比，社会性评价更具客观性。俄罗斯文传信息服务集团（Интерфакс）于2009年倡导开展一个专门项目，旨在制订并调整新的对俄罗斯高校进行独立评价的体系，用于对高校进行长期评价，文传信息服务集团和莫斯科回声广播在此基础上开展综合性大学和专业大学排名。排名选取的指标及权重分配如下：教育活动比重为0.2，科研活动比重为0.2，社会活动比重为0.15，国际活动比重为0.15，大学品牌比重为0.15，社会评价比重为0.15。在对大学教育活动发展水平、科研活动发展水平、社会化水平、国际化水平、大学品牌发展水平、大学创新发展水平进行单独排名基础上，形成了总体排名。

表 11.5　俄罗斯综合大学以及国家研究型大学教育发展水平排名

排　名	大学名称	评价得分
1	国家研究型大学莫斯科物理技术大学	100
2	莫斯科国立大学	98
3	圣彼得堡国立大学	95
3	国家研究型大学新西伯利亚大学	95
3	国家研究型大学莫斯科鲍曼技术大学	95
6	俄罗斯人民友谊大学	90
6	国家核研究大学	90

续表

排　名	大学名称	评价得分
6	国家研究型大学圣彼得堡理工大学	90
9	国立赫尔岑俄罗斯师范大学	86
10	国家研究型大学伊尔库茨克技术大学	83

资料来源：Top 10—Рейтинг классических и национальных исследовательских университетов по уровню развития образовательной деятельности. http：//univer – rating. ru/default. asp.

表 11.6　俄罗斯大学综合排名

排　名	大学名称
1	莫斯科国立大学
2	国家研究型大学莫斯科物理技术大学
	圣彼得堡国立大学
4	俄罗斯人民友谊大学
5	国家研究型大学新西伯利亚大学
	国家研究型大学托木斯克大学
7	国家核研究大学
8	国家研究型大学莫斯科鲍曼技术大学
9	国家研究型大学圣彼得堡理工大学
	南方联邦大学
	西伯利亚联邦大学
12	国家研究型大学喀山技术大学
13	国家研究型大学托木斯克理工大学
14	乌拉尔联邦大学（乌拉尔国立技术大学）
15	国家研究型大学萨拉托夫大学
16	俄罗斯国立赫尔岑师范大学
	喀山联邦大学
	国家研究型大学莫斯科钢铁合金技术大学
19	国家研究型大学喀山技术大学
	国家研究大学伊尔库茨克技术大学

资料来源：Top –20. Рейтинг выборки университетов России. http：//univer – rating. ru/default. asp.

除了文传信息服务集团和莫斯科回声广播合作进行的排名外，俄罗斯高等经济学校和俄罗斯第一新闻媒体根据俄罗斯联邦社会院的要求，制定了俄罗斯大学科研和成果排名。该排名主要根据科研人员获得的研究基金数量，以及论文引用指数来判定俄罗斯大学科研工作，对科研成果进行排名，并对大学从事科研的积极性进行评价。

表 11.7 俄罗斯大学科研和成果排名

排名	大学名称	2006—2010年平均每年每一百名教师中获得俄罗斯人文科研基金奖人数	1998—2007年平均每年每一百名教师中获得俄罗斯基础研究基金奖人数	2010年每位教师发表文章数量	2010年大学教育科研人员文章引用指数	被高等鉴定委员会认定的杂志数量	综合分数
1	莫斯科大学	0.42	6.21	6.34	1.23	27	34.8
2	国家研究型大学新西伯利亚大学	0.28	1.05	11.07	2.43	7	23.46
3	圣彼得堡国立大学	0.4	2	4.16	2.12	15	22.59
4	俄罗斯人民友谊大学	0.18	0.17	2.41	4.48	20	22.31
5	萨拉托夫国立大学	0.36	0.85	4.63	1.63	12	18.5
6	亚拉斯拉夫国立大学	0.74	1.07	3.98	0.98	2	18.25
7	乌拉尔国立大学	0.4	1.33	5.03	1.84	4	17.7
8	国家核研究大学	0	1.17	5.51	4.48	1	17.23
9	喀山联邦大学	0.17	1.61	6.76	1.67	4	16.12
10	南方联邦大学	0.1	1.64	4.85	0.8	13	14.95
11	乌法国立大学	0.12	0.22	2.26	4.14	3	14.4
12	托木斯克国立大学	0.21	1	4.76	0.76	10	14.13
13	托木斯克国立师范大学	0.13	0.31	3.48	2.96	2	12.74
14	沃罗涅日国立大学	0.05	0.66	4.75	0.76	13	12.58
15	国家研究型大学莫斯科高等经济学校	0.25	0.02	4.17	0.59	11	12.57

资料来源：http://www.rian.ru/ratings_multimedia/20110117/322629147.html.

前述两项排名的结果显示，俄罗斯大学中，莫斯科国立大学、圣彼得堡国立大学、国家研究型大学新西伯利亚大学、俄罗斯人民友谊大学的整体竞争力位于前列。所有的排名显示，俄罗斯共有 20 所大学拥有不错的声望。其中主要是位于莫斯科的大学，在莫斯科以外，圣彼得堡国立大学以及喀山联邦大学等为数不多的大学得到广泛承认。影响大学声誉的除了教育质量以外，主要是毕业生的社会地位。

3. 本项研究中的俄罗斯高等教育竞争力

我们的研究显示，俄罗斯高等教育竞争力综合排名在 53 个国家中位居第 22 位，其绝对值排名为第 22 位，相对值排名为第 24 位。

从高等教育规模来看，俄罗斯排名第 5 位。其中，俄罗斯高等教育毛入学率排名第 11 位，在校大学生绝对值排名第 4 位，每千人中在校大学生人数相对值排名第 2 位。

俄罗斯高等教育质量总体排名第 27 位。其中，高等教育同行评价排名第 27 位，高等教育毕业生雇主评价排名第 25 位。在高等教育国际化排名中，俄罗斯排名第 31 位。

我们分别从高等教育对人力资源的贡献、对经济发展的贡献和对知识创新的贡献来评价高等教育的贡献。俄罗斯高等教育对人力资源的贡献排名第 14 位。其中，诺贝尔奖获得者人数排名第 8 位，25—34 岁受过高等教育人口比例排名第 27 位，全职研发人员数排名第 2 位，每千人中全职研发人员数排名第 9 位。高等教育对经济发展的贡献排名第 48 位。其中，大学教育是否满足竞争经济的需要排名第 37 位，大学与企业合作排名第 53 位。高等教育对知识创新的贡献排名第 24 位。其中，俄罗斯科技论文数排名第 13 位，每千人科技论文数排名第 35 位，专利数排名第 4 位，每千人专利数排名第 9 位。

由此可见，在 53 个国家中，俄罗斯高等教育竞争力总体属于中等偏上水平。所选指标中，俄罗斯高等教育发展规模具有明显竞争优势，排名明显靠前。与规模相比，高等教育质量相对落后，排名第 27 位。从高等教育贡献来看，俄罗斯高等教育对于人力资源的贡献明显高于对经济的贡献。在 53 个国家中，其专利数排名第 4 位，诺贝尔奖获得者人数位列十强之内。而对经济的贡献度明显落后，其中，大学与企业的合作排名在 53 个国家中排名第 53 位，位于最落后国家之列。此外，在高等教育国际化排名中，俄罗斯排名也并不乐观。

三、俄罗斯提升高等教育竞争力的重要举措

在知识经济时代，国家竞争力成为反映国家经济发展现状和发展前景的重要指标，

而教育与科技创新是影响国家竞争力的主要因素，具有竞争力的教育是培养具有竞争力人才的基础。2004 年，俄罗斯教育部和科学部两部合一，成立了俄罗斯教育科学部，以此促进创新性人才培养与科技创新之间的有效联系。目前，促进教育创新性发展，提升教育竞争力是俄罗斯国家教育战略的头等重要的任务。

1. 提升大学科研能力

目前，俄罗斯科研主要有两种组织模式：大学科研和研究所科研。在俄罗斯历史上，研究所科研一直占据主导地位，大学以从事教学和人才培养为主。近年来，大学科研越来越受到国家的重视。俄罗斯大学的发展规划特别要求大学机构组成中要包括科学研究中心，以便让学生利用超现代化的试验基地，掌握实践技能。这样，新型大学可以依靠吸引高水平的青年专家成为国家和地区科学、经济改革和发展的中心。

近年来俄罗斯加大了高校科研投入。《创新俄罗斯—2020》提出：2012 年前增加高校科研投入，总额为 900 亿卢布，其中 12 亿以政府基金形式提供，用于组建世界水平的科研团队。同时，缩减对俄罗斯基础性研究基金会的投入，由 2011 年的 60 亿卢布减少到 2013 年的 40 亿卢布。俄罗斯国家创新发展方案《创新俄罗斯—2020》中提到，2020 年前，在俄罗斯大学收入结构中，依靠完成科研任务以及科研设计任务所得收入占 25%；用于大学科研资金将占科研总投入的 30%[①]。在教育领域要保证大学研究的积极性和创新积极性，首先是要向研究型大学和联邦大学提供补充资金支持，打造高等教育的"火车头"。

为保证高校教师和科研人员队伍的承接性，俄罗斯将制定目标性硕士生和副博士研究生培养制度。2015 年前，这一体系将会涵盖联邦研究型大学 20% 的硕士生和 35% 的副博士研究生。到 2020 年前，目标性硕士生和副博士研究生培养将分别占同一层次人才培养的 25% 和 50%。

建立高校科技园区是提升高校科研的另一主要途径。2002—2006 年，俄罗斯 92% 的科技园区是在大学基础上建立的，或者是附属于大学的。只有 4% 是在行业基础上或在学术机构基础上建立的，4% 是在工业企业基础上建立的。大学科技园是创新型企业的孵化器，也是信息、生物、宇航、能源等领域的技术孵化器[②]。

为了保证科研成果转化，在国立联邦科研中心、高校和俄罗斯科学院所属研究所

①　Наука：трудный путь из СССР в Россию．［2011 - 06 - 30］．http：//www.ru - 90.ru/c．

②　Юлия Федорова．Кадровая политика в условиях инновационной экономики в России：новые подходы и формы занятости．［2011 - 05 - 12］．http：//www.turiba.lv/darba_ tirgus_ 2008/pages/Fedorova_ ru.html.

以及其他行业性研究机构的基础上创建技术转化中心。

2. 重新对大学进行分类和职能定位

为青年创新性学习提供条件，为国家创新发展提供技术支持是高等学校的使命。俄罗斯传统的高等教育体系的竞争力在不断下降，明显表现为高等学校的科学研究和生产的联系不够紧密，需要建立全新的高等教育体系。近些年来，俄罗斯尝试调整高等教育体系，在《国家优先发展规划》的框架内，对大学重新进行分类和职能定位，如将大学划分为联邦大学、研究型大学等。其中，联邦大学定位是达到世界水平的、具有产学研一体化功能的大学，其任务是满足地缘政治任务及大型跨区域投资项目的人才需求，是区域技术创新的领军者；国家研究型大学的任务是要保障国内经济稳定及现代技术所需的人力资源，其最主要的优点就是改变过去研究过程和教育过程分属不同机构的局面；地方大学实施多专业教育大纲，保证为俄罗斯联邦的社会经济发展提供专业人才；专业学院主要实施文凭教育。联邦大学的使命是保证落实高等及高等后职业教育计划，实现科研、教育和生产一体化。其中包括将智力活动的成果推广向实践应用，形成适应区域社会经济综合发展的人才和科研潜力。计划在每个地区建立一所联邦大学。每个大学可以在联合综合大学和技术大学基础上建立。新型大学首先要为国家创新性发展规划培养人才，培养能够促进现代技术发展的学者。在建设新型大学方案的框架内，计划制订现代教学计划，采用新的教学法，配置新型的科研设施，对教师进行再培训。预计在5—6年内，在建设新型大学基础上，建成几所进入俄罗斯十强大学行列的高校，到2020年前，进入世界百强大学。

依据对大学的分类，向不同类别的大学提供不同额度的联邦财政支持。通过对大学进行分类，向其中小部分院校提供大量的额外支持，同时也向这些学校提出相应的任务，使其对世界科学技术的发展产生影响。为此，从2006年开始，在《国家优先发展规划》的框架内，俄罗斯在高等教育领域推行"研究型大学"、"联邦大学"等专项计划，到2010年底共建有7所联邦大学、22所研究型大学，并通过实施专项计划加大对这些院校的投入，同时以社会合作形式，带动地方、社会组织和企业对这些学校进行补充投资。2020年前，在竞争选拔基础上，建设40—50所联邦级的新型研究型大学，其活动以长期发展规划为基础，并保证科学技术发展最优先方向的科学研究计划的落实。联邦研究型大学有责任保证俄罗斯科学和教育在世界的竞争力。

未来10年内，俄罗斯将重点支持上述两类大学：联邦大学是学生数量为3万—5万人的多学科大学；研究性型大学规模中等，但设有重点学科。同时，创建世界级商务学校，力争打造几所进入国际500强的具有国际竞争力的大学。为支持这两类大学的发展建设，国家预算最近三年每年将额外划拨超过 10 亿美元的资金。

3. 改善大学师资

为了促进高校创新发展，提高高校竞争力，《国家规划》中已经提出相关的保障条件：促进创新性的学校发展计划，奖励优秀教师，向有才能的青年学者提供保证，也就是寄希望于学术带头人，传播他们的经验，要奖励那些能够工作并愿意工作的人，包括学生、教师。最有效和最成功的教育实践可以获得支持，以便于将来向社会提供优质教育的典范，保证进步和职业成绩。

针对教师老龄化，年轻教师不愿留在高校工作的问题，《2020 年前俄罗斯教育发展模式》提出在新的投资机制基础上，以及在广泛扩展大学研究性工作基础上，将会对现有的教师队伍进行更新。要求大学教师不仅要拥有职业技能，而且要拥有科学潜力。为了提升教师的科研实力，首先要增加教师工资，除了基本工资外，要提供资助以及补充收入，其额度将与国外大学教师和俄罗斯商业界的收入等同。在《国家教育优先发展规划》的框架内，奖励优秀师资，建立天才青年促进体系，制定专项措施扶植高校科研，加大科研和科教人才培养体系的投资。国家将会促进大学教师的国际和国内学术机动性，包括长期资助研究生和大学教师的学术进修，支持俄罗斯大学和外国教师缔结合同。

通过向年轻研究人员和教师提供目标性资助促进其学术流动性和新技术新思想的传播，向个人提供的资助与具体的大学没有关系。获得联邦长期资助的研究人员可以自主选择工作地点（资金将跟人走）。这样可以使得大学产生吸纳这样的教师和研究人员的动力，有为了保证这些人员的工作提供有利条件的动力。

2008 年 7 月 28 日，俄联邦政府批准通过了《2009—2013 年"创新俄罗斯科研和科教人才"联邦专项计划》，内容更为具体，将扶植高校的高层次科研和科教人才的培养与稳定作为一项主要内容。具体目标包括：高等教育机构 30—39 岁科研人员的比例占其科研人员总数的 21%—22%；国立和市立高校 39 岁以下教师的比例占教师总数的 40%—41%；国立和市立高校高水平教师（科学副博士和科学博士）的比例占教师总数的 63%—64%。

国家高等职业教育机构进行基础设施建设，主要是为大学生和年轻学者，以及应邀参与科教中心工作的教师和学者的居住建设公寓，以便于支持他们的流动。

计划为 24 所高校（主要是综合大学和工程技术类高校）和 4 个大学城建设公寓，投资总额为 351 亿卢布。预算外资金与联邦预算资金是项目经费筹措的主要来源，通常吸引预算外资金不少于联邦预算资金总额的 30%，其中联邦预算资金为 270 亿卢布。

4. 吸收大学生和研究生参加大学科研活动

强调人才培养的连续性，吸收大学生和研究生参加大学科研活动是培养新一代教学科研人员的重要形式。为此，《2009—2013 年"创新俄罗斯科研和科教人才"联邦专项计划》利用科学和教育一体化机制，扩展科学和教育活动主体间以及科研、教育和高科技部门间联系的项目，提高对大学生、研究生、年轻学者从事科研活动的吸引力，其中为他们在该计划框架下参与完成国家定购创造刺激因素；大学生、副博士生、博士生和其他年轻研究人员参与该计划范围内科技领域的学科竞赛、科技竞赛和其他活动的人数为 6 万—6.5 万人；科研项目是按学科定额分配的：自然科学约占 40%，技术科学约占 40%，人文科学约占 10%，不少于 10% 的科研项目用于发展高科技经济部门。《专项计划》以专项资金保证维持和发展国家科技部门的人才潜力与年轻学者、研究生、大学生独立或在著名学者领导下进行研究和开发相结合为基础。该计划项目的资金总额为 904.54 亿卢布，其中联邦预算资金为 803.9 亿卢布。

5. 创新高校管理投资机制

提高高等教育竞争力要求推行新的管理机制，在学校创设督导和管理委员会，吸收社会组织参与教育管理，以便使教育体系变得更加透明，对社会需求更加敏感。同时，通过组织竞赛，调整学校的投资机制，落实教育发展计划的预算资金要直接投入到学校里。

从 2006 年起，以俄罗斯教育科学部作为主要组织者，在俄罗斯举办了"全国高等学校创新性教学计划竞赛"。该竞赛为开放性竞赛，任何一所俄罗斯大学，只要递交为期两年的创新性教学计划就可以参赛，获胜学校可以获得几亿到 10 亿卢布不等的资助。2006 年俄罗斯全国高校提交了 200 份竞赛申请，经竞赛选拔委员会投票评选出 17 所优胜学校，其中包括 7 所莫斯科的大学，像国立莫斯科大学、莫斯科鲍曼技术大学等，这些学校在 2006—2007 年从联邦预算中总共获得 100 亿卢布的资助。这些资金用于支持学校制订现代化的教学计划，采用现代化的教学方式，购置现代化的教学设备和实验设备，并为提高教师技能对他们进行再培训。以 2006 年为例，17 所获胜大学获得了 50 亿卢布的资助，其中莫斯科国立大学和圣彼得堡国立大学所获资助最多。这些资金 70% 用于购买实验设备，25% 用于创新性教学计划和教学法的实施，5% 用于提高教职员工技能和进行再培训。得益于该国家规划的落实，2006 年获胜大学共建立了 300 多所实验室，学校添置了不少大型设施，近 2000 名教师参加了职业技能提高计划和培训。

2007 年初，俄罗斯举办了第二次高等学校创新性教学计划竞赛，共有 267 所大学提交了参赛申请，经选拔最后有40所学校成为优胜者。其中包括15所莫斯科的大学和25所地区大学，涉及医学、农业、建筑、石油、人文、师范等学科的院校。获胜学校在2007—2008年从联邦预算中获得总额为200亿卢布的资助，同时获胜学校需要拿出不少于联邦资助额20%的配套资金。

在《国家规划》的框架内，在2006年以西伯利亚地区和南部联邦区现有的一些大学为基础建立了两所新型联邦大学。西伯利亚联邦大学以克拉斯诺亚尔斯克国立大学为基础，联合了克拉斯诺亚尔斯克国立建筑大学、克拉斯诺亚尔斯克国立工业大学、克拉斯诺亚尔斯克有色金属大学创建而成。南部联邦大学由罗斯托夫国立大学联合罗斯托夫国立建筑艺术大学、罗斯托夫师范大学等学校创建而成。2007年2月12日，这两所大学成为联邦教育署直属联邦大学，并从俄罗斯现有最好的大学和国外大学吸收优秀教师加入到教师队伍。2007年从联邦预算资金中为这两所大学划拨了30亿卢布，2007—2009年为创办联邦大学划拨134亿卢布。除了联邦资金外，商业界和地方权力机构也积极参与学校建设，2007年，克拉斯诺亚尔斯克已投入3.3亿卢布，用于建设实验室、行政楼和图书馆等设施，此外，还以"专项资金"形式，增加预算外投入。创建新型大学是未来地方大学发展的一种发展模式，大学实行新的管理形式，大学本身将成为创新技术发展的中心，也会成为培养在世界具有竞争力的人才的基地。

《2009—2013年"创新俄罗斯科研和科教人才"联邦专项计划》指出，要为高科技企业培养学者和专家的俄罗斯高校配置教学—研究基地，为俄罗斯重点大学装配科研实验室，购买先进的现代专业测量、分析和技术设备。吸引预算外资金不少于联邦预算资金总额的25%。联邦预算资金用于该项目的支出为49.6亿卢布。参与科学研究的教师比例将从2007年的16%增加到2015年的35%，到2020年增加到42%，在联邦研究型大学这一比例于2015年和2020年将分别达到65%和75%。

四、小结

苏联高等教育的高水平发展使其在当时取得了一系列科学技术成绩。苏联解体后，俄罗斯的高等教育体系是使俄罗斯保持其世界强国以及国际优势的重要因素，并被视为俄罗斯强大和复兴的法宝。从整体情况来看，相对于苏联时期，俄罗斯高等教育规模发展迅速，但俄罗斯高等教育竞争力整体明显下降。高校竞争力的下降影响到俄罗斯高校在世界高等教育领域的影响力及声誉，俄罗斯高校在世界大学排名中表现不佳。高校竞争力的下降体现为师资结构发生变化，教师队伍青黄不接，大学科研在数量和质量方面明显下降；高校专业设置与社会经济发展不相匹配，高等教育对经济发展的贡献不足。学生很难根据所学专业就业，高校人才培养的效率低下。此外，由于语言因素，俄罗斯高等教育的国际化程度也明显偏低。

近年来，尤其是从 2005 年至今，促进高等教育创新发展，提高高等教育竞争力成为俄罗斯高等教育发展的主导趋势。针对俄罗斯高等教育领域存在的问题，俄罗斯通过一系列政策促进大学科研的发展；改善学校师资，通过相应的政策吸引优秀的人才加入高校教师队伍；提高大学生和研究生的科研兴趣。与此同时，改革高校投资体系，通过对大学进行分类和职能定位，对个别高校进行重点扶植，力图依靠高等教育领域的"增长点"带动高等教育体系的整体发展。

第十二章
印度高等教育竞争力分析

一、印度高等教育竞争力总体评价

印度目前是世界高等教育第三大国，就在校生人数而言，排在中国和美国之后，2008 年高等教育在校生人数达到 1364.2 万人，占世界总数的 9.4%。我们从高等教育发展水平和高等教育贡献 2 个指标维度以及高等教育规模、高等教育质量、高等教育国际化等 6 个指标类型尝试对印度高等教育竞争力作出总体评价。在高等教育规模方面，2008 年印度高等教育毛入学率为 13%，仅相当于世界平均水平的一半。在高等教育质量方面，高等教育同行评价和毕业生雇主评价的累加得分分别为 354 分和 396 分，低于所选 53 个国家的平均得分；2006 年高等教育研发投入占 GDP 比例为 0.03%，而 OECD 国家平均值为 0.39%；研发投入占 GDP 比例为 0.71%，远低于 OECD 国家平均的 2.26%；印度仅有 8 所学校进入世界大学 500 强榜单，所占份额仅为 1.6%。在高等教育国际化方面，2008 年印度外国留学生占高等教育在校人数的比例为 0.1%，而世界平均为 1.9%。在高等教育对人力资源的贡献方面，25—34 岁受过高等教育人口比例为 9.5%，而所选 53 个国家的平均值为 29.7%。在高等教育对经济发展的贡献方面，对大学教育是否满足竞争经济的需要和大学与企业的合作的主观打分，印度分别得 6.1 分和 5.1 分，高于所选 53 个国家的平均值。在高等教育对知识创新的贡献方面，印度每百万人口拥有的科技论文数为 13.3 篇，仅为 OECD 国家平均值的 1/8，每百万人口拥有的专利数为 0.12 项，OECD 国家平均达到 43 项。可以看出，印度高等教育除个别指标高于平均值，其他指标均低于世界平均、OECD 国家或所选 53 个国家的平均水平，这说明印度是个高等教育大国，但不是强国，高等教育竞争力总体水平还比较低（见表 12.1）。

表 12.1　印度高等教育竞争力评价指标体系

指标维度	指标类型	指标名称	印度	世界平均	指标数据来源
高等教育发展水平	高等教育规模	高等教育毛入学率（2008）	13%	26%	UNESCO
		高等教育在校生人数（万人）及占世界总数的比例（2008）	1486.3/9.4%		UNESCO
	高等教育质量	高等教育同行评价	354	422.92**	THE
		高等教育毕业生雇主评价	396	407.28**	THE
		高等教育研发投入占 GDP 比例（2006）	0.03%	0.39%*	OECD
		研发投入占 GDP 比例（2006）	0.71%	2.26%*	OECD
		进入世界大学 500 强学校数（所）及所占份额	8/1.6%		THE
	高等教育国际化	外国留学生占高等教育在校人数的比例（2008）	0.1%	1.9%	UNESCO
高等教育的贡献	高等教育对人力资源的贡献	诺贝尔奖获得者人数（人）	1	—	IMD
		25—34 岁受过高等教育人口比例	9.5%	29.7%**	IMD
	高等教育对经济发展的贡献	大学教育是否满足竞争经济的需要	6.1	5.43**	IMD
		大学与企业的合作	5.1	4.68**	IMD、WEF
	高等教育对知识创新的贡献	每百万人口拥有的科技论文数（篇）（2005）	13.3	110.1*	OECD
		每百万人口拥有的专利数（项）（2005）	0.12	42.97*	OECD

*指 OECD 国家平均，**指本研究所选 53 个国家的均值。

二、印度高等教育竞争力的主要表现

1. 高等教育国际化程度

2008 年印度接收的外国留学生人数为 12374 人。内向流动率仅为 0.1%，在所列国家中比例最低。2008 年印度出国留学人数达到 170256 人，外向流动率为 1.0%。留学人数最多的目的地国是美国（94664 人）、澳大利亚（26520 人）、英国（25901 人）和德国（3257 人）。印度学生净流动率为 −1.0%①。

2008 年中国接收的外国留学生人数为 51038 人，内向流动率 0.2%，出国留学人数达到 441186 人，外向流动率 1.7%，学生净流动率为 −1.5%。留学人数最多的目的地国是美国（110246 人）、日本（77916 人）、澳大利亚（57596 人）、英国（45356 人）和韩国（30552 人）。中国与印度在留学生内向流动率、外向流动率、学生净流动率及留学目的地国方面都有许多相似性。同其规模相比，两国接收的外国留学生数量偏低，学生净流动率均是负值，说明出国留学生人数远远大于接收的外国留学生人数，本国高等教育的吸引力还不高。

表 12.2 部分国家留学生人数和流动率

国 家	外国留学生人数（人）	内向流动率（%）	出国留学人数（人）	外向流动率（%）	学生净流动率（%）
澳大利亚	230635	20.6	9864	0.9	19.8
英国	341791	14.9	21992	0.9	13.7
新西兰	31565	12.9	4188	1.7	11.2
法国	243436	11.2	45191	2.1	9.2
南非	63964	8.6	5500	0.7	—
瑞典	22653	5.6	13782	3.4	2.2
美国	624474	3.4	50728	0.3	3.1
日本	126568	3.2	50380	1.3	1.9
西班牙	37726	2.1	21607	1.2	0.9
韩国	40322	1.3	112588	3.5	−2.3
土耳其	20219	0.8	41120	1.6	−0.8
泰国	16361	0.7	24272	1.0	—
俄罗斯	60288	0.6	43982	0.5	0.2
中国	51038	0.2	441186	1.7	−1.5
印度	12374	0.1	170256	1.0	−1.0
北美和西欧	1841933	5.4	486981	1.4	3.9
世界	2965840	1.9	2965840	1.9	—

数据来源：联合国教科文组织统计所.2010 全球教育统计摘要［R］.2010.

---

① UNESCO Institute for Statistics. Global Education Digest 2010：Comparing Education Statistics across the World［R］. 2010.

印度和中国都面临较为严重的人才流失问题。从 1992 到 2001 年，在美国获得博士学位的中国和印度留学人员的平均滞留率分别从 65% 和 72% 上升到 96% 和 86%。根据中国教育部的统计，1978—2004 年，出国留学人员达到 81.5 万人，回国人员 19.8 万人，回国率仅为 24.3%。留学到其他西方国家的留学人员的滞留率也大体相似。自 20 世纪 90 年代以来，由于国内经济和学术条件改善，加之两国都采取了一些措施吸引留学人员归国，中国和印度留学人员学成归国人数有所增加，但平均滞留率仍很高①。

在全球经济环境下，用英语交流已成为一种必备素质。每年都有越来越多的非英语母语民族在学习英语。许多国家的公立教育系统都把英语教学作为小学甚至学前教育的部分内容。进入中学，英语更成为每位学生的必修课；并且作为一种双语授课方式，被应用到数学、自然科学等其他学科的课堂教学中。越来越多的大学将英语作为入学和毕业的考核标准，一些大学开始提供全英语教学的学位课程，以此与英美顶尖大学展开有力竞争。英孚提出了"英语熟练度"指标（EPI），用以比较不同国家、不同时期的成人英语熟练度。"英语熟练度"可以为不同国家提供行业基准，以此衡量一个国家在职人员的英语熟练度平均水平，有效地比较不同教育体系和教学的成效。该指标收集了 2007—2009 年接受免费在线测试的 200 万成人学生的测试数据。由于测试人群背景多样化且测试系统门槛较低，所以其评估结果能够较为真实地反映成人群体的平均英语水平。亚洲的 EPI 分数表明，百闻不如一"测"。以 EPI 分数相差无几的中国大陆和印度而言，虽然印度曾是英国的殖民地，并且声称是一个英语国家，然而与当今快速发展的中国大陆相比，其英语熟练度却并无优势。英国文化教育处 2010 年发布的数据显示：2010 年，印度有 3500 万—5500 万英语使用者，剑桥大学出版社出版的一份报告指出，中国有 2500 万—3500 万英语使用者②。

表 12.3　英语熟练水平指数

名　次	经济体	英语熟练水平得分	等　级
1	挪威	69.09	非常高熟练水平
2	荷兰	67.93	非常高熟练水平
3	丹麦	66.58	非常高熟练水平
4	瑞典	66.26	非常高熟练水平

① OECD. Higher Education to 2030—Volume 2：Globalisation［R］. 2009：188.
② 英孚英语熟练度指标［EB/OL］.［2011 – 09 – 18］. http：//liuxue. ef. com. cn/epi/.

名　次	经济体	英语熟练水平得分	等　级
5	芬兰	61.25	非常高熟练水平
6	奥地利	58.58	高熟练水平
7	比利时	57.23	高熟练水平
8	德国	56.64	高熟练水平
9	马来西亚	55.54	高熟练水平
10	波兰	54.62	中等熟练水平
11	瑞士	54.60	中等熟练水平
12	中国香港	54.44	中等熟练水平
13	韩国	54.19	中等熟练水平
14	日本	54.17	中等熟练水平
15	葡萄牙	53.62	中等熟练水平
16	阿根廷	53.49	中等熟练水平
17	法国	53.16	中等熟练水平
18	墨西哥	51.48	中等熟练水平
19	捷克	51.31	中等熟练水平
20	匈牙利	50.80	中等熟练水平
21	斯洛伐克	50.64	中等熟练水平
22	哥斯达黎加	49.15	低熟练水平
23	意大利	49.05	低熟练水平
24	西班牙	49.01	低熟练水平
25	中国台湾	48.93	低熟练水平
26	沙特阿拉伯	48.05	低熟练水平
27	危地马拉	47.80	低熟练水平
28	萨尔瓦多	47.65	低熟练水平
29	中国	47.62	低熟练水平
30	印度	47.35	低熟练水平
31	巴西	47.27	低熟练水平
32	俄罗斯	45.79	低熟练水平
33	多米尼加共和国	44.91	非常低熟练水平
34	印度尼西亚	44.78	非常低熟练水平

续表

名　次	经济体	英语熟练水平得分	等　级
35	秘鲁	44.71	非常低熟练水平
36	智利	44.63	非常低熟练水平
37	厄瓜多尔	44.54	非常低熟练水平
38	委内瑞拉	44.43	非常低熟练水平
39	越南	44.32	非常低熟练水平
40	巴拿马	43.62	非常低熟练水平
41	哥伦比亚	42.77	非常低熟练水平
42	泰国	39.41	非常低熟练水平
43	土耳其	37.66	非常低熟练水平
44	哈萨克斯坦	31.74	非常低熟练水平

2. 大学排行榜

据上海交通大学世界一流大学研究中心发布的 2010 年"世界大学学术排名 500 强",印度仅有 2 所大学入选,一所是设在班加罗尔市的印度理学院(Indian Institute of Science),排在第 319 名,一所是设在印度西孟加拉邦的克勒格布尔印度工学院(Indian Institute of Technology Kharagpur),排在第 422 名。中国大陆有 22 所大学上榜。报告指出,印度以占世界 17.1% 的人口仅拥有 0.4% 的世界 500 强大学份额,中国(含港台地区)以占世界 19.8% 的人口拥有 6.8% 的份额,而美国以占世界 4.5% 的人口拥有 30.8% 的世界 500 强大学份额(见表 12.4)。我们认为,印度仅有 2 所大学上榜,这有可能低估了印度高等教育的实力。

表 12.4　各国拥有的世界大学学术 500 强上榜大学比例
及其 GDP、人口占全世界的比例

国　家	世界百强大学份额（％）	世界 500 强大学份额（％）	占世界总 GDP百分比（％）	占世界总人口百分比（％）
美国	54.0	30.8	24.8	4.5
英国	11.0	7.6	3.8	0.9
德国	5.0	7.8	5.8	1.2
日本	5.0	5.0	8.8	1.9
加拿大	4.0	4.6	2.3	0.5

国　家	世界百强大学份额（%）	世界500强大学份额（%）	占世界总GDP百分比（%）	占世界总人口百分比（%）
法国	3.0	4.4	4.6	0.9
澳大利亚	3.0	3.4	1.6	0.3
瑞典	3.0	2.2	0.7	0.1
瑞士	3.0	1.4	0.9	0.1
荷兰	2.0	2.4	1.4	0.2
丹麦	2.0	0.8	0.5	0.1
比利时	1.0	1.4	0.8	0.2
以色列	1.0	1.4	0.3	0.1
芬兰	1.0	1.2	0.4	0.1
挪威	1.0	0.8	0.7	0.1
俄罗斯	1.0	0.4	2.1	2.1
中国（含港台地区）		6.8	8.9	19.8
意大利		4.4	3.7	0.9
韩国		2.0	1.4	0.7
西班牙		2.0	2.5	0.7
奥地利		1.4	0.7	0.1
巴西		1.2	2.7	2.9
新西兰		1.0	0.2	0.1
爱尔兰		0.6	0.4	0.1
南非		0.6	0.5	0.7
智利		0.4	0.3	0.3
希腊		0.4	0.6	0.2
匈牙利		0.4	0.2	0.1
印度		0.4	2.3	17.1
波兰		0.4	0.7	0.6
葡萄牙		0.4	0.4	0.2
沙特阿拉伯		0.4	0.6	0.4
新加坡		0.4	0.3	0.1
阿根廷		0.2	0.5	0.6

续表

国　家	世界百强大学 份额（%）	世界 500 强大学 份额（%）	占世界总 GDP 百分比（%）	占世界总人口 百分比（%）
捷克		0.2	0.3	0.2
伊朗		0.2	0.6	1.1
墨西哥		0.2	1.5	1.6
斯洛文尼亚		0.2	0.1	0.0
土耳其		0.2	1.1	1.1

资料来源：排名分析［EB/OL］. http：//www. arwu. org/Chinese/ARWUAnalysis2010. jsp.

英国《泰晤士报高等教育副刊》和美国职业教育咨询公司（简称 THE-QS）自 2004 年开始发布世界大学排名，后来两家排名分开。QS2010 年的 500 强世界大学排行榜，其排名所依据的权重是学界互评分数（40%）、企业雇主评分（10%）、国际师资分数（5%）、国际学生分数（5%）、师生比分数（20%）和单位师资论文引用率分数（20%）。在世界 500 强大学中，印度有 8 所大学上榜，包括孟买印度工学院（187 名）、德里印度工学院（202 名）、坎普尔印度工学院（249 名）、马德拉斯印度工学院（262 名）、克勒格布尔印度工学院（311 名）、德里大学（371 名）、鲁尔基印度工学院（401—450 名）和孟买大学（451—500 名）。中国有 10 所大学进入大学 500 强榜单。QS 还从 4 个维度评价一个国家大学系统的综合实力：（1）系统，指一个国家在 500 强榜单中拥有的大学的数量及平均位次；（2）机会，指接受高等教育的机会，测量高等教育在校人数规模，计算高等教育在校人数规模除以总人口的平方根，用平方根而不是用绝对数以避免个别的异常值；（3）旗舰（flagship），指一个国家的一流大学在榜单的位次；（4）经济水平，指一个国家经济发展水平与大学系统的发展程度，一所大学进入前 100 名打 5 分，101—200 名打 4 分，201—300 名、301—400 名和 401—500 名分别打 3 分、2 分和 1 分。在 23 个经济体中，印度大学系统实力总体排名在第 22 位，中国排在第 13 位。从经济水平方面看，大学系统的发展程度中国和印度排名都比较靠前，分别排在第 4 位和第 2 位，表明这两个国家尽管资源相对缺乏，但并没有阻挡住发展大学教育系统。但在机会方面，中国和印度分别排在第 42 位和第 44 位，表明高等教育规模发展仍有很长的路要走，扩大机会的潜力很大（见表 12.5）[①]。

---

① QS World University Rankings 2010［EB/OL］.［2011 – 10 – 15］. http：//www. topuniversities. com/sites/default/files/QES_World_University_Rankings_top500. pdf.

表 12.5　QS 大学系统实力排名

国家或地区	系　统		机　会		旗　舰		经济水平		总　体	
	得分	名次	得分	名次	得分	名次	得分	名次	得分	名次
美国	100	1	100	1	100	2	100	1	100	1
英国	98	2	96	5	100	1	98	3	98	2
德国	94	3	96	6	95	13	95	5	95	3
澳大利亚	90	6	98	2	98	5	86	7	93	4
加拿大	86	8	96	3	98	4	83	10	91	5
法国	93	4	78	12	97	9	83	8	88	6
日本	93	5	70	19	98	7	87	6	87	7
荷兰	89	7	83	9	94	15	76	12	85	8
韩国	77	9	73	16	95	12	75	13	80	9
意大利	75	12	96	4	74	27	66	15	78	10
瑞士	76	11	71	18	98	3	60	19	76	11
瑞典	72	13	79	11	93	16	60	16	76	12
中国	77	10	18	42	95	11	98	4	72	13
比利时	62	17	76	15	90	19	55	24	71	14
新西兰	53	20	82	10	92	17	56	22	71	15
西班牙	67	15	83	8	79	25	53	26	71	16
中国香港	70	14	61	22	98	6	49	27	69	17
爱尔兰	52	21	77	14	94	14	46	29	67	18
中国台湾	64	16	58	24	89	21	56	23	67	19
芬兰	50	23	72	17	91	18	47	28	65	20
丹麦	46	26	65	21	95	10	43	31	62	21
印度	62	18	15	44	71	29	99	2	62	22
奥地利	46	27	78	13	80	24	30	35	58	23

在亚洲 100 强大学生命科学和生物医药专业排名中，印度有 8 所大学上榜，但名次和得分与 2009 年的排行榜相比大部分都有所下降。例如，德里大学 2010 年排在第 34 名，得分 26.8 分，而在 2009 年其排名在第 14 名，得分 47.4 分（见表 12.6）。亚洲其他经济体进入前 100 名的学校数依次是：日本 21 所，中国 15 所，韩国 12 所，中国台湾 8 所，泰国 7 所，印度尼西亚 6 所，马来西亚 6 所，巴基斯坦 6 所，中国香港 5 所，

菲律宾 4 所，新加坡 2 所。

表 12.6　印度生命科学和生物医药专业进入亚洲前 100 名的大学①

2010 年名次	2009 年名次	大　学	类　型	2010 年得分	2009 年得分
34	14	德里大学	A1b	26.8	47.4
35	31	德里印度工学院	C2a	26.1	35.6
46	30	孟买印度工学院	C2a	20.8	36
49	—	尼赫鲁大学	D2a	20.5	—
57	50	加尔各答大学	A2b	19.3	27.9
58	93	马德拉斯印度工学院	D2a	19	14.5
70	55	孟买大学	A1c	15.8	26.4
92	56	坎普尔印度工学院	D2a	12.4	24.7

注：A1b 学校类型指超大型学校（在校生在 3 万人以上），完全综合型（覆盖 5 个学科领域并设有医学院），研究活动水平很高（5 年内收录在 Scopus 库中论文数在 4000 篇以上）；C2a 指中等规模学校（在校人数 5000—12000 人），综合型（覆盖 5 个学科领域），研究活动水平非常高（5 年内收录在 Scopus 库中论文数在 2500 篇以上）；D2a 指小型学校（在校生人数在 5000 人以下），综合型（覆盖 5 个学科领域），研究活动水平非常高（5 年内收录在 Scopus 库中论文数在 1250 篇以上）；A2b 指超大型学校（在校生在 3 万人以上），综合型（覆盖 5 个学科领域），研究活动水平很高（5 年内收录在 Scopus 库中论文数在 2000 篇以上）；A1c 指超大型学校（在校生在 3 万人以上），完全综合型（覆盖 5 个学科领域并设有医学院），研究活动水平中等（5 年内收录在 Scopus 库中论文数在 250 篇以上）。

3. 科技论文产出数量

科技论文数量是反映一个国家科技竞争力的重要指标，具体用每百万人口发表的科技论文篇数。根据 OECD 的统计，2005 年 OECD 国家平均每百万人口科技论文数 493.3 篇，欧盟 27 国平均 477.4 篇，世界平均 110.1 篇。瑞典、丹麦和芬兰等北欧国家科技论文产出名列前茅，达到 900 篇以上，几个主要发达国家除法国和日本外，也都在 OECD 的平均水平以上，如加拿大 800.6 篇，英国 756.8 篇，美国 691.4 篇。由于人口基数大和高等教育总体发展水平较低，印度和中国每百万人口科技论文数量很低，仅为 13.3 篇和 31.8 篇，分别占世界总量的 2.1% 和 5.9%。特别是中国科技论文数量的增长速度非常快，在 1995—2005 年的 10 年中从 7.5 篇增加到 31.8 篇（见表 12.7）。

---

① Asian University Rankings — Study Life Sciences and Biomedicine in Asia［EB/OL］.［2011 - 10 - 08］. http://www.topuniversities.com/university-rankings/asian-university-rankings/life-sciences-biomedicine.

表 12.7　2005 年与 1995 年各国每百万人口中科技论文数量比较

国　家	2005（篇）	1995（篇）	世界科技论文总数中国家所占份额（％），2005	世界科技论文总数中国家所占份额（％），1995
瑞士	1166.4	1019.6	1.2	1.3
瑞典	1108.7	1052.1	1.4	1.6
丹麦	930.1	827.9	0.7	0.8
芬兰	917.2	798.2	0.7	0.7
以色列	910.4	1035.4	0.9	1.0
荷兰	851.0	782.0	2.0	2.1
新加坡	831.2	323.7	0.5	0.2
加拿大	800.6	810.2	3.6	4.2
挪威	788.4	670.0	0.5	0.5
澳大利亚	779.4	721.4	2.2	2.3
英国	756.8	784.1	6.4	8.1
新西兰	727.4	664.3	0.4	0.4
冰岛	696.3	583.4	0.0	0.0
美国	691.4	725.2	28.9	34.2
比利时	653.1	510.2	1.0	0.9
奥地利	554.6	430.9	0.6	0.6
德国	535.3	461.0	6.2	6.7
斯洛文尼亚	518.1	218.1	0.1	0.1
爱尔兰	511.0	338.2	0.3	0.2
OECD	493.3	450.4	81.4	86.9
法国	482.5	485.5	4.3	5.1
欧盟 27 国	477.4	410.3	33.1	34.7
日本	434.1	375.2	7.8	8.3
西班牙	422.5	287.3	2.6	2.0
意大利	420.5	314.5	3.5	3.2

续表

国　家	2005（篇）	1995（篇）	世界科技论文总数中国家所占份额（%），2005	世界科技论文总数中国家所占份额（%），1995
希腊	386.4	193.5	0.6	0.4
韩国	340.6	84.3	2.3	0.7
捷克	309.7	189.2	0.4	0.3
葡萄牙	275.8	98.7	0.4	0.2
匈牙利	259.1	170.8	0.4	0.3
波兰	179.3	118.9	1.0	0.8
斯洛伐克	170.6	201.2	0.1	0.2
卢森堡	129.0	68.3	0.0	0.0
世界	110.1	—	100	100.0
土耳其	108.4	27.8	1.1	0.3
俄罗斯	100.5	125.9	2.0	3.3
阿根廷	79.2	56.5	0.4	0.3
巴西	53.7	21.6	1.4	0.6
南非	51.0	59.6	0.3	0.4
罗马尼亚	41.0	30.5	0.1	0.1
墨西哥	37.6	21.3	0.5	0.3
中国	31.8	7.5	5.9	1.6
印度	13.3	10.3	2.1	1.7

资料来源：OECD. Main Science and Technology Indicators［R］. April 2008；National Science Foundation. Science and Engineering Indicators 2008［R］. 2008.

4. 教师工资水平

同其他国家相比，印度高校教师的工资仍然偏低。朗布利、帕切科和阿尔特巴克（Rumbley、Pacheco 和 Altbach）等人对 15 个国家的大学教师工资调查表明，按 2008 年购买力平价计算，中国和印度的月工资水平最低，分别为 1182 美元（PPP）和 1547 美元（PPP），这仅相当于美国平均的 25%，西欧国家的 30%—35%。尽管印度的 GDP 水平低于中国，但教师平均工资却高于中国（见图 12.1）。

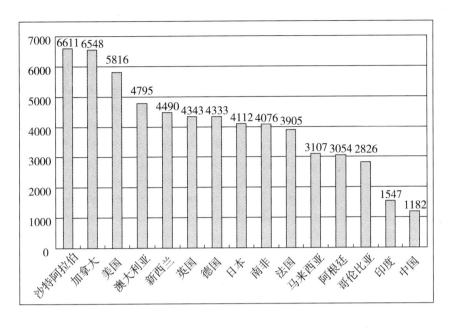

图 12.1　2008 年部分国家教师工资（购买力平价美元）①

三、印度高等教育发展的现状与主要特征

印度高等教育一直走外延式发展模式的路子，依靠院校数量扩张来增加就学机会，拉动高等教育规模扩大。印度高等教育在校生人数 1950/51 年仅为 17 万人，1980/81 年达到 275 万人，1990/91 年 492 万人，2000/01 年 840 万人，2001/02 年 896 万人，2002/03 年 952 万人，2003/04 年 995 万人，2004/05 年 1048 万人，1950/51 年至 2005/06 年年均增长 8.04%。到 2009/10 年在校人数达到 1364.2 万人。印度高等教育院校数量增加迅速：在独立时大学仅有 20 所，附属学院 500 所；到 2009 年末，印度有大学504 所，学院 25951 所，在校人数 1364.2 万人，已成为世界高等教育第三大国，排在中国和美国之后。从科类结构看，2006—2007 年文科占 46%，理科占 20%，商业和管理占 18%，工程技术占 7%，医学占 3%，教育占 1%，农学占 1%，兽医学和法律占3%，其他占 1%。从层次结构看，文凭证书占 1%，本科生占 89%，硕士生占 9%，博士生占 1%。妇女受教育机会扩大，占全部在校人数的比例已从 1950/51 年的 10% 增加到 2006/07 年的 38%，接受工程技术教育的妇女人数迅速增长，在全部妇女在校人数

---

① OECD. Higher Education to 2030—Volume 2：Globalisation［R］. 2009：194.

中有27%的人学习工程技术教育课程。弱势阶层人群接受高等教育的机会大幅增加，表列种姓和表列部落在校人数分别占11%和4.5%[①]。

从学校法律地位、学位授予权和所有制性质等维度来划分，印度高等教育院校可分为大学（Universities）和学院（Colleges）两大类。二者最大的区别是，凡是在统计上归入"大学"类别的院校都具有学位授予权，归入"学院"类别的基本上属于附属学院，不具有独立学位授予权。在大类下又分为4个中类和8个小类（见表12.8）。

表 12.8　印度高等教育机构分类

大　类	中　类	小　类	数量（所）	学位授予权
大学	中央大学	1. 中央大学	40	有
	邦立大学	2. 邦立公立大学	243	有
		3. 邦立私立大学	53	有
	大学水平院校	4. 准大学	130	有
		5. 国家级院校	33	有
		6. 邦级院校	5	有
		小计	504	
学院	附属学院	7. 大学拨款委员会承认的学院	7362	没有
		8. 大学拨款委员会没有承认的学院	18589	没有
		小计	25951	

资料来源：Ministry of Human Resource Development. Annual Report 2010–11［R］. 2011.

印度高等教育在发展过程中形成了自己的特色：集中力量建设一批国家重点大学；利用国外智力资源创办一批小型化精英院校；大力发展附属学院，增加高等教育地域和机会分布；着力促进教育公平，为弱势阶层群体学生保留入学配额；坚持依法治教管教，实行联邦和邦权力共享、专业机构对口监管的分级分类管理体制。

1. 创办国家重点大学

印度独立后陆续创办了一批国家重点大学，称作"中央大学"（Central Universities）。中央大学有三个显著特征：依据印度议会立法设立，大多是一校一法；印度总统作为每校的巡视员；办学经费由中央政府通过印度大学拨款委员会拨付或由有关部委直接拨付。为优化高等教育优质资源区域配置和机会公平分布，2009年印度议会通

---

① UGC. Annual Report 2006–2007［R］. 2006.

过《中央大学法》，批准设立 15 所由大学拨款委员会提供办学经费的新的中央大学，这其中包括将恰蒂斯加尔邦、中央邦和北阿坎德邦的三所邦立大学升格为中央大学，此外在尚未设有中央大学的比哈尔邦、古吉拉特邦、哈里亚纳邦、喜马偕尔邦、查谟和克什米尔邦、贾坎德邦、卡纳塔克邦、喀拉拉邦、奥里萨邦、旁遮普邦、拉贾斯坦邦和泰米尔纳德邦等 12 个邦各新办一所中央大学，这样印度就实现了一邦一所中央大学的目标，中央大学的总数达到了 40 所①。新办中央大学的目的是增加接受高等教育的机会，提高质量，消除中央高等教育机构区域分布的不均衡。在经费上，2009—2010 年 40 所大学中有 38 所获得大学拨款委员会的维持和发展拨款，占大学拨款委员会当年拨款总数的 76.5%。其他两所学校，英迪拉甘地全国开放大学和中央农业大学分别由人力资源开发部和农业部拨款。

2. 集中力量建设一批小型化精英院校

印度在创办中央大学的同时，还集中力量建设了一批院校规模较小、投入强度大、生源和师资质量高的院校，形成了印度工学院系列、印度管理学院系列和国家工学院系列。印度工学院是印度《宪法》在"第七列表联邦权力条目"中规定的由印度议会通过立法来设立的一种高等教育院校类型，是"对国家发展具有重要性的院校"（Institutions of National Importance），主要为国家培养工程技术人才，按院校集群模式建立，采用"一法多校"，就是一部大学法适用和调整一个院校集群。1951 年印度创立第一所工学院——克勒格布尔印度工学院，1956 年 9 月 15 日印度议会通过《印度工学院（克勒格布尔）法》宣布该院为一所对国家发展具有重要性的学院，从而使该学院成为印度工学院家族的第一所享有自治大学地位的院校。1961 年印度议会通过《印度工学院（修正）法》，规定在孟买、德里、坎普尔和马德拉斯分别创办印度工学院，在创办过程中得到美国、俄罗斯、德国和联合国教科文组织的资助。印度工学院家族现已发展到 15 所，在世界大学排行榜中印度工学院是入选次数和数量最多的印度高校，代表着印度高等教育的办学水平，在法律地位上相当于中央大学。印度管理学院（IIM）最早创办于 1961 年，在加尔各答和艾哈迈达巴德分别建立了 2 所，其办学模式借鉴了美国的经验，被看做印度的商学院，主要为国家培养高级管理人才。目前共有 12 所，已经形成了品牌院校系列。学院开设研究生层次以上的课程，包括研究生管理课程（相当于 MBA）、管理研究奖学金课程（相当于博士学位课程）、行政管理 MBA 和企业管理课程；学院同时开展研究，向企业提供咨询服务。各学院实行联合统一入学考试

---

① The Central Universities Act 2009（No. 25 of 2009 – 07 – 01）［S］.

（CAT），入学竞争异常激烈，录取率大概是 1/200，招收录取了最优秀的学生，其毕业生的质量为印度管理学院赢得了国际声誉。为培养更多的高素质科学技术人才，2007年印度议会通过《国家工学院法》，将 20 所地区工学院升格为国家工学院，作为"对国家发展具有重要性的院校"。2010 年印度政府提交草案，修改《2007 年国家工学院法》，将数个印度科学教育和研究所（IISER）纳入国家工学院立法架构中，扩大国家级院校的规模。国家工学院的法律地位也相当于中央大学。其他系列还有印度信息技术学院，现有 3 所。

3. 保留附属学院制，增加机会地域分布

附属学院制是英国殖民地者引入的，印度将这种体制一直沿袭到现在，是印度高等教育的一大特色。附属学院制是指一所法定大学按本校大学法授权在地区管辖范围内按照办学设置标准及教学、考试和学历教育证书颁发标准认可和管理一所学院的制度。附属学院制的核心是学位授予权的控制，附属学院需要达到母体大学规定的办学设置标准，并需按照母体大学制定的课程、教学和考试标准进行教学和考试，其学生的学历教育证书由母体大学颁发，附属学院不享有学位授予权。在办学层次上，附属学院基本以本科教学为主，有的实施硕士层次的教学。专业设置上涵盖各个学科门类，包括文科、理科、工程和医学等学院。类型上可分为政府学院、私立获得资助学院和私立未获得资助学院三类。附属学院制度的建立可以达到维持和控制本科层次水平高等教育教学质量的目的，调动社会各界力量参与办学，增加办学布点和机会分布，学生就近就读，在一定程度上降低办学成本。附属学院的发展成为印度高等教育数量扩张的生力军。2009—2010 年附属学院总体数量达到 25951 所，院均规模 461 人，在校生人数达到 1197.3 万人，占全部高等教育在校生人数的 87.76%，成为印度高等教育特别是本科层次教育的主体。但附属学院办学质量总体不高，仅有 28.4% 的附属学院达到了大学拨款委员会拨款的办学质量标准，加强附属学院基础能力建设和提高教育教学质量仍是印度高等教育面临的一大挑战。

4. 促进教育公平，为弱势群体学生保留入学配额

印度的弱势阶层分为三个类别：表列种姓、表列部落与社会上和教育上落后阶层人群（也称为其他落后阶层）。保证弱势阶层受教育的权利和机会是《宪法》的规定。印度《宪法》第四十六条规定国家应特别关注促进弱势阶层人民的教育和经济利益，特别是要促进表列种姓和表列部落的教育和经济利益，保护他们免受社会不公。享有受教育机会对保证表列种姓、表列部落与社会上和教育上落后阶层人群的进步发展具有极为重要的意义。2005 年《宪法（第 93 次修正）法案》在宪法第十五条插入第

（5）款，扩大了弱势阶层人群覆盖范围，将"其他落后阶层"纳入了弱势阶层，规定国家要为促进社会上和教育上落后阶层人群以及表列种姓和表列部落的教育发展，对属于这些类别的学生在所有教育机构的入学，包括在所有私立教育机构，不管是在私立获得资助的或私立未获得资助的教育机构的入学，制定特别条款。根据此款规定，宪法授权印度议会和邦立法机构为弱势阶层人民的教育进步发展制定适当的法律。印度 2007 年 1 月 3 日通过《2006 年中央教育机构（入学保留）法》，第三条规定：（1）在每个专业或学院的年度入学名额中，应为表列种姓学生保留 15% 的名额；（2）在每个专业或学院的年度入学名额中，应为表列部落学生保留 7.5% 的名额；（3）在每个专业或学院的年度入学名额中，应为其他落后阶层学生保留 27% 的名额。由于增加了对其他落后阶层的保留名额，从原来仅对表列种姓和表列部落 22.5% 的名额保留提高到现在的 49.5%。中央教育机构包括中央法案批准设立的大学、由印度议会法案批准设立的国家级院校、由中央政府维持或获得中央政府资助的准大学、由中央政府维持或获得中央政府资助的附属教育机构以及根据《1860 年社团登记法》由中央政府设立的教育机构等 5 类机构，但不适用于少数族群教育机构①。

5. 促进教育的包容性，关注弱势群体

通过缩小区域不均衡，实现包容性教育的目标，为坐落在边境地区、山区、边缘地区、小城镇和教育上落后地区的教育机构提供更多的支持；为表列种姓、表列部落、其他落后阶层、少数族群和身体残疾的在校学生人数较多的教育机构提供更多的支持；向表列种姓、表列部落、其他落后阶层、少数族群和身体残疾女大学生提供专项奖学金或研究奖学金、住宿设施、补习教学及其他资助安排。在女性高等教育毛入学率较低的县和表列种姓、表列部落、其他落后阶层和少数族群人口大县建造女生宿舍，拟建 2000 个女生宿舍，每个宿舍提供 1000 万卢比建设资金。大学设立专门机构，促进教育公平政策和措施的实施，所有大学都设立了"均等机会办公室"，负责实施与各边缘化群体有关的各类计划②。

建立 374 所示范学位学院。在低于高等教育毛入学率全国平均水平的 374 个教育落后县，每县设立一所示范学位学院，由中央政府向每所学院提供最高可达 2670 万卢比的 1/3 的基建费用，对于特殊类别邦份，中央可提供最高可达 4000 万卢比的 50% 的基建费用。经费可由大学拨款委员会向附属型大学拨款建成大学组成学院，或是由人力

① The Central Educational Institutions（Reservation in Admission）Act 2006（No. 5 of 2007）.

② Ministry of Human Resource Development. Facing Global and Local Challenges Country Report：India［R］. 2009.

资源开发部直接向有关邦政府拨款建一所附属学院或是组成学院①。2009 年 9 月 9 日，设在中央邦阿玛堪塔的英迪拉甘地国家部落大学（IGNTU）在曼尼普尔邦开办一个地区教育中心，曼尼普尔邦政府在塞纳帕蒂山区县马克汉村东北边划出一块 300 英亩的土地作为校址。地区教育中心开设的课程有政治学硕士课程等。

6. 依法治教，实行分级分类管理

中央政府和邦政府权力共享，中央与邦分级管理。人力资源开发部在国家层面对高等教育负有总体政府责任，监管并向高等教育机构分配资金，负责设立中央大学和具有国家重要性的院校，如印度工学院、国家工学院和印度管理学院等院校集群。人力资源开发部内设一个高等教育司，下设 6 个局。在国家层面还设有中央教育咨询委员会（CABE），由各邦和中央政府的代表组成，是有关教育事务的最高咨询机构，秘书处设在人力资源开发部。邦政府负责设立邦立大学和学院，为其发展提供计划拨款，为其维持提供非计划拨款，几乎 80% 的高等教育公共资金由邦政府提供，少数一些邦成立了邦高等教育委员会，制定高等教育的发展方向和目标。

印度高等教育管理的另外一个特色是分类管理，剥离教育教学标准制定和维持以及拨款等中观和微观管理职能，由法定的和非法定的专业委员会（机构）履行行政管理职能，制定和维持专业教育标准，进行专业对口管理。印度在国家层面通过立法设立了各类专业委员会，也被称为"顶级机构"。专业委员会主要有以下四类：（1）具有拨款职能的法定专业机构，由印度议会通过立法设立，如大学拨款委员会（UGC）和全印技术教育委员会（AICTE），是印度影响最大、功能最强大的两个法定专业机构。大学拨款委员会主要负责普通高等教育的标准的制定和维持以及拨款，而全印技术教育委员会主要负责包含工程、技术、管理、建筑、城镇规划、药学、应用艺术和手工艺、宾馆餐饮管理等学科在内的技术教育的标准制定和维持以及拨款。（2）没有拨款职能的法定专业机构，如国家教师教育委员会、印度医学委员会（Medical Council of India）、国家少数民族教育机构委员会（National Commission for Minority Educational Insitutions）等。这些机构都是由印度议会通过立法设立，国家教师教育委员会和印度医学委员会负责本专业领域的教育标准的制定和维持，国家少数民族教育机构委员会主要负责少数民族教育机构的管理，上述机构都不具有拨款的职能。其他法定专业委员会还有建筑委员会（COA）。（3）二级机构。此类机构是依据专业委员会法授权设立的评估认证机构。主要有两个：一个是国家评估和认证委员会（NACC），1994 年依据

---

① Ministry of Human Resource Development. Annual Report 2009 – 10 ［R］. 2009.

《1956 年大学拨款委员会法》第十二条（cc）款规定而设立，负责评估和认证公立及私立高等教育机构。另一个是国家认证委员会，1987 年依据《全印技术教育委员会法》第十条（U）款的规定而设立，负责评估和认证工科类院校。（4）非法定专业委员会，是依法注册的社团组织，负责制定和维持专业教育标准。这包括印度农业研究委员会（Indian Council of Agricultural Research），负责制定和维持农业教育标准。其他委员会还有印度药学委员会（PCI）、印度牙科委员会（DCI）、印度护理委员会（INC）、印度律师委员会（BCI）等[①]。

四、印度提升高等教育竞争力的重要举措

1. 提高质量，建设一流大学

（1）加强基础设施建设。为了提高本科层次的教学质量，1974/75 年大学拨款委员会实施了"学院科学改进计划"和"学院人文和社会科学改进计划"，向学院提供专项拨款促进基础设施的发展。全印技术教育委员会实施了"技术教育质量改进计划"，拨出专项经费，改善工科院校的办学条件。

（2）建设一流大学。实施"具有卓越潜力的大学"、"具有卓越潜力的中心"和"具有卓越潜力的学院"计划。在"九五"（1997—2002）期间第一阶段，大学拨款委员会批准尼赫鲁大学、海得拉巴大学、马德拉斯大学、贾代普尔大学和普内大学等 5 所大学为"具有卓越潜力的大学"，向每所大学拨出 3 亿卢比专项经费，用于基础设施建设。在"九五"期间，大学拨款委员会批准 12 所大学为某一学科领域的"具有卓越潜力的中心"，并一次性给予专项拨款。在"十五"（2002—2007）期间，印度批准 5 所"具有卓越潜力的大学"以及 4 所大学为"具有卓越潜力的中心"。在"十一五"（2007—2012）期间，批准 6 所"具有卓越潜力的大学"。此外，印度在"九五"和"十五"期间，还批准 161 所附属学院为"具有卓越潜力的学院"，旨在加强办学基础设施建设，开展教学创新，采用现代学习和评价方法，在本科生阶段实行弹性选课制，从而使这些学院发挥示范学院的作用。赋予这些学院与母大学的学位联合授予权，学院可把它们的名字印在学位证书上，这种责任感将激励学院提高教学质量。同时鼓励这些学院积极开展科研活动。在第二阶段，又批准 50 所学院，每个邦限定一个名额。

---

① Ministry of Human Resource Development. Facing Global and Local Challenges Country Report：India［R］. 2009.

截至 2010 年，"具有卓越潜力的学院"达到 246 所[①]。

（3）加强重点学科建设，建立国家级研究中心和实验室。大学拨款委员会成立了 6 个自治校际中心：设在新德里的核科学中心、设在普内的天文学和天体物理学校际中心、设在印多尔的原子能设施校际联合体，设在新德里的教育通信联合体、设在艾哈迈达巴德的信息与图书网络中心和设在海得拉巴的国际研究中心。目的是实现资源共享，加强前沿学科建设。另外，大学拨款委员会还成立了若干国家级研究中心，如设在孟买大学的西部地区仪器中心（孟买）、设在安纳大学的晶体生长中心（肯奈）、设在文卡特斯瓦拉大学的雷达中心（蒂鲁伯蒂）、设在印度理学院的地区仪器中心（班加罗尔）和设在印度高级研究学院的人文与社会科学校际中心（西姆拉）。

（4）设立课题资助计划，加强人文和社科研究。大学拨款委员会在人文、社科和语言学科领域实施了重点课题和一般课题资助计划，2006 年批准立项重点课题 243 项，一般课题 52 项，重点课题的资助额度为 30 万—70 万卢比，一般课题为 5 万—10 万卢比。

（5）提高教师业务水平。印度现有大学教师 7.9 万人（16.2%），附属学院教师 40.9 万人（83.8%）。在提高教学质量方面教师发挥着核心作用，教师的教学动机和教育质量有着重要的联系。自 20 世纪 80 年代中期以来，大学拨款委员会陆续在大学建立了 52 所学术人员学院，向所有新聘教师提供特别设计的教学方法、教育学和教育技术方面的定向适应课程，向所有在职教师至少每 5 年提供一次进修课程。向新聘教师提供定向课程，教学时间为 144 个小时，每天 6 小时，每周 6 天，为期 4 周。向在职教师提供进修课程，教学实践为 108 小时，每天 6 小时，每周 6 天，为期 3 周。除专业课程外，还包括计算机在教学和科研中的使用。

（6）进行教学创新，培养创新人才。为提高教育教学质量，印度积极进行教学创新，开发示范课程，培养创新人才，着力培养学生的创新精神和创新能力。在 20 世纪 80 年代末，大学拨款委员会设立了 28 个学科的课程开发中心，开发相应学科的示范课程。2001 年完成了第二轮示范课程开发工作，开发出经济学、数学、教育学、环境科学、地球科学等 38 个学科领域的本科生和研究生层次的示范课程，从教学内容、方法和模式进行创新。同时，印度注重学生实践能力和职业能力的培养，增强教育内容与社会经济生活的相关性。大学拨款委员会在人文和社科、商业和管理、科学及工程技术等 4 个学科领域开发了 35 个职业性课程，在为期 3 年的学习中学生需要参加两个月的生产实习，并需完成项目设计作业。有 209 所高校参加了试点。

---

① Ministry of Human Resource Development. Annual Report 2010 – 11 ［R］. 2010.

2. 建立高等教育质量保障体系

印度按教育类型在高等教育质量保障方面分别依法成立了两个主要认证机构，一个是负责普通高等教育认证的"国家评估和认证委员会"，一个是负责技术教育的"国家认证委员会"。

普通高等教育质量评估认证。1994 年成立了由大学拨款委员会直接管理的"国家评估和认证委员会"，负责文科类院校的质量评估和认证。委员会负责评估和认证普通高等院校，通过综合开展高校内部与外部的质量评价，提高和维持教育质量，使质量成为印度高等教育发展的决定性因素。该委员会设有全体委员会和执行委员会及各种学术、咨询和管理委员会。印度对高等教育的评估和认证共有 7 个维度：（1）课程方面；（2）教学和评价；（3）研究、咨询和社会服务；（4）基础设施和学习资源；（5）学生支持和发展；（6）治理和领导；（7）创新实践。评估和认证遵循以下程序：（1）高等院校根据上述维度和标准，准备自评报告，并提交给国家评估和认证委员会，该委员会分析院校自评报告后，决定是否对该院校进行评估和认证；（2）国家评估和认证委员会组织同行专家实地考察院校，作出全面的评估报告；（3）国家评估和认证委员会根据院校自评报告和专家评估报告进行研究，在此基础上对院校分出等级，进行认证；（4）将评估和认证结果在网上公布；（5）评估和认证有效期为 5 年①。

技术教育质量评估认证。依据 1987 年《全印技术教育委员会法》第 10 条（u）款规定，1994 年全印技术教育委员会依法成立了"国家认证委员会"，具体的职能是评价教育质量标准，评估和认证技术教育类院校，同时它还拥有承认技术教育院校或取消承认技术教育院校的建议权，目前已有 1924 种专业或课程得到该委员会的认证。该委员会按学科和层次开发了评估方案，主要是对本科和研究生层次的学科进行了评估认证，文凭层次的学科尚未进行评估（见表 12.9）。该委员会成为《华盛顿协定》的临时成员，这可保证协定成员国能接受该委员会的认证程序。此外，1996 年印度农业研究委员会成立了"认证委员会"，负责农业教育质量的评估认证②。

---

① 许明. 印度高等教育质量保障体系概述［J］. 黑龙江教育·高教研究与评估版，2005（7 – 8）.

② National University of Educational Planning and Administration（NUEPA）. Facing Global and Local Challenges—The New Dynamics for Higher Education：India Country Report，2009［R］.［2011 – 09 – 10］. http：//portal. unesco. org/geography/en/files/10916/12354654905India. pdf/India. pdf.

表 12.9　印度技术教育质量评估认证

层　次	学　科	实施情况
文凭	工程和技术、管理、药学、建筑、宾馆餐饮管理、应用性艺术和工艺	正在开发评估方案，评估尚未进行
本科生	工程和技术、管理、建筑、宾馆餐饮管理、应用性艺术和工艺	已开发评估方案，陆续进行评估，发布了相应学科的评价报告和自评报告
研究生	工程和技术、管理、药学、建筑、宾馆餐饮管理、应用性艺术和工艺	已开发评估方案，陆续进行评估，发布了相应学科的评价报告和自评报告

五、印度提升高等教育竞争力的启示

印度已发展成为一个高等教育大国，但其高等教育竞争力总体水平还不强，在高等教育毛入学率、高等教育研发投入占 GDP 比例、进入世界大学 500 强学校数及所占份额、外国留学生占高等教育在校人数的比例、25—34 岁受过高等教育人口比例、每百万人口拥有的科技论文数和专利数等核心指标上，与世界平均水平还有较大差距。通过建设国家重点院校集群以及创新型大学，印度努力增强高等教育服务国家和社会的能力，着力提升高等教育在国际上的竞争力。不仅保障学生有公平地接受高等教育的机会，而且还要保证学生能接受有质量的高等教育。

集中力量建设一批国家重点院校集群，提升高等教育竞争力。这包括中央大学系列、印度工学院系列、印度管理学院系列、国家工学院系列、印度信息技术学院系列，为国家培养了大批各类高级人才，特别是部分印度工学院和印度管理学院在国际上具有很高的知名度，入选世界各类大学排行榜，提升了印度高等教育竞争力。印度的经验表明，需要正确处理内涵与外延发展的关系，学校规模并不是越大越好，印度最好的高校并不是那些综合性附属型大学，而是一批设施精良、院校规模小、师资水平高、以英语为教学语言的小型化精英型院校。此外，印度借力国际高水平大学的智力资源和支持，探索创办 14 所侧重战略性学科领域的创新型大学。

注重资源和机会均衡分布，促进教育公平。印度注重高等教育优质资源区域均衡配置，实现了一邦一所中央大学的目标，同时注重其他重点院校资源的区域均衡配置。通过学院附属制，增加办学布点。实行入学配额保留制度，保证表列种姓和表列部落等弱势阶层学生接受高等教育的机会。发展妇女高等教育，注重性别公平，重视残疾学生接受高等教育。所有大学都设立"均等机会办公室"专门机构，保证高等教育公平政策的实施。

采取有力措施，保证教育质量。加强高等教育院校基础能力建设，保证基本的设施设备配置。加强重点学科建设，建立国家级研究中心和实验室，实现资源共享。大力推进以培养关键能力为核心的教学和课程改革，着力培养创新型人才。推行本科生教育职业化计划，强调培养学生的多种技能和能力。调整课程结构，进行教学创新，培养普通院校学生的创新精神、创新能力、实践能力和就业创业能力，增强社会适应能力。建立高校教师进修学院，提高教师业务水平。建立和完善高等教育质量保障体系，在普通高等教育、技术教育和农业教育等领域设立质量评估认证机构。

第五篇

未来战略

第十三章

世界高等教育发展趋势

一、世界高等教育发展趋势概述

自 20 世纪 90 年代以来世界高等教育发生了巨大变化，一些国际组织发表了重要报告，如联合国教科文组织的《全球高等教育趋势报告》，经济合作与发展组织的《高等教育到 2030 年展望》，世界银行的《创建世界一流大学的挑战》。2009 年联合国教科文组织召开世界高等教育大会，会议发表的公报指出，高等教育应履行社会责任，关注教育的机会、公平和质量，顺应教育国际化、区域化和全球化发展趋势，增强研究和创新能力。

1. 联合国教科文组织的重大关切

2009 年 7 月 5—8 日联合国教科文组织在巴黎举行了 2009 年世界高等教育大会，这是继 1998 年首次世界高等教育大会以来的又一世界高等教育界盛会。会议一致通过大会公报《社会变革与高等教育发展新动力》（The New Dynamics of Higher Education and Research for Societal Change and Development）。公报指出，高等教育作为构建包容性与多样性的知识型社会和促进研究、创新及创造力的主要力量，在历史上从未有任何一个时期像现在这样凸显对高等教育投资的重要性。过去的十年，高等教育在消除贫困、维持可持续发展以及实现"人类千年发展目标"和"全民教育"国际发展目标方面也作出了重要贡献。公报提出了高等教育四个方面的重大关切：

（1）高等教育的社会责任。高等教育作为一项公共事业，是所有利益相关者的责任，特别是政府的责任。面对当前和未来错综复杂的全球性挑战，高等教育的社会责任就是帮助人们提高对社会、经济、科学和文化等方面复杂问题的认识能力和应对能力，在引领社会应对全球性问题，特别是在食品安全、气候变化、水资源管理、跨文化对话、可再生能源和公共卫生等问题方面发挥重要作用。高等教育机构要增加跨学科学习，培养学生批判性思维和积极的公民意识，为可持续发展、和平、福祉及包括性别公平在内的人权实现作出贡献。高等教育不仅为现实和未来世界向学生传授纯粹的技能，还要培养能构筑和平、捍卫人权和具有民主价值观的有道德修养的公民。各类高等教育机构应将其使命和表现等方面的信息向社会公开，增加信息透明度。保证高校自治，通过保证质量、增强适切性、提高效率、增加透明度和履行社会责任来完成高等教育使命。

（2）机会、公平与质量。扩大入学机会正成为大部分会员国优先考量的问题，高等教育的参与率不断提高已成为全球的主要发展趋势。政府和机构必须大力提高女性接受各级教育的机会，鼓励她们积极参与并取得成功。高等教育必须同时追求公平的目标，向贫困和边缘化的群体提供合适的财政援助和教育政策的支持，确保学生顺利参与并完成学业。知识型社会要求高等教育系统多样化，表现为具有不同职能同时又能满足不同类型学习者需要的高等教育机构的并存。除公共高等教育机构外，追求公益目标的民营高等教育机构对高等教育系统多样化的实现同样发挥着重要的作用。高等教育必须增加教师教育份额，无论是职前的还是在职的，通过向教师们提供课程来帮助他们更好地向学生传授适应 21 世纪要求的知识与技能。当然，这有赖于新的教育途径，包括开放式远程学习（ODL）和信息通信技术（ICTs）。培训教育管理者，开展改进教学方法的研究，为实现"全民教育"目标作出贡献。发展开放式远程学习，加强信息技术在教育教学中的应用，为人们提供广泛接触优质教育资源的机会。信息通信技术在教学和学习方面的运用具有很大的潜力，它可以增加入学机会、提高教育品质和帮助学生获得成功。加强教学人员培训，提高业务素质。加强科学、技术、工程和数学以及人文社会科学学科建设。科学研究的成果还应当通过信息通信技术让人们更易获得。高等教育机构提供的培训应当既要响应又能预见社会的需求，包括促进新技术研发与新技术运用，以及确保提供技术和职业培训、创业教育和终身学习项目。建立各种质量保障体系，形成多种评价模式，在机构内部形成一种质量文化。质量标准必须反映高等教育的整体目标，特别是要培养学生的批判性思维、独立思考和终身学习能力。高等教育质量保障需要认识到吸引和留住合格的、有才能的和忠诚的教学和研究人员的重要性。政策和投资必须支持更加广泛而多样的第三级/中等后教育和研究，响应新的和多样化的学习者快速变化的需求。

（3）国际化、区域化与全球化。全世界的高等教育机构都承担着缩小发展差距的社会责任，要通过不断增加跨境知识转移，尤其是向发展中国家的知识转移，促进人才流动，减少人才流动的负面影响。建立国际大学网络与合作关系，促进相互间的理解与和平文化的培育。合作研究和教职人员以及学生的交流互换可以促进国际合作。应鼓励更大范围和更加平衡的学术流动，并融入能真正保障多边与多元文化间合作机制。合作关系应有利于所涉国家民族文化创新能力的培育，以确保在区域和全球范围内拥有更加多样化的高水平研究同行和知识生产。为了使高等教育的全球化能够泽被大众，保证高等教育入学和成功机会的平等、提高教育质量以及尊重文化多样性和国家主权，高等教育的全球化亟须建立国家认证体系和质量保障体系，并促进这两个体系之间的交流。跨境高等教育能够为整个高等教育的发展作出重大贡献，跨境高等教育要能够提供高质量的教育服务，提升学术价值，保持教育的适切性，尊重对话与合作的基本原则，相互承认和尊重人权、文化多样性与国家主权。跨境高等教育需要联合抵制和打击文凭制假和售假。新动力正在形成高等教育与研究的新格局，要在国家、区域和世界各层面范围内，特别是在撒哈拉以南的非洲国家、小岛屿发展中国家（SIDS）和其他最不发达国家（LDCs）建立协调一致的行动和合作伙伴关系，以确保全球高等教育体系的质量与可持续发展，加强南南合作和南北合作。在资格互认、质量保障、机构治理和研究创新等领域需要更大范围的合作。在教学和研究方面，高等教育应当体现出国际、区域和国家的维度。

（4）学习、研究与创新。考虑到许多国家用于研究与开发的经费需要增加，研究机构必须在包括中小企业在内的多方利益相关者构成的公私关系中去寻求增加研究与创新经费的新途径。由于基础研究需要较高水平的投入并需解决全球知识与本土需要相结合的问题，这很难在基础研究和应用研究之间保持一种良性平衡，因而研究机制要增加灵活性，在社会服务方面要促进科学发展和跨学科运用。为了高等教育的质量和完整性，向学术人员提供参与研究和获得资助的机会，学术自由要作为一项基本价值准则得到保护。高等教育应当在社区与公民社会间创立一种互惠互利的伙伴关系，以促进知识的沟通和交流。鼓励利益相关者开发和加强电子图书馆资源及工具利用，以支持教学、学习和研究①。

菲利普·G. 阿尔特巴克等知名学者向联合国教科文组织 2009 年世界高等教育大会

---

① 联合国教科文组织. 社会变革与高等教育发展新动力——2009 年世界高等教育大会公报［J］. 赵叶珠，游蠡，等，译. 中国高等教育，2009，（17）. UNESCO. 2009 World Conference on Higher Education：The New Dynamics of Higher Education and Research for Societal Change and Development，COMMUNIQUE［EB/OL］，8 July 2009.

准备了一份《全球高等教育趋势：跟踪学术革命》报告，报告分析和概括了 11 个世界高等教育发展趋势：全球化和国际化，机会与公平，质量保障、问责制和资格框架，高等教育经费，民营高等教育和私营化，学术专业的集中性和危机，学生经历，教学、学习与评价，信息通信技术与远程教育，研究，大学—企业联系等①。

2. 欧洲高等教育区的观点

2006 年欧盟委员会在一份题为《实施大学现代化日程：教育、研究和创新》文件中指出了高等教育现代化面临的 9 个关键挑战。2008 年 10 月欧盟委员会在向欧盟理事会就"为在全球知识经济中提升欧洲竞争力而实现大学现代化"的报告附件工作人员文件中，提出：（1）课程改革，具体内容包括实施三级学位体系（学士—硕士—博士），促进能力本位学习和弹性学习路径，加强学习互认和流动；（2）治理改革，增强大学办学自治，建立与企业的战略伙伴关系，加强质量保障；（3）经费改革，实现大学收入来源多样化，建立绩效评估机制，促进公平、机会和效率，发挥学费、资助和贷款的可能作用②。

2009 年 4 月 28—29 日，欧洲 46 个"博洛尼亚进程"签署国的负责高等教育的部长在比利时鲁汶大学举行会议，会议发表了《鲁汶公报》和《2009 博洛尼亚政策论坛声明》。这是继 2007 年伦敦会议之后欧洲高等教育的又一次盛会。会议认为，到 2020 年的未来 10 年间，欧洲高等教育将为实现一个具有高度创造力和创新精神的知识化欧洲作出重要贡献。公报提出了到 2020 年下一个 10 年欧洲高等教育的 10 个发展目标：（1）保证学生享有公平的机会和完成学业，体现教育的社会维度；（2）推进终身学习，拓宽高等教育的学习机会；（3）提高学生的就业能力，教授和培养学生在以后的整个专业生活中所需的先进的知识、技能和能力；（4）实施以生为本的教学，推进以学习结果为导向的课程改革，实施以生为本的教学要求在各级学位教育中向个体学习者赋权，采用新的教学方法，提供有效的支持和指导，开发更加注重以学习者为中心的课程；（5）推动科研和创新，高等教育在推进创新和提升创造力方面有着巨大的潜力，要增加具有研究能力的人员的数量；（6）提高国际开放度，积极参与可持续发展全球合作，实施欧洲联合行动计划，增强欧洲高等教育的吸引力，提高开放程度；（7）促

① Philip G. Altbach, Liz Reisberg and Laura E. Rumbley. Trends in Global Higher Education: Tracking an Academic Revolution: A Report Prepared for the UNESCO 2009 World Conference on Higher Education [R]. [2011 - 11 - 12]. http://www. unesco. org/en/the - 2009 - world - conference - on - higher - education/resources/global - reports/.

② The Higher Education Modernisation Agenda [EB/OL]. [2010 - 05 - 18]. http://ec. europa. eu/education/higher - education/doc1320_ en. htm#doc.

进学生和人员流动，这有助于提高课程教学质量，提升研究水平，促进欧洲高等教育的学术和文化国际化，流动对个人的发展和就业能力的培养极为重要，到 2020 年，欧洲高等教育区至少 20% 的学生要有在他国学习或接受培训的经历；（8）加强数据采集工作，监测社会维度目标达成程度、就业能力培养、人员流动及其他政策领域等方面取得的进展情况，并为评估和基准监测提高基础；（9）运用大学排名和高校分类等多维透明工具，发现和比较不同类型高校的优势；（10）经费来源多样化，坚持公共责任和以公共投入为主的原则，确保公平的机会和院校的可持续发展，同时寻求新的渠道，使经费来源多样化[①]。

3. 经济合作与发展组织的视角

进入 21 世纪以来，许多 OECD 国家高等教育经历了快速增长，随着经济和劳动力市场日益全球化，高等教育系统面临着新的压力。OECD 教育委员会要求对各国的高等教育进行主要评估，在 2004—2008 年间实施了高等教育主题评估项目，有 24 个国家参加。评估内容分为两个部分：第一部分是分析评估，具体包括参加国撰写自评报告（国别背景报告）、文献评估、数据分析和专题委托研究，有 21 国提交了国别自评报告。第二部分是国别外部评估，由 OECD 派专家对对象国进行短期考察访问并撰写国别外部评估报告，OECD 完成了 14 国外部评估报告。中国、韩国、日本、芬兰、墨西哥和西班牙等国参加了自评报告和外部评估报告工作。2008 年 4 月 3—4 日，OECD 在葡萄牙首都里斯本举行的国际会议上，呈现了项目研究结果。OECD 在国别自评报告、外部评估报告和委托研究报告基础上完成了《高等教育为知识经济服务》分析报告和综合报告，报告从全球视野分析了国际高等教育的发展趋势。

（1）高等教育系统迅速扩张。从全球来看，高等教育在校生人数从 1991 年的 6800 万人增加到 2004 年的 1.32 亿人，1991—2004 年间全世界高等教育在校生人数年均增长 5.1%。（2）提供形式多样化。系统扩张伴随着提供形式多样化，出现新的高校类型，高校内部教育提供多样化，民营提供扩大，引入新的教学模式。（3）生源群体更加异质化。女性参与的提高是最值得关注的趋势，影响了高等教育群体的构成；日益增加的成人学生参与使得学生群体的平均年龄提高；在社会经济背景、种族和以前受教育的类型方面，大部分国家高等教育学生群体呈现异质化。（4）新的办学经费安排。

---

① Communiqué of the Conference of European Ministers Responsible for Higher Education, Leuven and Louvain – la – Neuve, 28 – 29 April 2009 ［EB/OL］. ［2011 – 11 – 10］. http: //www. ond. vlaanderen. be/hogeronderwijs/bologna/conference/documents/Leuven_ Louvain – la – Neuve_ Communiqué_ April_ 2009. pdf.

一是经费来源多样化，二是公共高等教育经费分配表现为优化资源配置、以绩效为基础和竞争加剧，三是一些国家扩大学生资助范围。（5）更加关注责任制和绩效。建立正式质量保障体系成为影响高等教育系统的最重要的一个趋势。自20世纪80年代初，质量成为高等教育的一个关键议题。高等教育的扩张提出了公共高等教育支出的数量和方向的问题。此外，财政紧缩和市场压力也促使人们日益关注高等教育的责任感。（6）新的高校治理形式。近年来重要的变化是高校领导力，出现了学术领导力的新观点和组织决策结构的新形式。学术领导人日益被看做管理者、联合—建设者或企业家。（7）全球网络化、流动和合作。高等教育国际化趋势日益明显，在高校、学者和学生以及产业等其他参与者间的交流与合作逐步形成网络化，高校建立了跨境研究的密集网络，国际合作研究得到加强。报告还提出在高等教育质量、公平、研究、创新及与劳动力市场联系等方面面临的主要挑战（见表13.1）。

表13.1　OECD确定的高等教育主要挑战

领　域	主要挑战
高等教育发展政策	• 明确表达国家对高等教育的期望 • 将个别高校的优先考量与国家的经济和社会目标结合起来 • 建立协调一致的高等教育体系 • 找到政府指导和高校自治之间的适当平衡 • 制定高校治理安排，回应外部期望
高等教育办学经费	• 保证高等教育财政长期可持续性 • 制定与高等教育发展目标相一致的经费拨款战略 • 有效使用公共资金
高等教育质量	• 建立质量保障机制，增强责任感和改进质量 • 培养质量文化和增加透明度 • 使质量保障适应办学多样性
高等教育公平	• 保证机会均等 • 制定不损害机会公平的成本分担安排 • 改进最不具代表性群体的参与机会
高等教育在研究和创新中的作用	• 提升研究卓越及其相关性 • 建立与其他研究组织、民营部门和产业的联系 • 提高高等教育传播它所产生的知识的能力

领　域	主要挑战
学术生涯	• 保证学术人员的适当供应 • 增加人力资源管理的弹性 • 帮助学术人员应对新的需求
与劳动力市场的联系	• 将劳动力市场需求和参与者纳入高等教育政策之中 • 保证高校对毕业生劳动力市场结果的回应性 • 提供弹性的、以工作为导向的学习机会
高等教育国际化	• 根据国家需要制定全面的国际化战略 • 保证跨境教育质量 • 提高高等教育的国际可比性

资料来源：OECD. Tertiary Education for the Knowledge Society—Thematic Review of Tertiary Education：Synthesis Report［R］. April 2008.

二、促进机会与公平

1. 世界高等教育规模发展迅速

高等教育在提供一个国家的竞争力和创新能力及培养高层次人才方面发挥着重要作用。美国是第一个实现高等教育大众化的国家，1960 年受过中等后教育的适龄年龄组人口的比例达到40％。在20 世纪80 年代西欧和日本高等教育经历了迅速增长。进入21 世纪，一些国家高等教育发展更为迅速，如韩国和芬兰等国，新兴经济体也在加速发展高等教育。据联合国教科文组织《2010 年全球教育摘要》统计，全世界近1.6 亿人在接受高等教育，中国、美国和印度成为世界上最大的三个高等教育体系，分别占到全世界高等教育在校总人数的16.8％、11.5％和9.4％。全世界高等教育毛入学率在1999—2008 年的近10 年间提高8 个百分点，从区域上看，增长速度最快的是中东欧国家，提高26 个百分点，拉美和加勒比提高17 个百分点，东亚和太平洋提高12 个百分点，北美和西欧提高10 个百分点，而撒哈拉以南非洲仅增加了2 个百分点。从国别上看，一些国家已经完全普及了高等教育，韩国高等教育毛入学率最高，达到98％，芬兰94％，希腊91％。有些国家已接近普及高等教育，如美国83％，丹麦80％，澳大利亚77％，挪威73％。在这近10 年中，中国高等教育发展迅速，毛入学率从7％提高到23％，同期印度仅提高3 个百分点，即从10％增加到13％，一个主要原因可能是印度把更多的努力放在了普及义务教育上。高等教育性别平等方面也有了很大改善，全世界高等教育性别平等指数从 1999 年的 0.98 提高到 2008 年的 1.08，在各个地区中目前仅有阿拉伯国家、南亚和西亚以及撒哈拉以南非洲性别平等指数未达到 1 的水平，并且在撒哈拉以南非洲这个指标值还出现了下降（见表 13.2）。

表 13.2　世界各地区高等教育在校人数和毛入学率

地　区	2008 年在校总人数（千人）	1999 年毛入学率（%）	性别平等指数	2008 年毛入学率（%）	性别平等指数
世界	**158713**	**18**	**0.98**	**26**	**1.08**
阿拉伯国家	7308	19	0.78	21	0.95
中东欧国家	21137	38	1.19	64	1.28
中亚国家	2108	19	0.95	25	1.10
东亚和太平洋	48608	14	0.81	26	1.01
拉美和加勒比	19723	21	1.15	38	1.25
北美和西欧	34423	60	1.23	70	1.32
南亚和西亚	20589	8	0.65	13	0.76
撒哈拉以南非洲	4517	4	0.70	6	0.66

数据来源：UNESCO. Global Education Digest 2010：Comparing Education Statistics Across the World ［R］. 2010：170.

为提升国家或区域竞争力，建设人力资源强国和适应劳动力市场就业结构的变化，一些国家和地区提出了高等教育发展的新目标。欧盟根据劳动力市场的预测，将高中教育学历作为进入劳动力市场的基准资格，30—34 岁受过高等教育的比例达到 40% 作为到 2020 年欧盟教育与培训系统的 5 个基准之一[1]。中国《国家中长期教育改革和发展规划纲要（2010—2020 年）》提出要将高等教育毛入学率从 2009 年的 24.2% 提高到 2020 年的 40%[2]。印度总统普拉蒂巴·帕蒂尔（Pratibha Patil）2010 年 9 月 24 日在一次毕业典礼大会上提出，印度到 2020 年高等教育毛入学率要提高到 30%[3]。

---

① Council Conclusions of 12 May 2009 on a Strategic Framework for European Cooperation in Education and Training（"ET 2020"）［S］. Official Journal of the European Union：C119/2, 28.5.2009.

② 《国家中长期教育改革和发展规划纲要（2010—2020 年）》。

③ India Aims to Raise Enrolment in Higher Education — President ［EB/OL］.［2010 - 09 - 24］. http：//indiaedunews. net/Today/India_ aims_ to_ raise_ enrolment_ in_ higher_ education_ -_ President_ 12650/.

2. 高等教育成就水平在不断提高

在高等教育规模扩充的同时，人们的高等教育成就水平也在不断提高。在 1998 年，OECD 国家有 37% 的人没有完成高中教育，有 21% 的人完成了高等教育。到 2009 年，没有完成中等教育的人下降了 10 个百分点，而完成高等教育的人上升了 9 个百分点，达到 30%。中国 25—64 岁人口受过高等教育的比例为 5%，仅为美国的 1/8，OECD 国家平均的 1/6（见表 13.3）。在 OECD 国家和 20 国集团中，受过高等教育的人口总数达到 25687.6 万人，其中美国占 25.8%，中国占 12.1%，日本占 11.4%，英国占 4.7%，德国占 4.6%，韩国占 4.3%，巴西占 4.1%，法国和加拿大均占 3.6%，西班牙占 3.1%，墨西哥占 3%，澳大利亚占 1.6%[①]。

表 13.3 25—64 岁受过高等教育的人口比例（2009 年）

国家和区域	25—64 岁 (%)	25—34 岁 (%)	35—44 岁 (%)	45—54 岁 (%)	55—64 岁 (%)	25—64 岁 (千人)
澳大利亚	37	45	38	34	29	4125
奥地利	19	21	20	18	16	875
比利时	33	42	37	30	23	1943
加拿大	50	56	56	45	41	9187
智利	24	35	24	20	17	2004
捷克	16	20	15	16	11	948
丹麦	34	45	39	28	26	978
爱沙尼亚	36	37	36	38	33	256
芬兰	37	39	44	37	29	1076
法国	29	43	32	22	18	9263
德国	26	26	28	26	25	11721
希腊	24	29	26	22	15	1435
匈牙利	20	25	19	18	16	1104
冰岛	33	36	38	32	23	53
爱尔兰	36	48	39	28	20	848
以色列	45	43	47	45	45	1511
意大利	15	20	15	12	10	4836
日本	44	56	49	45	27	29230

---

① OECD. Education at a Glance 2011［R］. 2011：35.

续表

国家和区域	25—64 岁 (%)	25—34 岁 (%)	35—44 岁 (%)	45—54 岁 (%)	55—64 岁 (%)	25—64 岁 (千人)
韩国	39	63	44	26	13	11042
卢森堡	35	44	38	29	25	93
墨西哥	16	20	15	15	10	7789
荷兰	33	40	34	31	27	2922
新西兰	40	47	41	38	34	851
挪威	37	47	40	33	27	915
波兰	21	35	21	13	13	4469
葡萄牙	15	23	15	11	7	873
斯洛伐克	16	21	15	14	12	489
斯洛文尼亚	23	30	26	19	17	272
西班牙	30	38	34	25	17	7844
瑞典	33	42	35	29	27	1592
瑞士	35	40	38	33	28	1512
土耳其	13	17	11	10	10	4065
英国	37	45	39	34	29	11992
美国	41	41	43	40	41	66148
OECD 平均	30	37	32	27	22	
OECD 全部(千人)						204262
欧盟 21 国平均	27	34	29	24	20	65831
阿根廷	14	—	—	—	—	2909
巴西	11	12	11	11	9	10502
中国	5	6	5	3	3	31137
印度尼西亚	4	—	—	—	—	5447
俄罗斯	54	55	58	54	44	—
沙特阿拉伯	15	—	—	—	—	1594
南非	4	—	—	—	—	1023
20 国集团平均	25	36	32	27	22	13060
20 国集团全部 (千人)						222012

资料来源：OECD. Education at a Glance 2011 ［R］. 2011：40.

　　半个多世纪以来，受过中等和高等教育的人的比例呈现稳步上升的趋势。在1933年出生的年老一代和在1984年出生的年轻一代，分别在20世纪50年代和21世纪初完成了其初始教育，在半个世纪中受过中等教育的比例从45%提高到81%，受过高等教育的比例从13%提高到37%（见图13.1）。呈现出教育成就水平持续提高的态势。

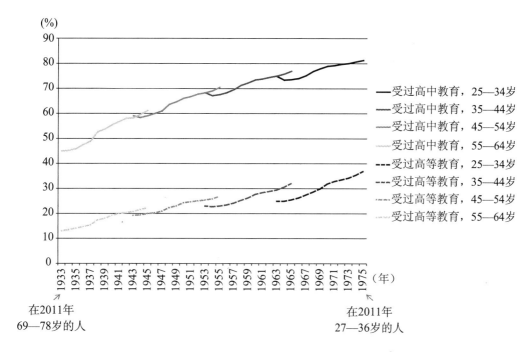

图13.1　OECD国家不同年龄组人群受教育水平①

　　为适应知识经济和经济竞争的需要，各国都在加强人才储备，制定了高等教育发展的新目标。欧盟《2020战略》将30—34岁受过高等教育的人口比例到2020年达到40%作为新的教育基准。英国决定延长青年人接受教育和培训的年限，提高青年人参与年龄。英国的《2008年教育和技能法案》规定提高英格兰青年人离开学习的最低限度年龄，从2013年开始青年人继续接受教育与培训直到年满17岁，从2015年开始直到年满18周岁。提高参与年龄并不意味着年轻人必须留在学校，他们可以选择下列教育形式：参加全日制教育，如学校、学院或家庭教育；参加工作本位学习，如学徒制；参加部分时间制教育或培训，如果他们已就业、自我就业或每周20小时参加自愿者

---

①　OECD. Education at a Glance 2011［R］. 2011：14.

服务①。

美国提出了高等教育发展的"宏伟目标"（Big Goal），即到 2025 年具有高等教育文化程度的人口比例达到 60%，通过高等教育建设一个更强大的民族。美国各州政府、国家高等教育协会和美国总统奥巴马都呼吁要提高具有高质量学位和证书的美国人的比例。美国高等教育为促进美国的社会经济发展和维持国际竞争力作出了重要贡献。美国工人的教育贡献了 1/3 的劳动生产率增长，到 2025 年，每个美国人增加一年教育，以今天的美元计算 GDP 将增加 5000 亿美元，同时也为地方、州和联邦政府增加 1500 亿美元的税收②。为实现这个宏伟目标，美国获得高质量学位的人口需每年增加 27.8 万，保持着年均增长 6.3% 的速度。中美两国教育相差一个发展阶段，中国大力普及高中阶段教育，而美国则要进一步提高高等教育的普及水平。

表 13.4　美国高等教育的宏伟目标

州　　名	目前具有高等教育学位的成人比例（2008）（%）	实现宏伟目标所需的额外学位数量（个）	年度所需额外学位数量（个）	所需的年度百分比增长（%）
1. 阿拉巴马州	31.6	664131	4883	7.1
2. 阿拉斯加州	36.3	92662	681	8.9
3. 亚利桑那州	34.4	1120884	8242	7.7
4. 阿肯色州	26.5	508567	3739	8.3
5. 加利福尼亚州	38.6	4745448	34893	6.7
6. 科罗拉多州	45.3	397973	2926	4.6
7. 康涅狄格州	46.6	249543	1835	4.9
8. 德拉华州	37.0	111623	821	6.3
9. 佛罗里达州	36.8	2843880	20911	7.0
10. 乔治亚州	36.2	1346524	9901	7.8
11. 夏威夷州	42.3	116790	859	5.6
12. 爱达荷州	34.8	229610	1688	7.2

---

① Raising the Participation Age（RPA）［EB/OL］.［2011 - 11 - 15］. http：//www. education. gov. uk/16to19/participation/rpa.

② Jamie P. Merisotis. The Difference Makers：Adult Students and Achieving Goal 2025［EB/OL］.［2011 - 11 - 15］. http：//www. luminafoundation. org/about_ us/president/speeches/2011 - 11 - 03 - the_ difference_ makers - adult_ students_ and_ achieving_ goal_ 2025. html.

续表

州　名	目前具有高等教育学位的成人比例（2008）（%）	实现宏伟目标所需的额外学位数量（个）	年度所需额外学位数量（个）	所需的年度百分比增长（%）
13. 伊利诺伊州	40.8	1273954	9367	5.4
14. 印第安纳州	33.4	877737	6454	5.4
15. 艾奥瓦州	38.8	305775	2248	4.1
16. 堪萨斯州	40.5	272085	2001	5.0
17. 肯塔基州	29.2	692515	5092	7.5
18. 路易斯安那州	27.0	756375	5562	8.2
19. 缅因州	36.8	167905	1235	6.5
20. 马里兰州	43.9	548409	4032	5.9
21. 马萨诸塞州	49.6	362193	2663	3.3
22. 密歇根州	35.6	1322257	9722	6.3
23. 明尼苏达州	45.0	457057	3361	4.7
24. 密西西比州	29.3	460850	3389	7.3
25. 密苏里州	34.9	776922	5713	6.1
26. 蒙大拿州	37.6	112354	826	6.4
27. 内布拉斯加州	40.5	164124	1207	4.6
28. 内华达州	30.1	575389	4231	10.1
29. 新罕布什尔州	46.0	114649	843	4.7
30. 新泽西州	44.6	764904	5624	6.1
31. 新墨西哥州	33.4	258032	1897	7.0
32. 纽约州	43.7	1604405	11797	4.4
33. 北卡罗来纳州	36.9	1283782	9440	7.1
34. 北达科他州	45.2	42784	315	3.1
35. 俄亥俄州	34.9	1443143	10611	6.4
36. 俄克拉何马州	31.3	516906	3801	6.6
37. 俄勒冈州	38.6	493150	3626	6.8
38. 宾夕法尼亚州	37.9	1394238	10252	5.5
39. 罗得岛州	41.4	107363	789	4.0
40. 南卡罗来纳州	34.4	619241	4553	7.3

续表

州　名	目前具有高等教育学位的成人比例（2008）（%）	实现宏伟目标所需的额外学位数量（个）	年度所需额外学位数量（个）	所需的年度百分比增长（%）
41. 南达科他州	39.4	76469	562	5.0
42. 田纳西州	31.3	991518	7291	7.9
43. 得克萨斯州	33.3	3969133	29185	8.0
44. 犹他州	40.2	286080	2104	4.5
45. 佛蒙特州	43.6	58161	428	4.4
46. 弗吉尼亚州	43.4	765755	5631	5.6
47. 华盛顿州	42.0	737264	5421	5.9
48. 西弗吉尼亚州	25.6	305 174	2244	7.0
49. 威斯康星州	38.0	668622	4918	6.0
50. 怀俄明州	35.0	61375	451	5.7
美国	**37.9**	**37914259**	**278781**	**6.3**

资料来源：Lumina Foundation for Education. A Stronger Nation through Higher Education ［R］. September 2010：7.

3. 实现高等教育社会维度

实现高等教育社会维度是促进高等教育公平的一个重要方面。高等教育社会维度也是"博洛尼亚进程"中欧洲各国高等教育部长们关注的重要问题之一。自2001年以来，历次会议公报屡屡提及高等教育社会维度，认为它是改革欧洲高等教育的最重要工具，2007年的《伦敦公报》对其给出了一个较为全面的定义："进入、参加和完成高等教育的学生群体应反映我们人口的多样性"，并强调"学生能够完成其学业的重要性，而不受与其社会和经济背景相关障碍的影响"。OECD将公平的高等教育体系定义为："公平的高等教育体系是指那些能确保高等教育的获得、参加和结果仅仅基于个人的天生能力和学习努力的教育体系。它们确保在高等教育层面的教育潜力不是个人和社会状况的结果，包括不是社会经济地位、性别、民族、移民身份、居住地点、年龄和残疾等因素的结果"[①]。2010年欧盟将社会维度定义为"接受有质量的教育的平等机

① OECD. Tertiary Education for the Knowledge Society—Thematic Review of Tertiary Education：Synthesis Report Volume 2 ［R］. 2008.

会以及公平对待，包括使教育提供适应个人的需要"，因而"公平的教育与培训体系旨在提供机会、获得、对待和结果，这不依赖社会经济背景及其他可能导致教育处境不利的因素"。① 欧盟认为，在一个社会和经济环境中，通过高等教育获得和提升技能和能力水平变得越来越重要，社会的当务之急是尽可能向更多的人口提供接受高等教育的机会。实现这个目标的过程通常被称作高等教育的社会维度②。

研究表明，接受和参加高等教育同学生的社会经济背景相关，社会经济背景也对中学生的高等教育学习的愿望有着影响。处境不利的学生多是不具资格接受高等教育的学生，即使获得接受高等教育的机会，处境不利的学生也多是进入二、三流院校和职业定向的院校。近几十年来，女学生参加高等教育的机会得到了极大改善，但在研究生课程层次性别差距仍然存在。专业领域也存在性别差距，在技术和工程等专业女学生比例明显偏低，而在教学和护理等专业领域的比例则明显偏高。在一些国家，妇女获得的高等教育学位的价值似乎被劳动力市场低估，少数民族学生和有移民背景的学生接受高等教育的机会仍然有限。高等教育地域可及性有了很大改善。成人学生接受高等教育的机会在增加，但在一些国家参加率仍然很有限。残疾学生接受高等教育的机会仍很有限。父母的收入水平对子女的认知和非认知能力都有着长期的影响。教师的质量和学校资源的不均衡分布影响着接受高等教育的机会。大部分国家很少强调结果的公平。

高等教育社会维度主要是解决弱势群体学生接受高等教育的机会、过程和结果公平问题。弱势群体学生一般包括社会经济地位低下家庭学生、女学生、残疾学生、少数民族学生、有移民背景的学生等。各国都采取措施促进高等教育公平，增加包容性。例如，女学生接受高等教育的机会有了极大改善，欧盟 27 国平均女学生比例占到55.3%，在学术专业所占比例达到 55.2%，在职业定向专业所占比例达到 57.6%，但在高校教师中女教师的比例偏低，许多国家的比例不到40%（见表 13.5）。

---

① Council Conclusions of 11 May 2010 on the Social Dimension of Education and training, OJ C 135, 26.05.2010, p. 2.

② Eurydice. Modernisation of Higher Education in Europe: Funding and the Social Dimension [R]. 2011.

表 13.5　高等教育中女学生和女教师比例（%）

国家/地区	女学生比例	女学生在学术专业所占比例	女学生在职业定向专业所占比例	女教师比例
欧盟 27 国	**55.3**	**55.2**	**57.6**	—
比利时法语区	55.5	53.1	58.3	46.2
比利时佛兰芒区	54.7	51.4	58.4	39.8
保加利亚	55.3	55.6	54.1	47.1
捷克	55.5	55.3	69.1	48
丹麦	58.0	59.7	48.6	—
德国	49.7	47.7	61.4	36.7
爱沙尼亚	61.7	61.9	61.9	—
爱尔兰	54.2	57.8	45.8	38.3
希腊	50.1	53.4	45.3	—
西班牙	54.0	54.5	51.9	38.2
法国	55.2	55.6	53.3	37.3
意大利	57.4	57.5	55.7	35.2
塞浦路斯	49.0	59.3	37.2	39.7
拉脱维亚	64.4	64.4	65.0	57.2
立陶宛	59.9	60.3	59	55.5
卢森堡	48.3	48.8	—	—
匈牙利	58.0	57.2	69.9	38.0
马耳他	57.9	57.9	59.4	29.9
荷兰	51.7	51.8	—	37.6
奥地利	53.3	53.5	57.2	32.5
波兰	57.6	57.4	80.1	42.5
葡萄牙	53.5	53.4	65.8	43.2
罗马尼亚	56.3	56.6	62.4	43.3
斯洛文尼亚	58.1	62.1	51.9	37.2
斯洛伐克	60.3	60.9	65.1	43.8
芬兰	54.2	54.4	5.0	50.8
瑞典	60.3	61.5	51.5	44.1
英国	57.2	55.3	65.3	41.7

续表

国家/地区	女学生比例	女学生在学术专业所占比例	女学生在职业定向专业所占比例	女教师比例
冰岛	64.4	65.0	46.6	49.0
列支敦士登	33.0	33.3	—	—
挪威	60.8	61.2	63.6	41.2
土耳其	43.1	43.9	41.2	40.3

资料来源：Eurydice. Modernisation of Higher Education in Europe：Funding and the Social Dimension［R］. 2011：17 – 18.

残疾学生接受高等教育的机会在一些国家得到一定程度改善。美国残疾学生在高等学校就学的比例从 1996 年的 9.2% 上升到 2007 年的 10.8%。德国在 2003—2006 年期间，报告有健康问题的学生占学生人口的比例从 15% 上升到 18.5%。法国在 2000—2006 年期间，残疾学生接受高等教育的人数翻了一番，达到学生人口的 0.4%。丹麦高等教育残疾学生占学生人口的比例从 2004 年的 0.5% 上升到 2006 年的 0.7%。在 2001—2004 年期间，挪威 16—67 岁在高等学校就学的残疾学生的比例上升了 7%。捷克接受中等后职业培训的残疾学生占该类课程学生人口的比例从 2005—2008 年的 0.02% 上升到 0.09%，2005 年捷克残联对 161 所大学院系的调查结果表明，共有 460 名残疾学生就学，占学生人口的 0.4%[1]。

有些国家将年龄作为一个与代表性不足相联系的特定问题，并为此制定了一些措施鼓励成人学生参加高等教育。

4. 增强高等教育与就业的关联度

加强高等教育与劳动力市场的联系成为各国关注的政策焦点。瑞典和拉脱维亚高校与地方企业和社会其他利益有关方，共同开发新的课程和实习计划。有些国家高校和企业签署合作协议，提供培训课程，促进终身学习发展。西班牙、拉脱维亚和匈牙利等国规定，高校设计和开设新的专业有义务征求企业的意见，西班牙和英国的英格兰企业代表在大学董事会成员中占有一定比例。英国（英格兰、威尔士和北爱尔兰）的高等教育机构与企业建立伙伴关系，共同设计两年制"基础学位"（foundation degrees）课程，旨在解决中级人才短缺问题和扩大受高等教育机会。该课程提供适用任何类型工作的通用技能教育和与特定工作相关的技能教育，入学没有太严格的要求，

---

[1] OECD. Inclusion of Students with Disabilities in Tertiary Education and Employment［R］. 2011.

对那些没有接受过高等教育的成人来说特别具有吸引力，使他们能够有机会选择或是继续学习完成本科学位或是毕业后进入劳动力市场①。

来自世界各国的证据都表明，不论是在个人还是在社会层面，高等教育成就对就业结果都有着积极的影响。受教育水平越高，就业率越高，失业率也越低。反之，受教育水平越低，就业率越低，失业率也越高。欧盟平均起来，具有初中、高中和大学文化程度的人的就业率分别为53.3％、69.9％和82.3％，而失业率则分别为15.4％、8.7％和5.4％。在中欧、东欧国家以及希腊和爱尔兰，高等教育毕业生具有明显的"就业优势"，就业率保持在欧盟平均水平，但具有低层次资格的人的就业率则明显偏低。即使在资格群体间劳动力市场参与差别最低的奥地利、荷兰、丹麦和瑞典等国，高等教育毕业生的就业率仍然超过高中教育毕业生至少7.5个百分点（见表13.6）。

表13.6　欧盟20—64岁不同教育成就水平的人的就业率（％）

国　　家	初中教育	高中教育	高等教育
欧盟	**53.3**	**69.9**	**82.3**
马耳他	51	77.3	83.9
匈牙利	37	62.4	77.7
意大利	49.8	67.3	76.6
罗马尼亚	51.5	62.4	81.5
西班牙	52.5	63.2	77.1
希腊	56.7	59.4	77.5
爱尔兰	45	62.4	79.8
保加利亚	38.7	66.6	82.8
波兰	39.7	62.8	82.9
斯洛伐克	28.7	66.4	77.0
拉脱维亚	45.5	63.3	82.4
立陶宛	31.2	59.9	86
比利时	47.1	70.8	82.6
法国	54.6	70.6	80.4
爱沙尼亚	45.5	67.9	79.6
斯洛文尼亚	50.8	69	85.9

---

① Eurydice. Modernisation of Higher Education in Europe：Funding and the Social Dimension［R］. 2011.

续表

国　家	初中教育	高中教育	高等教育
葡萄牙	67.3	70.6	81.5
卢森堡	62	67.6	81.3
捷克	42.3	71.4	81.5
芬兰	53.8	71	84.6
英国	55.4	75.3	84.2
奥地利	57.6	77.4	85.1
德国	56.7	75.4	86.7
丹麦	61.5	77.6	85.8
塞浦路斯	67.7	74.1	83.2
荷兰	62.2	79.6	87.1
瑞典	63.3	79.5	88

资料来源：Eurostat, EU Labour Force Survey, 2010 Q4.

　　劳动力市场的运行也表明，就收入水平而言，高等教育毕业生的个人回报仍然具有优势。尽管收入水平各国间差距非常大，但在所有欧盟成员国中具有高等教育成就水平的人的收入水平高于其他组别。欧盟 27 国平均起来，具有高中教育以下、高中教育和高等教育文化程度的人的年净收入分别为 12700 欧元、14800 欧元和 21500 欧元。文化程度越高，收入水平就越高。与那些仅具高中文化程度以下的人相比，高等教育毕业生收入水平最高的是在中欧、东欧以及希腊、葡萄牙等国，最低的是在北欧国家和奥地利、荷兰和比利时等国。高等教育毕业生平均收入水平是高中文化程度以下的人的 146%—280%。例如，罗马尼亚为 275%，葡萄牙为 227%，保加利亚为 216%，希腊为 181%，英国为 179%，意大利为 178%，芬兰为 161%，德国为 150%，法国和瑞典为 147%，丹麦为 146%。尽管这些平均数字掩盖了学科和行业间的差距，但拥有高等教育资格更可能使个人取得比那些具有低层次教育资格的人更高的收入水平（见表 13.7）。

表 13.7 　18—64 岁不同教育成就水平的人的年度净收入水平（单位：2009 年欧元）

国　家	高中教育以下	高中教育	高等教育
欧盟 27 国	**12700**	**14800**	**21500**
比利时	15400	19800	25000
保加利亚	1900	3100	4100

续表

国　家	高中教育以下	高中教育	高等教育
捷克	5900	7400	9700
丹麦	21000	25400	30600
德国	15500	18300	23200
爱沙尼亚	4500	6000	8100
爱尔兰	17700	23800	32100
希腊	9700	11900	17600
西班牙	11500	14800	19500
法国	17600	20200	25900
意大利	13800	18200	24500
塞浦路斯	13100	17700	23600
拉脱维亚	3700	5600	8200
立陶宛	3500	4700	7400
卢森堡	27100	32800	46400
匈牙利	4000	4900	6800
马耳他	9100	12200	15500
荷兰	17400	20500	26200
奥地利	16100	20900	25300
波兰	4000	5100	8100
葡萄牙	7900	10700	17900
罗马尼亚	1600	2500	4400
斯洛文尼亚	9900	11900	16500
斯洛伐克	4500	5700	7500
芬兰	16700	20600	26900
瑞典	17100	21500	25100
英国	12800	16300	22900

资料来源：Eurostat, EU – SILC, 2009.

三、培育质量文化，大力提升质量

1. 建立高等教育质量保障体系

高等教育规模的扩充、知识经济的发展以及跨境服务贸易的增长，都在客观上提出了对高等教育系统提高和保证人才培养质量的要求。质量保障被宽泛定义为建立利益相关者信心的过程，教育提供（投入、过程和结果）符合预期和达到门槛最低限度要求，也有人把质量保障定义为在质量维持和改进方面，系统性、结构性和连续性关注质量。

各国的政治和教育传统不同，由此形成了不同的高等教育质量保障体系。英国逐步形成了中央和地方、政府和中介之间的"多元共治模式"，行政权力和学术权力相互分离和有机统一，呈现出较稳定的运行机制，质量保障主要是通过高等教育基金委员会（HEFCS）提供相应经费，委托高等教育质量保障署（QAA）和科研评估组（RAE）分别对高校进行学术评估和科研评估，其中学术评估又分为学科评估和院校评估。1997年成立的高等教育质量保障署全面负责英国高等教育质量保障，向政府和公众提供公平、客观、准确的评估结论。法国的模式是"国家控制的独立于教育行政单位的质量保障机构模式"，以国家教育评估委员会（CNE）为主，大学评估委员会（CEU）、国家高等教育研究委员（CNESER）、国家工程师职称委员会（CTI）等机构共同组成了法国质量保障的主体框架。美国实行的是"民间质量保障机构模式"，高校、专业评估认证机构以及具有协调管理功能的"高等教育鉴定委员会"（CHEA）组成了质量保障的主体体系。美国评估认证机构一般是由高校和专业协会自发组成的民间组织，根据其评估对象的不同又可分为院校鉴定机构和专业鉴定机构。目前，美国高等教育评估认证机构共有11个全国性的院校鉴定机构、8个地方性的院校鉴定机构和61个专业评估认证机构。这些机构是依法设立，受到政府资助但又独立于政府，以多样形式为特征的高等教育评估认证中介机构①。

欧洲在"博洛尼亚进程"的推动下，建立了欧洲高等教育内部和外部质量保障体系。内部质量保障体系包括以下几个方面：（1）高校内部评价。它由学生、校友、管理人员、教学人员、行政人员组成检查组进行，学校制定相关的质量保障政策、评估程序、计划和评价标准，重视在评估中培育质量文化和意识，提高质量保障在工作中重要性的认识。（2）资格证书颁发、监控和定期评价。这些活动能保证专业、学位和教学计划的有效实施。评价内容包括不同培养模式（全日制、半脱产、远程学习、电子学习）、不同课程类型（学术、职业和专业）的教学内容，学习资源的有效利用，正式学习计划的评价，学生学习过程与成绩的监控，定期阶段性评价计划，雇主、

---

① 林梦泉，常凯，巩乐. 国外高等教育外部质量保障框架的运行机制及其对研究生教育的启示 [J]. 高等教育研究，2010（10）.

劳动力市场代表和其他相关组织的信息反馈，学生在质量保障活动中的参与程度等。（3）学生评价。评价指标包括教学是否达到学习结果和课程目标，运用的评价方法（属诊断性、形成性还是总结性），学生的知识、技能和能力水平，学生记录是否完整等。（4）教师评价。内容包括知识拥有程度、对所授学科的理解深度，是否掌握传授知识的必要技能和经验，对学生的表现作出较正确的反馈。（5）学习资源与学生服务评价。评价内容包括与学习有关的设备、设施、图书资料等有效利用以及导师、辅导员和心理咨询员的配备等。（6）信息系统评价。主要评价学校收集、分析和有效运用相关信息以管理学习和其他课程活动的程度。指标包括：学生进步与成功率，毕业生就业情况，学生对课程教学的满意度，教师教学有效性，有效学习资源开发，学校绩效指标等。（7）公共信息评价。主要针对大学是否承担社会公共责任，是否向社会公布最新、公正和客观的信息，信息分定量和定性信息，包括优秀研究成果，所授予的资格证书、教学情况、实施的评价程序，学生有效的学习机会和全体学生的态度等指标。

欧洲高等教育外部质量保障体系包括：（1）评估、认证、审计和基准。由于各国教育体系不同，评估重点则有所区别。评估主要分为四种类型：学科或专业评估，即对某一学科或专业进行评估，特别是学校培养计划中所要求教授的学科；培养计划评估，主要对教育教学活动进行评估；院校评估，主要是对学校的使命与决策、管理程序、财政事务、设备资源配置与有效利用、教学与研究等方面进行质量检查；专题评估。而认证是对高等学校的专业培养计划、学位证书授予和学生质量是否达到一定标准的认可。质量审计关注的是院校质量保障体系的建立和质量提高的过程。基准是对不同学科、培养计划、院校或专题活动进行比较和对照，并从中选择优秀的实践案例交流推广。（2）欧洲注册、欧洲质量标签、欧洲排行。2007 年《伦敦公告》提出建立"欧洲高等教育质量保障机构注册系统"，对认证机构进行注册，以保证其具有从事认证工作的资质，从而保证评估和认证质量。为此，成立了一个注册委员会，其成员包括欧洲质量保障协会（ENQA）、欧洲大学协会（EUA）、欧洲高等教育学院协会（EU-RASHE）、欧洲学生联盟（ESIB）、雇主代表、工会、专业团体、政府代表等，2008 年5 月开始接受认证机构的注册申请。欧洲质量标签是对高校办学质量的认可并授予欧洲品牌。欧洲排行是一些权威机构通过收集的数据和一定的指标对大学的表现进行评估，然后向社会公布排名的一种形式①。

---

① 覃玉荣. 博洛尼亚进程中欧洲高等教育质量保障框架 [J]. 黑龙江高教研究，2009（2）.

2. 培育质量文化，建立高等教育监管体系

建立高等教育监管体系是高等教育质量保障的一种新的形式，并有可能成为各国质量保障的发展方向。2011年2月24日，澳大利亚联邦政府向社会公布《2011年高等教育质量与标准署法案》草案，该法案的目标是建立全国统一的高等教育监管体系；运用基于标准的质量框架监管高等教育，遵循监管必要性、风险评估和相称性原则；保护和提高澳大利亚有质量的高等教育和培训服务的声誉，提升澳大利亚高等教育部门的国际竞争力，提升澳大利亚高等教育的卓越并促进多样性和创新；建立一个能满足澳大利亚社会和经济需要的高等教育体系，保证人人都能受良好教育和具有技能；保证有质量的高等教育的供给，保护学生接受高等教育的权益；保证学生能获得有关澳大利亚高等教育的信息①。该法案决定建立一个法定的高等教育质量和标准署（The Tertiary Education Quality and Standards Agency，TEQSA）。随着澳大利亚高等教育进入扩张期，需要建立一个全国统一的监管体系确保所有高等教育提供者的质量，以便让所有学生，不管是国内学生还是国外学生均能获得高质量的教育。质量和标准署将作为一个独立的机构行使监管大学和非大学高等教育提供者、监测质量和制定标准的权力，基本任务是保证学生在任何一个高等教育机构的学习都能获得高质量的教育，对高等教育提供者进行注册和再注册，开展标准和绩效评估，保护和确保国际教育的质量，简化目前的监管安排。将整合目前由各州实施的监管活动和由"澳大利亚大学质量署"执行的质量保障活动。运用以标准为基础的方法进行监管，质量和标准署将要求高等教育机构达到或超过门槛标准，以便得到注册在澳大利亚举办高等教育。这将保证高等教育系统的扩张不会以牺牲质量为代价。取代目前以各州为主的注册和课程认证制度，因而这将把联邦及各州监管和质量保障机构的数量从9个减少到1个。保证更大的国家一致性。监管遵守三个基本原则：（1）监管必要性原则（the principle of regulatory necessity），即规定质量和标准署不会增加提供者比必要的更多的负担；（2）反映风险原则（the principle of reflecting risk），即规定质量和标准署要考虑提供者的办学历史，包括遵守州和联邦高等教育法律的历史；（3）相称监管原则（the principle of proportionate regulation），即规定TEQSA必须以与提供者的不守法和将来不守法的任何风险相称的方式行使其权力②。

---

① The Parliament of the Commonwealth of Australia Tertiary Education Quality and Standards Agency Bill 2011 [S].
② Second Reading Speech—Tertiary Education Quality and Standards Agency Bill 2011 [EB/OL].[2011 - 03 - 23].http：//www.deewr.gov.au/Ministers/Evans/Media/Speeches/Pages/Article_ 110323_ 111905.aspx.

印度正在建立高等教育质量监管体系。印度高等教育机构的认证是自愿性质的，结果仅有不到1/5的附属学院和不到1/3的大学得到了认证。高等教育强制性认证可使印度高等教育体系成为全球质量保障体系的一部分。2010年5月3日印度政府向印度议会人民院提交《2010年国家高等教育机构认证局法草案》，草案规定每个高等教育机构及其开设的课程均需进行强制性认证，由得到许可的认证机构提供认证，以保证学术质量。认证机构由法定的国家高等教育认证监管局监管。高等教育机构在开始专业招生之前必须接受认证评价，现有的教育机构必须在3年内（医学教育机构在5年内）得到认证。"认证"定义为由认证机构对一所高等教育机构进行的学术质量基准评价的过程，质量基准由大学拨款委员会和全印技术教育委员会等法定机构制定。"学术质量"指教学、学习和研究的质量，它也包括基础设施、人力资源、课程、招生程序和治理结构。草案还决定成立一个法定的国家高等教育认证局（National Accreditation Authority for Higher Education），其职责主要是注册认证机构，制定高等教育机构学术质量评价的规范和政策，开展利益冲突方面的审计，披露相关信息，提高透明度，收取相关费用，向中央和邦政府提出政策建议，收集和传播高等教育机构认证方面的信息。只有经过注册的认证机构才可开展高等教育机构的认证，法案规定了认证机构的资质标准和申请注册的程序以及在具体情况下中止撤销注册。认证机构必须是非营利性组织，应依据《公司法》登记为一家公司或依据《社团登记法》登记为社团组织和信托组织并接受中央或邦政府的管理。认证机构主要业务是对高等教育机构进行认证，认证机构要具有认证业务能力并有经费保障。在治理结构上，认证局设一名主席和四名成员（其中一人应为女性），根据遴选委员会的建议，主席和成员由中央政府任命。如果认证机构未能履行其规定的职责，应对相关高等教育机构给予赔偿，具体由邦教育法庭（the State Educational Tribunal）作出决定。任何违反该法的认证机构将处以最高50万卢比的罚款，任何人没有正当理由抵抗或阻挠认证局官员执行公务，将被处以最多3个月监禁或最高50万卢比罚款，或二者并罚。中央政府享有对任何高等教育机构免除该法条款的权力①。

3. 建设世界一流大学

什么是世界一流大学？世界一流大学又有哪些特征？这是各国都在思考和试图作出回答的问题。有人认为可以从以下几个方面来把握世界一流大学的基本特征：科研成果卓著，学术声誉高；学术大师会聚，教师素质高；科研经费充裕，研究力量雄厚；

---

① The National Accreditation Regulatory Authority for Higher Educational Institutions Bill, 2010 [S].

办学特色鲜明，办学理念明确；管理科学规范，杰出校长掌舵；学生素质一流，师生比例恰当；学科水平高，门类较为齐全；国际化程度高，留学生比例大；经费投入巨大，办学设施优良①。

根据国际经验，世界银行教育专家贾米尔·萨尔米（Jamil Salmi）教授在其 2009 年 2 月发表的《建设世界一流大学的挑战》（The Challenge of Establishing World-Class Universities）研究报告中认为，世界一流大学有 4 个关键的特征：第一是英才荟萃，有优质教师队伍和高素质生源；第二是资源丰富，具有引领先进研究的学术环境；第三是管理高效，有战略远见、学术自由、鼓励创新并且能够灵活自主决策、组织资源，而不受官僚体制的限制；第四是通向这一目标的成功路径。其他重要特征包括：在研究方面具有国际声望；在教学领域具有国际声望；拥有一批世界一流科研带头人；不仅被世界一流大学同行认可，如美国常春藤大学联盟，也被世界其他高等教育机构认可；拥有一批世界一流的院系；拥有自己的研究力量，并有独特的研究领域和声望，如拥有领先学科；能够产生创新思想并能广泛开展基础研究和应用研究；研究成果能够被同行认可或获奖，如诺贝尔奖，能够吸引英才学生并能培养出最杰出的毕业生；能够从国际市场聘用教师和招生；能够吸引大批硕士生和博士生层次的研究生学生；能够吸引大量的外国留学生；能够在全球市场中运作，从事许多国际化活动，如研究网络、师生国际交流互换、国际访问等；拥有充足的经费；能够获得大量的捐赠资金和收入；拥有广泛的经费来源渠道，如政府部门、私营公司部门、研究报酬、留学生收费等；能够为师生提供高质量的研究教育环境，如高质量的建筑和丰富的图书馆藏等；具备战略眼光和执行计划的一流的管理队伍；能够培养出有地位和影响力的毕业生，毕业生中出现有重大政治影响的人，如有人担任或担任过总理或总统；通常拥有辉煌的成就和悠久的历史，如牛津大学、剑桥大学、哈佛大学等；能够对社会和我们所处的时代作出巨大贡献；不断地以世界顶级的大学和院系为参照；有信心建立自己的发展议程等②。

日本从 2002 年开始实施"21 世纪卓越研究基地计划"（Center of Excellence，COE），主要对日本国立、公立和私立大学的若干优势学科领域进行重点资助，建立世界最高水平的教育和研究中心，目的是通过若干世界最高水平的教育和研究基地的建

---

①　何超. 建设中国的世界一流大学——制度创新是重中之重［N］. 中国教育报，2007 - 04 - 10.
②　江洋. 世界银行教育专家论创建世界一流大学的挑战［EB/OL］.［2011 - 11 - 16］. http：//www. chinamission. be/chn/omdt/t576717. htm.

设，推动相关大学成为具有国际竞争力的世界一流大学。该计划对通过评审而确立的
卓越研究基地，每年给予 1000 万日元至 5 亿日元不等的经费资助，连续资助 5 年，2
年后进行中期评价。自 2002 年 7 月起，共进行了 3 个年度的申请和评审工作。为了进
一步提升日本大学研究生院的教育和研究水平，从 2007 年开始，启动后续项目"全球
卓越研究基地计划"，该计划旨在进一步充实和强化研究生院的教育研究机能，并在世
界最高水准的研究基础上培养引领世界潮流的具有创造力的人才，重点支援创建卓越
的国际性教育研究基地，并以此推动更加具有国际竞争力的大学的建设。"全球卓越研
究基地计划"分别于 2007、2008、2009 年进行了各年度卓越研究基地的申请和评审工
作，重点资助的学科领域与"21 世纪卓越研究基地计划"基本相同。两项计划得到政
府财政的大力资助。2002—2006 年，日本"21 世纪卓越研究基地计划"每年度资助经
费的预算额分别是 182 亿、334 亿、367 亿、382 亿、378 亿日元，合计达到 1643 亿日
元；"全球卓越研究基地计划" 2007—2009 年的经费预算分别是 158 亿、340 亿、342
亿日元。这些计划的实施，推进了日本大学的改革，培养了优秀的年轻研究人才，提
高了日本大学的研究水平，对日本建设世界最高水平大学具有重要意义并发挥了积极
作用①。

　　德国 2004 年首次提出打造精英大学的设想，2006 年开始实施所谓大学"卓越计
划"，正式加入到这场全球性的竞争中来。2004 年 1 月，时任德国联邦教育部部长的布
尔曼（Bulmann）女士首次提出在德国打造数所哈佛式的精英大学，希望借此来改变德
国大学在世界高等教育乃至科学研究中的二流地位，培养大批世界一流的各类精英人
才，再造德国大学的辉煌。德国要打造一流大学，与美国顶尖大学为代表的世界一流
大学竞争；德国大学内部要强化竞争，追求卓越，强调加大高校的多样性和差异化，
促进院校纵向分层。德国联邦政府与各州在 2005 年 6 月 23 日最终达成一致，根据《德
意志联邦共和国基本法》91b 款通过了"联邦与各州促进德国高校科学与研究的卓越
计划"，联邦及各州将在 5 年内（2006—2011 年）对入选"卓越计划"的研究生院、
研究项目及大学给予 19 亿欧元的资助，其中 75% 由联邦提供，25% 由各州筹措。计划
的重点不再是推出几所精英大学，而是大范围地加大对大学科研的整体投入。具体包
括：（1）博士生培养计划。资助一些优秀的博士生培养项目，培养年轻科研后备人员，
为博士研究生进行国际化、跨学科的研究提供良好的科研环境，从而提高德国博士生
培养的总体水平。计划将资助大约 40 个博士生培养项目，每个项目将获得 100 万欧元/年

---

①　方勇. 日本 COE 计划及其对我国的启示 [N]. 科学时报，2009 - 09 - 22.

的资助。（2）卓越集群计划。主要是支持大学建立具备国际竞争力的卓越研究及培训机构。同时，利用德国大学校外研究机构实力强的特点，加强促进大学与校外研究机构、应用技术大学及经济界的合作。计划打造约 30 个卓越集群，每个卓越集群将得到650 万欧元/年的资助。（3）未来构想计划。这一部分其实就是最初提出的所谓"精英大学"，帮助德国顶级大学拓展各自强势学科的国际竞争力，并最终奠定德国高校在国际竞争中的优势。计划最多资助 10 所大学的尖端特色科研，入选的条件是大学已至少入选一个博士生培养项目、一个卓越集群并制订了未来发展计划。入选学校将得到2100 万欧元/年的资助。

"卓越计划"尽管会提高少数大学的科研水平，提升部分德国大学的国际竞争力和声望，但计划也是一把双刃剑，它会加强德国大学之间的竞争和差异化，但也可能会出现教育公平的问题。想仅仅通过"卓越计划"实现德国大学整体飞跃，重温过去光荣的梦想是不现实的。要整体改变德国大学目前的国际地位，还需要各方持续加大投入，特别要重视对教学的投入，并且改善大学的组织治理结构①。

4. 培养拔尖创新人才

为适应知识经济社会的发展和国际人才竞争的需要，大力培养高层次高素质人才，推进高等教育区域化发展，一些国际组织和相关国家开发了区域与国家高等教育资格框架，规定了人才培养的等级标准。在"博洛尼亚进程"下开发的"欧洲高等教育区资格框架"，是从知识和理解力、知识和理解力的运用、判断能力和反思能力、交流表达能力以及学习能力和自主性 5 个维度描述学士、硕士和博士三级学位标准。在欧洲资格框架语境里，对人才培养标准是从"三维六要素"来描述，三维是指知识、技能和能力，六要素是指在每个维度下又包含两个要素，就是理论知识和事实知识、认知能力和实践能力以及责任心和自主性。欧洲资格框架中的六级、七级和八级资格分别对应于学士学位、硕士学位和博士学位（见表 13.8）。德国高等学校校长会议、文化部长联席会议和联邦教育与科研部于 2005 年共同制定并通过了《德国高等学校学位资格框架》，从工具性能力、系统性能力、交流沟通能力、知识的扩展和知识的深化五个维度规定了学士、硕士和博士三个层次人才培养的标准（见表 13.9）。2007 年，加拿大各省教育部长委员会发布《加拿大学位教育质量保障部长声明》，通过了"加拿大学位资格框架"（Canadian Degree Qualifications Framework），从知识的深度和广度、方法论和研究方法知识、知识的应用、交流表达能力、知识局限性的意识以及专业能力/自主

---

① 张帆. 卓越计划：世界一流大学建设的德国模式［J］. 大学研究与评价，2008（2）.

性6个维度描述学士、硕士和博士三级学位的标准。

表13.8 欧洲资格框架中有关高等教育资格的水平描述

等 级	知 识	技 能	能 力
	在"欧洲资格框架"背景里，知识是以理论的和/或事实知识来描述。	在"欧洲资格框架"背景里，技能被描述为认知能力（包括运用逻辑的、直觉的和创造性思维的能力）和实践能力（包括手的灵巧性以及使用方法、材料、工具和器具的能力）。	在"欧洲资格框架"背景里，能力是以责任和自主性来描述。
六级	具有一个工作或学习领域的高级知识，包括对理论和原理的批判性理解力。	具有高级技能，能展示在专门化的工作或学习领域里解决复杂和不可预测问题所需的熟练技艺和创新能力。	能管理复杂的技术或专业活动或项目，能在不可预测的工作或学习情境里负有决策责任，并对管理个人和集体的专业发展负有责任。
七级	具有高度专门化的知识，其中有些是处于一个工作或学习领域里的前沿知识。作为原创性思维和/或研究的基础，具有对一个领域和不同交叉领域知识的批判性意识。	具有研究和/或创新所需的专门化问题解决能力，以发展新知识和方法以及整合不同领域的知识。	能管理和改变复杂的、不可预测的且需要战略性方法的工作或学习情境，能对促进专业知识和实践发展及评价团队战略绩效负有责任。
八级	具有一个工作或学习领域最先进的以及交叉领域的知识。	具有最高级和专门化技能及技术，包括解决研究和/或创新中关键性问题以及拓展和重新定义现有知识或专业实践所需的综合和评价能力。	能展示高度权威性、创新、自主性以及学术和专业诚信，具有对包括研究在内的工作或学习前沿领域里发展新思想或方法的持续承诺。

资料来源：Recommendation of the European Parliament and of the Council of 23 April 2008 on the Establishment of the European Qualifications Framework for Lifelong Learning [S]. Official Journal of the European Union, C 111/1, 6.5.2008.

表 13.9　德国高等学校学位资格框架水平描述

维　度	学士学位获得者	硕士学位获得者	博士学位获得者
工具性能力	能够将其知识应用于其活动或职业工作，提出并进一步发展专业领域的问题解决方案和论据。	能够在与自己专业相关的、全新的、陌生的情况下用自己所学的知识和技能来解决问题。	可以科学地、独立地设计和实施基本性的科研计划。
系统性能力	能够收集、评价和解释重要的信息，特别是与其所学专业相关的信息；能够从信息中得出科学的判断，并且其判断要顾及社会、科学和伦理方面的知识；能够独立地设计下一步的学习进程。	能够融会贯通所学知识，并可应对复杂问题；在信息不完全或有限的情况下仍然能够作出科学决策，并且能够顾及社会、科学和伦理方面的知识；能够独立地获取新的知识和技能；可以在很大程度上独立自主地完成科研课题或应用性项目。	可以独立地鉴定学术性问题；可以批判地分析，发展和综合新的、高复杂性的思想；可以在一个学术的或非学术的工作领域，从社会的、科学和/或文化的方面推进知识社会的进步和发展。
交流沟通能力	能够提出专业的见解和问题解决方案，并且能够对其进行论证；可以与本专业同行以及外行就信息、思想、问题和解决方案进行交流；在团队中担负起一定的责任。	可以立足于科学研究与应用的现况，以清晰而明确的方式向专业同行和外行介绍自己的结论以及作为其论据的信息和理由；在学术层面上与专业同行和外行就信息、思想、问题和解决方案进行交流；在团队中承担重要的责任。	能够与学界同仁讨论所研究的特定领域的知识，为学术性听众作报告，并能够向外行人士阐明自己的知识；具有领导团队的能力。
知识的扩展	其知识和理解得到了扩展，并远远地超过了入学时的水平。学士学位获得者可以证明他获得了有关其专业领域基础广泛的、融为一体的知识和理解。	其知识水平和理解能力在本科水平的基础上得到了本质的提高（扩展或者深化）。他们能够界定和诠释其专业领域的特点、局限性、专业概念和学术观点。	应对其所研究的学科具有系统的理解，掌握该学科领域中从事科研活动所需要的能力和方法；对相关领域的文献具有广泛的认识和了解。

续表

维　度	学士学位获得者	硕士学位获得者	博士学位获得者
知识的深化	能够批判地理解和掌握其专业领域的最重要的理论、原理和方法，能够在垂直的、水平的方向上深化知识。他的知识和理解符合当前的专业文献，同时也应该掌握一些有关其专业领域新近研究成果的深入性知识。	其知识和理解构成了发展和应用其独立思想的基础。这既可以以应用为取向，也可以以科研为取向。他们在一个或多个专门领域掌握了最新的知识并对此有着广泛的、细致的和批判性的理解。	通过自己的学术论文对科学的发展作出了自己的贡献，该论文超越了现有知识的界限，并且可以经受得起国内外专家的考核。

资料来源：孙进，皮国萃. 新世纪高等教育人才培养的目标：基于英、德、加三国国家资格框架的分析［J］. 比较教育研究，2011（1）.

在资格框架的等级标准中，各国都非常重视拔尖创新人才的培养，并描述了拔尖创新人才的一些基本特征：（1）具有批判性意识和原创性思维。这要求具有高度专门化知识或一个工作或学习领域里的前沿知识，并对一个领域和不同交叉领域知识具有批判性意识。（2）具有解决问题的实践能力。这要求具有解决复杂的和不可预测的问题所需的熟练技艺和创新能力，以及综合和评价能力。（3）交流表达能力。能够与专家听众和非专家听众清楚而明确地交流其研究成果及相关知识和基本原理。这不仅要求具有极强的口头和书面表达能力，而且还要具有不同的话语表达系统，能将其专业知识、研究成果和问题解决方案以通俗的方式和话语表达出来，使非专家听众能够听得懂，听得明白，从而达到普及科学知识、推广成果和服务社会的目的。（4）具有学术诚信。这要求具有科学严谨和认真的精神，具有社会责任感和职业道德操守，尊重他人的研究成果。（5）具有开展国际合作的能力。丹麦资格框架规定，博士学位人才必须能够独立地发起与开展国家和国际研究及合作，具有科学诚信。这不仅需要具有专业前沿知识和视野，而且也需要具有娴熟的外语能力。积极开展或参与国际交流与合作是拔尖创新人才应具有的一个重要特征。

四、国际化和区域化发展不断深入

1. 国际学生人数增长迅速

在 2008 年至 2009 年间，国际学生增长 6.4%，而同期全球高等教育在校生人数增长 3.3%。国际学生总数从 1975 年的 80 万人增加到 2009 年的 370 万人（见图 13.2）。美国是吸收外国留学生人数最多的国家，占全球外国留学生总数的 18%，其次是英国，为 9.9%，澳大利亚和德国均为 7%，法国为 6.8%，加拿大为 5.2%，俄罗斯为 3.7%，日本为 3.6%，西班牙为 2.3%，新西兰为 1.9%，意大利为 1.8%，中国和南非均为为 1.7%，奥地利为 1.6%，韩国为 1.4%，瑞士和比利时均为 1.3%，荷兰为 1.2%，瑞典为 1.1%。在澳大利亚、奥地利、新西兰、瑞士和英国，外国留学生占到了其高等教育在校生人数的 10% 以上。

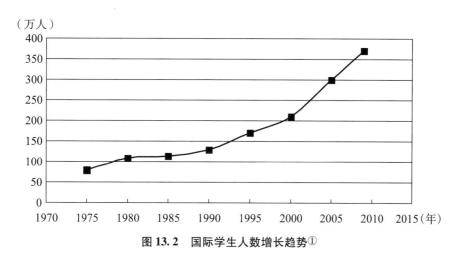

图 13.2　国际学生人数增长趋势①

2. 区域化学生交流

　　欧盟从 1987 年开始实施"伊拉斯谟高等教育流动项目"，资助各国大学生到其他成员国学习或实习，2009/10 年参加高等教育流动项目的学生达到 21.3 万人，比 2008/09 年增长 7.4%，女学生占 61%，其中有 17.8 万人在 32 个国家（欧盟 27 个成员国以及克罗地亚、冰岛、列支敦士登、挪威和土耳其，瑞士 2011 年成为参加"伊拉斯谟高等教育项目"的第 33 个国家）中的一个国家攻读学位课程，有 3.5 万名学生是以企业实习的方式在其他国家留学，比 2008/09 年增加 17.3%。三个最大的目的地国家是西班牙、法国和英国，三个最大的派出国家是西班牙、法国和德国。此外，有 3.8 万名大学行政人员和教师获得了交流项目资助，比 2008/09 年增加 4%。"伊拉斯谟高等教育流动项目"是世界上最成功的学生和教师交流项目，欧盟的目标是到 2012/13 年实现 300 万学生参加交流项目，2009/10 年欧盟对项目的支出达到 4.15 亿欧元，平均每

---

　　①　OECD. Education at a Glance 2011［R］. 2011：320.

个学生每月获得 254 欧元的资助①。在国外学习或实习一段时间不仅可以促进各国高等教育机构间的合作，而且也可以丰富学生的学术和专业领域的知识和生活，改进学生的语言学习、文化间技能、自立和自我意识。

欧盟委员会 2011 年 5 月 25 日提出就业能力和流动（教育国际化）两个基准，学生流动基准测量具有国外学习经历学生比例，教育与培训就业能力监测不同教育文化程度学生毕业后 1—3 年在劳动力市场的成功率。到 2020 年，已离开大学的 23—34 岁毕业生的就业率在目前水平基础上至少增加 5 个百分点，按毕业后 1 年、2 年和 3 年平均就业率计算。到 2020 年至少 20% 的高等教育毕业生应有在国外学习或培训经历，最低期限为 3 个月（短期高等教育机构安排的实习最低期限可为 2 个月）或可供选择的流动获得 15 个 ECTS 学分。到 2020 年，至少 10% 的初始职业教育与培训（相当于高中教育阶段）毕业生应有在国外学习或培训经历，最低期限应为 3 周。相关学习或培训须经欧盟教育理事会正式批准②。

欧盟新的流动计划。2011 年 11 月 23 日，欧盟委员会宣布了新一代交流计划——"全民伊拉斯谟计划"（2014—2020 年），以替代即将结束的"终身学习计划"（2007—2013 年），新计划从 2014 年开始实施，持续到 2020 年，总预算为 190 亿欧元。该计划旨在扩大流动机会，促进个人的个性发展，获得新技能，提升就业前景。欧盟负责教育、文化、多语言和青年事务的委员瓦西利乌（Androulla Vassiliou）指出："投资于教育与培训是我们为欧洲的未来所能做的最好投资。到国外学习可提升人们的技能和能力，促进个性发展，增强适应能力，使人们有更强的就业能力。我们要保证有更多的人能从欧盟资助的这些交流机会中受益。我们也需要加大投入，改进各级各类教育与培训的质量，以使我们成为世界上最强竞争者，使我们能够创造更多的就业机会和保持更高的增长。"③ 该计划的结构包含学习流动、合作和政策改革三个关键行动，每个关键行动下面又包含若干子项目，目标是要使 500 万人从中受益（见表 13.10）。

① Erasmus：Record Number of Students Receive EU Grants for Study and Training Abroad［EB/OL］.［2011 - 06 - 06］. http：//ec. europa. eu/education/news/news2958_ en. htm.

② European Commission. Commission Staff Working Paper on the Development of Benchmarks on Education and Training for Employability and on Learning Mobility［R］.［2011 - 05 - 24］. http：//ec. europa. eu/education/lifelong-learning-policy/doc/sec670_en. pdf.

③ Erasmus for All：5 Million in Line for EU Funding［EB/OL］.［2011 - 11 -23］. http：//ec. europa. eu/education/news/news3131_en. htm.

表13.10　欧盟"全民伊拉斯谟计划"（2014—2020年）目标

具 体 项 目	目　标
全部预算	190亿欧元（含国际合作18亿欧元）
全部流动机会	有500万人将获得交流机会
高等教育	资助220万名高等教育学生到国外接受一段时间的教育与培训（目前的项目为150万人）
人员流动	资助100万名教师、实训教师、青年工作者和其他人员到国外教学和培训（目前的项目为60万人）
职业教育与培训	资助73.5万名职业教育学生到国外接受一段时间的教育与培训（目前的项目为35万人）
志愿者和青年交流计划	资助54万名青年人到国外开展志愿者工作或参加青年交流活动（目前的项目为37.4万人）
硕士学位贷款保证计划	实施新的贷款保证计划，向33万名硕士学位学生发放贷款保证，支付他们在国外学习费用
国际学生	资助13.5万名学生到非欧盟国家学习和非欧盟国家学生到欧盟学习
联合学位培养计划	资助3.4万名学生攻读"联合学位"，学生至少要在国外2所高校学习（目前的项目为1.76万人）
合作目标：建立战略伙伴关系	资助11.5万个教育与培训机构或青年活动组织建立2万多个"战略伙伴关系"，以联合实施行动计划，促进经验和专业知识的交流。
合作目标：建立知识联盟	资助2000所（家）高校和企业建立200个知识联盟，以培养和提升就业能力、创新能力和创业能力
合作目标：建立行业技能联盟	资助2000所（家）高校和企业建立200个技能联盟，以培养和提升就业能力、创新能力和创业能力。以培养和提升就业能力、创新能力和创业能力

资料来源：Erasmus for All：5 Million in Line for EU Funding［EB/OL］．［2011 - 11 - 03］．http：//europa. eu/rapid/pressReleasesAction. do？reference = IP/11/1398&format = HTML&aged = 0&language = EN&guiLanguage = fr.

3. 高等教育区域化发展

建设欧洲高等教育区总体资格框架是"博洛尼亚进程"提出的建立欧洲高等教育区总体目标的核心内容。2005 年《卑尔根公报》提出建立基于三级学位体系的欧洲高等教育区总体资格框架，资格框架小组开发的"都柏林描述"则对每一级学位资格作出了基于学习结果和能力的通用描述，并对第一级和第二级学位资格采用以学分来计算学习量，以使体制繁杂的欧洲学位体系走向趋同。公报建议从 2007 年启动国家高等教育资格框架开发工作。2007 年《伦敦公报》进一步指出，资格框架是实现欧洲高等教育区内资格兼容性和透明度，促进高等教育系统内部和系统之间学习者流动的重要工具，有助于高等院校开发基于学习结果和学分的模块和课程专业，改进资格和各种形式的先前学习的认定，到 2010 年各国要建立起与欧洲高等教育区总体资格框架相兼容的国家高等教育资格框架。2009 年《鲁汶公报》认为，建立国家高等教育资格框架是推动终身学习的一个重要步骤，到 2012 年，各国要在"博洛尼亚进程"框架内实现国家高等教育资格框架的自我认定。

资格框架是指按照一系列标准达到规定学习水平的资格的分类工具，旨在提高资格的透明度，增加学习机会，改善学习的进步性和质量，密切与劳动力市场和公民社会的关系。它表示一个学习者按照资格标准的要求应当知道哪些知识、理解哪些内容和能够做什么事情，即一个资格的预期学习结果。资格框架的建立有助于促进资格间的连通及学习者在资格间的迁移，成为建设欧洲高等教育区的一项重要工具。

在结构要素上，欧洲高等教育区总体资格框架与欧洲另一个重要的总体资格框架——"欧洲终身学习资格框架"相互兼容，前者在地域上涵盖"博洛尼亚进程"46 个签署国，是个部门性质的高等教育资格框架，后者则是以欧盟为主导的涵盖各级各类教育的综合性资格框架，覆盖欧盟系统 32 国。

各国开发国家高等教育资格框架的起点不一。在 2005 年卑尔根会议通过欧洲高等教育区资格框架之前，一些国家已经有了开发基于学习结果、水平描述和学分的国家高等教育资格框架的经历，如爱沙尼亚（1997）、英国（2001）、丹麦（2003）、爱尔兰（2003）及芬兰、拉脱维亚和斯洛文尼亚（2004）。国家高等教育资格框架开发的浪潮真正始于 2005 年，从 2005 年到 2007 年的不足 3 年间，至少有 27 国启动了国家高等教育资格框架开发的进程。部分国家工作进展较为缓慢，俄罗斯、塞尔维亚和斯洛伐克起步于 2008 年，塞浦路斯和葡萄牙则 2011 年才开始相关工作。

为规范各国高等教育资格框架的开发，博洛尼亚资格框架工作小组提出了开发国家资格框架的 10 个步骤，2009 年资格框架协调小组在报告中又增加了一个步骤，这样开发国家资格框架总共有 11 个步骤：（1）作出启动的决策：由负责高等教育的国家机构作出决策；（2）制定日程；（3）组织过程：确定利益攸关方，成立委员会或工作小组；（4）设计框架轮廓：包括等级结构、水平描述（学习结果）和学分范围；（5）征求意见：广泛征求社会意见，接受利益攸关方的设计；（6）批准框架：按照国家传统，框架可由部长/政府或立法机关批准；（7）明确行政管理机构任务：明确高等教育机构、质量保障署和其他机构的实施任务分工；（8）机构/专业层面实施：按照以学习结果为基础的方法，调整相关专业和课程的内容和要求；（9）将各类资格纳入国家资格框架；（10）自我认定：国家高等教育资格框架与欧洲高等教育区总体框架的兼容，实施试点项目；（11）建立国家资格框架网站或站点。

按照以上的标准来衡量，目前约有 1/3 的"博洛尼亚进程"签署国已经正式通过了国家高等教育资格框架，其中有 5 个国家和地区（比利时佛兰德区、德国、爱尔兰、荷兰和英国）可以认为已经正式完成了高等教育资格开发过程，发表了国家高等教育资格框架与欧洲高等教育区资格框架相兼容的自我认定报告。另有 6 个国家和地区（比利时法语区、丹麦、爱沙尼亚、法国、冰岛和瑞典）资格框架的开发正在进行之中，运用国家高等教育资格框架重新设计专业和课程。在波黑、黑山和塞尔维亚，国家资格框架已经正式批准，实施过程刚刚开始。其他国家（阿塞拜疆、塞浦路斯、葡萄牙、斯洛文尼亚和乌克兰）仍处于国家高等教育资格框架开发的初期阶段，有的通过了决定，刚开始启动进程；有的尚未通过立法程序或其他政策高层批准。但这些国家都成立了特别委员会、工作小组并广泛征求社会意见，正在积极推进开发国家高等教育资格框架的工作。资格框架协调小组 2009 年发表的报告认为，对许多国家来说，不能期待在 2012 年之前最终完成资格框架的开发进程，意味着应从中期观点来看待国家高等教育资格框架在欧洲层面的总体实施。实践表明，开发国家高等教育资格框架涉及理念更新、制度建设和工具开发，所以对资格框架开发和实施的复杂性及艰巨性应有充分的估计，绝非一朝一夕之功。

欧洲各国高等教育资格框架的开发以学习结果的理念为引领，强调资格授予是基于取得的学习结果和成就而不是学习年限，这对以学年制为基础的传统的教育教学组织方式是一个具有革命性的挑战，同时注重坚持利益攸关方参与的原则，突出资格建设的梯次性和弹性特点，以密切与就业市场的联系。

表 13.11　欧洲高等教育区资格框架水平描述

学位层次	学习结果	ECTS 学分*
第一级资格	表明完成了第一级学位的资格可授予以下学生： ● 具有建立在普通高中教育基础之上的一个学习领域里的知识和理解力，辅之以高级教科书，通常具有掌握了其学习领域某些前沿知识的水平； ● 能以专业的方法将其知识和理解力应用到工作或职业中，并通常能在其学习领域里通过设计和维持论据及解决问题展示出相应能力； ● 具有收集和解释相关数据（通常是在其学习领域内）的能力，能作出有事实依据的判断，这包括对社会、科学或伦理问题的反思； ● 能与专家和非专家听众交流信息、思想、问题和解决方案； ● 具有继续学习所必需的学习能力，有高度自主性。	通常包含180—240 ECTS 学分
第二级资格	表明完成了第二级学位的资格可授予以下学生： ● 具有建立在第一级学位基础之上的知识和理解力，拓展和/或提高了通常与第一级学位相联系的知识和理解力水平，通常是在研究情境里为发展和/或运用思想的原创性工作提供了基础或机会； ● 能在与其学习领域相关的更广泛的（或多学科）情境里，在新的或不熟悉的环境中应用其知识和理解力； ● 能整合知识和把握复杂性，并在信息不完整或有限的情况下作出判断，这也包括能反思与其知识和判断力相联系的社会和伦理责任； ● 能与专家和非专家听众清楚而明确地交流其结论，以及支持这些结论的知识和基本原理； ● 具有学习能力，能以自我定向或自主学习的方式继续去学习。	包含90—120 ECTS 学分，在第二级学位水平最低限度为60 学分
第三级资格	表明完成了第三级学位的资格可授予以下学生： ● 能展示一个学习领域的系统性理解力，掌握与该学习领域相关的研究技能和方法； ● 能构思、设计、实施和调整实质性的研究过程，具有学术诚信； ● 通过大量工作和原创性研究，在拓展知识边界方面作出了贡献，其中部分研究成果能在国家和国际权威刊物上发表； ● 能批判性地分析、评价和综合新的和复杂的思想； ● 能与同行、较大范围的学术界交流其领域的专业知识，并能向广大的社会传播其领域的专业知识； ● 期望能在知识社会中，在学术和专业情境里促进技术、社会或文化进步。	未作说明

＊ ECTS 学分指欧洲学分转换和累积系统学分。

第十四章
提升中国高等教育竞争力的战略

高等教育人才培养是大幅度提升各类人才整体素质、造就宏大高素质人才队伍的关键环节。在社会、经济、文化不断朝着全球化发展、国际竞争日益加剧的背景下，高等教育培养出满足社会需求的优秀人才，推动尖端的、创造性研究，对于构建自主创新体制十分重要。党的十七大报告指出："进一步营造鼓励创新的环境，努力造就世界一流科学家和科技领军人才，注重培养一线的创新人才，使全社会创新智慧竞相进发、各方面创新人才大量涌现"，为高等教育人才培养提出了新的课题。面对社会转型，中国高等教育需要全面系统地谋划、与时俱进地创新。进入21世纪以来，以创新驱动为主要经济发展形式的发达国家纷纷制定出科学技术立国、人才强国的战略目标，以提高质量，发展特色，培养创新人才来满足知识经济为主导的后产业经济时代社会发展的需求。目前我国正处在经济发展模式转换的关键时机，高等教育改革与发展首先要保证和完善人才资源存量结构的发展质量，重点提升增量结构的学科调整和发展速度，以培养全面发展的人才为基本出发点，突出培养创新型人才，注重培养应用型人才，扩大基础人才梯队，全面提高我国高等教育竞争力水平，促进人力资源开发进入世界中高层次发展阶段。

本章立足国际比较的视角，基于我国高等教育发展现状以及改革所面临的课题，从高等教育功能定位、创新人才培养、高等教育投入等方面深入思考我国高等教育未来发展，探讨提高高等教育竞争力的有效途径。

一、准确把握大学功能定位，实现高等教育时代使命

教育体制和制度是教育质量的核心，是提高教育竞争力的决定因素。高等教育改

革的成败在于机制体制的建设。因此，建立健全学校教育的政策法规体系，完善高等教育管理机制，明确大学发展方向和功能定位，是实现知识经济背景下高等教育时代使命的根本保证。日本、美国等经济发达国家（人均 GDP 超过 9000—17000 美元），基本上从 20 世纪 80 年代后期开始步入经济发展模式的转型期，并在 21 世纪初期率先进入以知识经济为基础的社会阶段。它们的发展经验证明，人力资源是推动社会经济发展的核心动力，是建设创新型国家的关键和第一资源，而人才培养与供给是国家高等教育发展的首要任务和社会职责。

1. 完善法规体系保障教育发展

日本是教育立法最为完善和全面的国家之一，从大学的教育目标、设置标准到大学评价基准，都有明确的法律规定，使得日本高等教育的发展完全置于法律法规的保护之下。1947 年日本颁布了战后《宪法》，确立了以《教育基本法》为上位法律的战后日本学校教育法律法规体系，为日本各级各类学校教育的发展提供了有力的法律保障。教育基本法规定了教育的基本方针，学校教育法规定了高等教育的办学标准、教师标准、专业标准，同时成立了以大学基准协会为代表的高等教育独立评价机构，开展独立的高等教育机构质量评价以保障和促进高等教育质量的不断提高。日本战后 60 年更换过三十几届内阁政府，每一任首相都有自己的施政纲领和教育发展目标，而严谨、完整的教育法律法规体系的保障，为日本高等教育在动荡不定的政治环境中规模和质量的稳定提高争取到必要的保障。

虽然美国宪法并未赋予联邦政府任何教育责任或义务，然而，教育立法是国家推动高等教育发展的主要管理手段。美国高等教育历史上有诸多著名的法案对美国高等教育的发展产生了重要影响。如独立后不久的"达特茅斯学院案"，确立了私立高校在美国的"私人机构"地位，为维护美国高等教育发展的相对独立性提供了可借鉴的法律依据；1964 年的《经济机会法》，联邦政府设立"联邦基金"分拨给州政府，再由州政府拨款给大学，用以推进勤工俭学，给困难学生提供经济资助。该项法案使美国高校入学率激增，使美国的高等教育从精英教育走向大众教育[①]。这些法案，体现了美国对高等教育与社会协调发展的重视。因各种高等教育法令都随着社会、政治、经济的变革而不断进行调整，美国教育立法也形成了高等教育领域相对独立的法律体系，对美国高等教育的改革与发展产生了深远影响。

---

① 刘弘. 立法管理—认证规范—评估监督—需求引导——谈美国高等教育发展的四大宏观调控机制 [J]. 高等职业教育：天津职业大学学报，2006（6）：61–64.

与日本、美国高等教育立法体系相比较，我国尚未出台完整的学校教育法，高等教育立法中缺乏可操作性条例。纲领性的规定多，义务多、权利少，具体的量化少，条款过于笼统，可操作性较差，对高校学生的权利缺乏系统的法律解释，明显滞后于经济社会文化发展的进程。而教育立法跟不上经济社会发展是我国高等教育发展的一大障碍。随着改革开放的不断深入，我国高校处于改革的风口浪尖，其管理体制、资金筹备等问题在现在的立法中还缺乏应变机制。日益激烈的竞争要求教育立法适时跟进，建立灵活的应变机制，以便高校保持蓬勃发展的良好势头。

当然，即使是在一个非常富有的国家，我们仍然需要非常谨慎地决定高等教育体制的未来。要想在学术体系的竞争中获胜，我们得做很多工作，像教师工作内容的确定以及学生入学管理等等。要想发展研究型大学，在高等教育体系的竞争中获胜，就得做好细致规划，确保文化资源与经济发展相适应。

2. 明确大学使命确立发展目标

大学的文化价值观和它的财政来源一样重要。大学必须知道自己要做什么，要有明确的远景目标与使命感。这个目标不应来自政府机构，而是应该来自学校自己。学校里每个人，包括教职工以及学生，都要有为此目标而奋斗的精神。我国要提高高等教育竞争力，大学必须具备以下几个条件：

第一，大学需要一大批拥有博士学位并致力于教学与科研的教师队伍。教师的教育科研能力和学生指导能力是大学核心的竞争力。美国一流大学教师的最终学历统计表明教师拥有博士学位的比例很高，其中加州理工学院最高，为99.7%，最低的犹他州立大学也达到94.5%；而中国的香港大学和香港科技大学教师的博士学位比例基本达到100%。西方发达国家实行学校学位制度，在不同学校获得的博士学位表示其所受到的学术训练与达到的水平不一样。越是高水平的大学，其授予学位的学术"含金量"就越高。不同层次学校教师获得的博士学位的学校有很大差异。美国排名世界前20名的4所顶尖大学的教师，大多数是从世界排名前20位的学校获得学位的，基本上可以占到全部拥有博士学位教师的2/3—3/4。而教师获得排名100位以后学校博士学位的比例较低，一般在10%以下[①]。而目前我国的大多数高等院校还不具备这样雄厚的师资队伍。

第二，大学需要良好的基础设施、硬件设施保证教育科研的基本条件。图书馆、

---

① 姜远平，刘少雪. 国际比较与借鉴：美国一流大学教师学缘结构有何特点 [N]. 中国教育报，2007-09-24.

网络资源利用、实验室等相关设备设施要全面或者至少在某一个方面达到世界一流大学的标准，并时常更新，才能满足教学研究的需要。目前我国"985 工程"的入选高校的基础设施已基本达到世界同类大学水平，正是基础设施上面的巨大投入保证了大学教学与科研活动的正常发展。我国大多数高等教育机构的经费来源主要来自国家和地方的公共财政，而以专项经费划拨的大学基本建设预算是提高基础设施标准的主要经济来源。除了美国和日本有私立的研究型大学，其他国家的所有研究型大学的资金基本都来源于国家的公共财政。即使在美国，一些私立大学的研究项目也是间接地从公共财政中拨款。对于公立大学来说，最根本最核心的资金支持应该还是来自政府的财政。

第三，大学需要鲜明的文化特色和良好的学风建设。大学文化、学术道德体现着大学的精神与价值取向，与大学的教育科研能力同等重要，是保证高等教育竞争力的内驱力。崇尚学术自由，追求科学敢于质疑，并能坚决抵制任何形式的剽窃等学术不端行为。大学的文化价值观是大学的思想来源，是大学履行使命、承担社会职责的内在动力和道德保障，和大学的财政来源一样重要。大学必须知道自己要做什么，要有明确的远景目标与使命感。这个目标不应来自政府机构，而是应该来自学校自己。学校里每个人，包括教职工以及学生，都要有为此目标而奋斗的精神，达成共识，明确目标，提高大学的软实力。

3. 深化教学改革提高人才质量

根据《国家中长期教育改革和发展规划纲要（2010—2020 年）》中教育事业主要发展目标，2009 年中国高等教育毛入学率已经达到 24.2%，2015 年的预期高等教育毛入学率为 36%，2020 年力争实现高等教育毛入学率达到 40%。在我国已基本实现了高等教育大众化的今天，与规模扩大相比，质量提高是高等教育发展的首要任务，是建设高等教育强国的基本要求。国家自主创新体系建设需要千百万创新人才，培养创新人才更成为提高高等教育质量的核心价值和迫切目标。大学是培养创新人才的重要基地，也是创新人才成长的关键阶段，应牢固树立人才培养在高校工作中的中心地位，着力培养信念执著、品德优良、知识丰富、本领过硬的高素质专门人才和拔尖创新人才。高等学校必须坚持以教学为中心，以育人为根本，坚持以教学改革为突破口，以超前的战略眼光、切实可行的改革措施，紧紧围绕人才培养目标，不断探索和改革人才培养规格及人才培养模式，积极构建有利于创新人才培养的平台，形成一个多样化的创新人才培养机制。

第一，更新教育思想观念，强化教学质量意识。大学要按照时代和国家对创新人才培养的要求，结合学校的实际情况，精心制定教育教学改革的总体规划，科学制订及调整人才培养计划，要以"本科教学工作水平评估"和"本科教学质量和教学改革工程"为契机，以创建精（特色）专业、精品课程、重点（品牌）实验室、示范（基地）中心等为载体，切实加强专业建设、课程建设，建立和完善创新人才培养的教育教学体系，从根本上提高教育质量和增强办学特色。

第二，强化实践教学，改革教育方式。实践教学是巩固理论知识和加深对理论知识认识的有效途径，是培养学生掌握科学方法和动手能力的重要平台，是培养具有创新意识的人才的重要环节。要不断充实实践教学内容，改革实践教学方法，整合实践教学资源，完善实践教学体系，根据学生能力分层次进行教学，充分挖掘学生的潜能，真正做到实践创新教育四年不断线。要加强教师的指导，实施大学生科研计划，让学生了解科学研究的基本方法，培养探索、研究和批判精神，对毕业环节做好分类指导，严格把好选题、中期检查、评阅、答辩等环节的质量标准，提高毕业论文（设计）质量。

第三，重视教师的专业发展。培养创新人才的关键，取决于一支能够胜任创新教育的高水平、高素质、高质量的师资队伍。教师是教育的主体，要着力建设"德艺双馨"的师资队伍，抓好"师德师风"建设，积极引导教师更新教育理念，努力提高自身素质，熟悉教育教学规律，具有高度的责任感和事业心。要加强教师的理论学习，特别注重教师教学的质量认定，把好课堂教学质量关；坚持"师德"和"教学质量"一票否决制；坚持教学与科研相结合，教授、副教授为本科生上课作为一项基本制度，促进教师将主要精力放到教学中来。同时，鼓励教师开放自己的科研课题和实验室，积极指导学生开展科技活动，提高创新的意识和能力。

第四，积极改善教学条件和环境，为培养创新人才营造良好氛围。创新人才的孕育和培养，离不开好的育人环境和宽松的学术氛围，对于学校的教学基础建设要统筹安排，统一规划和布局，突出学校的特点和风格，弘扬学校的传统办学精神，起到潜移默化的作用。要保障教学的中心地位，拓展校园文化内涵，延伸第二课堂的作用，丰富社会实践的内容，开展丰富多彩的义化体育活动，陶冶广大学生的情操，开阔眼界，增长才干，使他们在和谐、宽松的环境中，树立进步的信心，激发创造的激情，不断努力成才。创新人才培养是高等学校的艰巨任务，也是一项宏大和复杂的工程。它包含了教育理念的转变、教育规律的认识、培养目标的确立、教学方式的改进以及师资、环境、设施等因素，需要付出艰辛的努力，树立长远的作战思想。

4. 构建产学研联合的研究生培养机制

大学本科和研究生阶段高等教育机构的质量提高，将给企业和生产部门带来直接的好处。以日本企业为例，其一直采取以普通高等教育为基础，以入职后企业内部培训为主导的专业人才培养方式。从某种意义上讲，因为普通高等教育的人才培养模式并没有完全契合日本企业的用人需求，而注重入职后企业内部教育与培训的人才培养模式具有事先约定的局限性，因此，产学研联合培养创新人才已成为日本高等教育改革的一项主要措施。特别是2009年以来，日本中央教育审议会建议政府要进一步密切产学研协作关系，建立共同培养人才的工作机制①。以工科院系为中心，产学合作，以创建新型研究生教育的学分互认为前提，支持和协助构建研究生长期顶岗实习机制并促进企业实习的进一步普及。同时，在以大学为据点的产学研联合开展的教育项目的开发、实施以及与企业联合开发和共同研究过程中，为本科生、研究生提供更多的参加实践的机会，让他们在指导教师的监督指导下参与研发并承担相应的责任。通过用人单位与大学等教育机构的直接对话机制的建立，产业界就可以直接向大学等高等教育机构提出更加具体的人才需求标准，而大学和研究生院应该根据用人单位的需求不断改善教育计划，提高人才培养效率和实用性。

促进博士学位获得者在产业界发挥更大作用。要转变那种博士就是要成为在应对社会的多样性变化过程中引领、支撑以知识为基础的经济社会发展的主要角色的传统观念，要推进大学改革和产学研联合的人才培养，培养在社会各个方面都能够充分发挥作用的多样性博士人才。要改变那种认为博士就是学术型和研究型人才的看法，要形成博士可以在不同社会领域发挥作用并能够应对各个方面的多样性需求的共识。可以通过采取积极、灵活的人才使用机制，鼓励和吸引高学历人才充分发挥作用。而各大学和研究生培养单位根据毕业生就业情况等社会需求的风向标，主动改进和完善教育科研活动，提高人才培养质量至关重要。

二、加强科学素养，提高创新能力

在知识经济逐渐占据主要位置的新形势下，中国要建设创新型国家的根本途径就是要首先造就一大批创新型人才，要打造国际人才高地，这其中各个行业的领军人才和大师、大家就是不可或缺的骨干和标志性力量，这样才能实现人才这个"第一资源"

---

① 日本中央教育審議会. 中長期的な大学教育の在り方について［R］. 2008-09-11.

对发展的支撑作用。为此，迫切需要提高大学的教育研究水平，构建国际通用的大学质量保障体系，提高人才培养能力，提高高等教育的竞争力。

1. 制定创新发展战略

日本的创新人才培养经验是首先制定创新人才发展计划和制定创新人才培养标准。1996 年 3 月日本经济团体联合会向政府提交了"关于创新人才培养——社会急需的教育改革与企业的行动"建议，并提出了"培养创新人才的五项提议和七项行动措施"，表明了日本高等教育的人才培养已无法满足经济转型期社会发展的紧迫需求。为此，日本内阁府成立了人才委员会，提出了"创新人才"基本条件：从学术角度，需要"自己发现新的课题并积极开拓新的学术领域的人才，以及在国际科研活动中发挥领导力的人才"；从产业的角度，需要"在研究开发方面能够引领世界的人才，能将研究开发与生产经营进行战略统合的人才"。

由此可见，这里所说的"创新人才"，不包括普通劳动者，甚至也不是指一般的专业技术人员和普通管理者，而是指在各领域和国内外具有卓越创造力和领导力的精英。日本人才委员会于 2002 年发表了《面向培养世界顶尖研究人员》的建议报告，提出培养和确保研究人才，是以知识创造贡献于世界的重要课题，也是实现科学技术创造立国的重要课题，而培养世界顶尖的优秀研究人才则是其中"最基本的、重要性很高的课题"。报告认为，世界顶尖的研究人员的卓越创造力的本质，是"以广博知识为基础的高度专业性"。因为要开拓新领域和挑战前沿，经常需要在高水准上将不同领域的研究融合在一起，这就要求研究者经常对其他领域感兴趣并具备相当的对其他领域的知识，而不是仅仅封闭在某一个狭窄的专门领域。在广博的基础上，还必须形成"高度的"专业性。该报告的主要内容构成了日本第三期"科学技术基本计划"人才战略的基本框架。日本随即实施了一系列高等教育改革措施，制定了第三期、第四期"科学技术基本计划"、"国家长期发展战略——创新 25 计划"和"教育振兴基本计划"，正式将创新人才培养纳入国家重要发展战略，以满足社会经济发展的教育诉求，鼓励大学多样化发展，培养创新人才。

英国的创新人才培养的主要经验是以大学为促进创新的主阵地，加大政府投入，重点培养研究创新人才。英国 2008 年度可比性人均 GDP（PPP）达到 35347 美元，为适应全球化和知识经济背景下社会经济发展的需要，英国将创新国家建设作为重要的国家发展战略。《英国 2004—2014 十年科学与创新投入框架》中提出建立世界级创新中心，建立创新研究基地，强化大学的研发作用，加大政府科研投入，提高创新能力等一系列方针政策，同时进一步明确了高等教育改革与发展的方向。

本书前面几章收录了相关国家国别报告，从中可以看出美国、英国、日本等发达国家的中长期国家教育发展战略都表现出一个相同的特点：以顶级研究人才为代表的知识创新人才、观念创新人才，以高级专业技术人才为代表的服务创新人才、价值创造人才的培养作为高等教育服务于社会经济发展的基本目标。而创新人才培养随即成为高等教育竞争力的关键指标及核心要素。我们要建立人才培养结构与经济社会发展需求相适应的动态调控机制，优化教育系统的学科专业、类型、层次结构和区域布局。通过扩大人才资源存量，提升人才增量结构，加快人才培养速度；突出培养创新型人才，注重培养应用型人才，推动我国进入世界人才资源开发的中高水平国家行列。

2. 明确创新人才培养标准

高等教育创新人才培养是实现科学技术立国的重要措施和人才保证，是建设自主创新体系的国家战略的重要组成部分，是知识经济时代社会发展对高等教育的紧迫需求。同时，探索创新人才的培养模式，追踪世界教育发展趋势也成为近年国际教育关注的热点问题之一。日本是亚洲率先进入知识经济时代的发达国家，尤其是主要依靠高水平、高质量的人力资源带动了知识经济的发展，完成了追赶型现代化建设任务，其成功的科学教育立国战略和创新人才培养模式为整个亚洲以及新兴经济体国家树立了典范。我国在"十二五"期间要完成经济发展方式由效率驱动向创新驱动的转变，创新人才的培养是衡量高等教育能否满足社会经济发展需求的重要指标。

2010年9月6日，胡锦涛同志在深圳经济特区建立30周年庆祝大会上的讲话中明确指出，要"提升核心技术自主创新能力，推动经济发展从要素驱动向创新驱动转变"，"要坚定不移实施人才强国战略，建设宏大的创新型人才队伍"。这表明在新的历史阶段党和国家为进一步实施科教兴国和人才强国战略提出了新的重大对策，充分体现了党和国家对创新型人才培养的高度重视。文献研究表明，虽然中国和日本在高等教育改革中都非常重视培养创新型人才，但两国对创新人才的理解并不完全一致。

在我国一般认为，所谓创新人才，是指富于独创性，具有创造能力，能够提出、解决问题，开创事业新局面，对社会物质文明和精神文明建设作出创造性贡献的人。创新人才一般具有坚实的理论基础、丰富的科学知识，治学方法严谨，勇于探索未知领域；同时，具有为真理献身的精神和良好的科学道德。创新人才要具备不怕困难的进取精神和开拓精神，有较强的永不满足的求知欲和创造欲望，有强烈的竞争意识和创造才能，同时还应具备独立完整的个性品质和高尚情感等基本素质。

日本将创新人才称之为创造性人才，是指具有创新精神和创造能力的人才。其基本特征为具有灵活、开放、好奇的个性，具有精力充沛、坚持不懈、注意力集中、想象力丰富以及富于冒险精神等特征。全球化背景下的创造性人才应该具有冲破传统观念束缚的挑战精神，其次要具有一定的语言（包括外语）交流能力、能够承受逆境的压力、持之以恒的坚强毅力等相关素质。而创造性人才与研究型、理论型、应用型、技能型、服务型等人才类型的划分不是并列的。而不论是哪种类型的人才，都需要具有创造性，尤其是价值的创造。日本的创造性人才培养，在强调人的个性全面发展的同时突出创新意识、创新能力。

日本临时教育审议会关于教育改革的第一次审议报告指出："创造性与个性有着密切的联系。"大学要培养具有创造性的创新人才，就必须首先使他们成为一个具有个体独立性的人，而不是模式化的、被套以种种条条框框的人。没有个性的自由发展，创新人才就不可能诞生。联合国教科文组织的有关21世纪教育发展的报告也要求培养创新型的人才，但在教育目的的阐述上仍坚持全人或完人的培养目标。日本中央教育审议会1998年10月提出了要培养高水平专业人才[①]，2005年9月明确提出为适应以知识为基础的社会发展，研究生院要承担培养创造性丰富的各类人才[②]。

3. 构建吸引创新人才的学术环境

从国际学生流动趋势来看，留学目的国主要分布在北美和欧洲，同时发达国家在吸引海外人才方面具有绝对条件优势。海外的留学生中大约有65%来自亚洲，学生流动主要是从亚洲国家流向西方国家。在过去的20—25年中，大部分留学生选择留在国外，这些人才对西方国家尤其是美国的经济和科技发展均作出了巨大贡献。对于亚洲国家而言，要想实现高等教育学术系统的国际化，首先需要在人才政策和薪酬待遇制度上作出系统调整，使国内大学在高等教育人才输出和引进过程中拥有国际竞争力。其次，还要构建有利于合作研究的和谐氛围以及良好的学术风气，建立更好的学术制度。近年来，随着亚洲国家经济的崛起以及对高等教育的日渐重视，很多留学海外的人才开始回归。甚至有些情况下，许多在海外已经有固定学术职业和良好学术地位的学者也开始回归。这种人才回归现象主要存在于经济发展比较好的国家，比如中国、印度等新兴经济体国家。但从总体来看，大部分亚洲国家的留学人员仍旧滞留在国外。而国际学术市场的人才流动，不仅指学生，许多优秀的教授，也正从一个国家流向另一个国家。同样，从亚洲国家流向西方国家（包括澳大利亚）的比例也相当大。许多

① 大学審議会答申，21世紀の大学像と今後の改革方策について—競争的な環境の中で個性が輝く大学，平成10年10月26日。
② 中央教育審議会答申，新時代の大学院教育—国際的に魅力ある大学院教育の構築に向けて，平成17年9月5日。

亚洲国家的大学推进国际化，不仅从西方引进人才，也从亚洲的其他国家引进人才。对于中国这样的亚洲国家而言，如何实现高等教育学术系统的国际化，如何做到不只是向世界输出优秀学生和教授，也能从别国引进优秀人才是高等教育人才战略的重中之重。

从这一维度看，中国既有优势也有劣势。优势是许多国家认为，中国是一个颇具特点、给人印象深刻、非常具有吸引力的国家，所以有很多美国、欧洲，甚至亚洲其他国家的学生对学习中国文化兴趣浓厚。也有些大学，设计了一些国际化的课程，并采取了相应的鼓励措施吸引外国学者来中国用英语授课。但也存在劣势，比如经费短缺，尤其是高校教师科研经费与许多世界一流大学无法比拟。而中国大学教师薪酬水平相对较低也不利于吸引海外创新人才、顶级人才来华工作。然而，我国教师工资结构中有一些政策性补助和劳务补贴，而这部分隐形收入没有明确计入工资薪酬，但很难测量具体数额也就不便明文规定。从这个意义上讲，如果中国想要吸引国外优秀学者，首先不能期望他们能像中国学者那样赚取外快，因为外国学者并不了解中国的学术体系，这就需要中国在薪酬制度上作出系统调整，使自身在高等教育人才的输出和引入过程中均拥有国际竞争力。亚洲的一些国家和地区在某些方面取得成功，不仅在于这些国家和地区提高了大学教师的薪酬待遇，还在于它们拥有更好的学术氛围和更好的学术制度。比如新加坡和中国香港，它们的国际化程度相对更高。为什么？因为薪酬水平更高，学术人才的聘用制度也更加开放。

虽然许多亚洲国家在发展高等教育方面都制定了国际化战略，而最具竞争实力的国家是中国。与中国相比，虽然印度具备中国所没有的国际化优势，比如他们的教师在工作中使用英语，具有一定的语言优势（这对国际知识网络的建立和国际学者之间的交流是非常便捷的），但是印度政府给予高等教育的支持很少，高等教育发展得不到应有的保障。在世界大学排名前 100 位或 200 位的名单中，没有一所印度大学，相对于综合性大学而言，印度的技术学院更具竞争力，从这一方面来说，中国在新兴经济体国家中比印度更具有吸引创新人才、顶级人才的国际化优势和有利环境。

三、加大政府高等教育投入力度

政府的财政投入可以促进高等教育公平发展。从国际经验看，教育成为公共财政保障的重点，完善的立法体系是高等教育财政拨款发挥作用的保障，而高等教育发展成为提升人力资源素质、国家综合竞争力的重要手段。解决我国高等教育经费投入问题，要切实加大教育投入力度，提高财政教育支出水平，加强政府在教育财政投入上的主体地位和主导作用，提高我国财政性教育经费支出占 GNP 的比重，优化教育资源配置，完善教育结构，促进地区间教育的均衡发展。

1. 以高等教育投入拉动经济增长

世界银行著名经济学家罗伯特·巴罗 2001 年在《人力资本：增长、历史和政策》一文中，通过对 100 个国家，从 1965—1995 年的数据进行实证分析的基础上得出，男性受中高级以上教育的受教育年限每增加一年，经济增长率每年增长 0.44%[1]。

而根据 OECD 2009 年统计，教育投资对社会经济的回报率很高，相对于政府为每个学生大学毕业所负担的教育经费投入，这部分投入所带来的社会经济效益（包括所得税的增加以及社会保障成本的降低）能够达到 2 倍以上，社会经济效益显著[2]。以 OECD 成员国平均水平为例，政府需要为 1 名男生从小学到大学毕业负担 27936 美元的教育经费，而由此将带来的回报是 79890 美元，相当于教育投入的 2.9 倍；日本政府需要为一名学生从小学到大学毕业投入财政性教育经费 232 万日元，而由此带来的经济回报是 475 万日元，相当于 2 倍的回报率。

如果参考上述两国的回报率计算，我国政府财政为每一名学生从小学到大学毕业负担的教育经费每增加 1 元，至少会带来 2 元的经济回报。同时，高中毕业率的提高与健康指数的提高具有明显的相关性，不仅如此，OECD 等国际组织的统计调查证明了高等教育毕业率还与政治关心度、人与人之间的相互信赖程度等有着明显的正相关性。与此同时，教育投资也可大大缓解由于经济形势变动给劳动力市场带来的影响。由此可见，教育不仅是必须维持的社会最低基础设施，也是促进国家政治、经济、社会文化发展的有效途径和积极措施。有调查显示，加大高等教育的财政投入具有推动国内经济增长的积极作用。

2. 以政府投入为主促进高等教育供给多样化

主要通过加大政府财政性投入力度，改善高等教育现有办学条件，提高基础设施配备标准以满足高等教育创新发展的需求。同时可在政府主导下大胆运用创新的筹资手段，尽快扩大高等教育有效供给。例如，国家可以加大发行教育国债的力度，根据我国高等教育发展需要，从国债总额中切出固定额度，并带动教育主管部门和地方政

---

①　Robbert J. Barro. Human Capital：Growth, History, and Policy, Vol. 91 No. 2, AEA Papers and Proceedings, 2001.

②　OECD. Education at a Glance 2009：OECD Indicators, Summary of Key Findings（Japan）. 2009.

府按比例投资，共同筹措政府教育经费投入用于高等学校基本建设。与此同时，改进目前政府对高等学校基本建设投入模式，今后高等学校建设性投入，也可以采用"拨款和贷款相结合"或者允许用政府贴息办法吸引银行资本加快高校基础设施建设步伐，鼓励有生源、有就业市场的高等教育机构，改造或扩建教育的基础设施。

同时，充分运用金融手段融资集资或引入社会资金，加快学生宿舍建设和后勤社会化进程的速度，逐步扩大非财政拨款份额比例，寻求和创建与市场经济相匹配的多元投资体制。也可以通过资本市场进行教育融资，从多方面推动高等教育产业的升级。通过资本市场进行融资，使社会上闲散资金投向具有高成长性的教育产业，从多方面推进高等教育的发展。如资本市场可导入创新机制，提高高等教育产出的水平与质量；资本市场可推动高等教育的结构调整和资源优化配置，迅速扩大高等教育机构的办学规模。支持与规范高等学校基于知识生产与技术创新的企业化行为，鼓励高校帮助企业进行技术开发并允许按市场原则获取收益。政府应制定相应的税收优惠政策，鼓励和引导社会力量投资举办各种形式的民办高等教育机构。如对企业、社会团体和个人投资办学或者捐资助学的，免征企业和个人所得税，积极引导社会力量投资举办民办高等教育机构。

提高学校经费使用效率是建立规范的高等教育成本分担体制的一项重大措施。目前我国高等教育经费严重短缺的一个重要原因是生均成本太高，很不合理。要详细分析高等学校成本项目，剔除不合理的成本。同时应规范与完善高等教育的成本分担制度，合理确定学生及家庭分担经常性成本的比例。

3. 以顶级人才带动领先产业

我国 2010 年发布的《国家中长期人才发展规划纲要（2010—2020 年）》强调指出，要"努力造就一批世界水平的科学家、科技领军人才、工程师和高水平创新团队"，"到 2020 年，研发人员总量达到 380 万人年，高层次创新型科技人才总量达到 4 万人左右"。培养更多的世界一流领军人才，可以带动一个学科、一个产业，可以创造国际国内领先的重大科技成果，可以催生具有强大竞争力的企业和全新产业。我国成为航天技术走在世界前列的国家之一，关键是有领先世界科技的航天领域的领军人才。人才队伍建设必须突出培养造就创新型科技人才，特别要以领军人才为重点，在"人才优先"发展方针的指引下，以改革创新精神，进行多方面探索和突破。创新人才培养环节，必须充分发挥教育在人才培养中的基础性作用，加强学校、企业、社会等多样化教育培训资源的统筹协调。政府应依法落实人才培养开发的重要责任，切实保障财政教育投入，加快推进基本公共教育服务均等化，重点支持非基本公共教育服务，促进和规范其他类型教育服务发展。同时，企业和社会各方面都应积极参与人才培养过程，完善在职人员继续教育制度，大力发展现代远程教育，支持发展各类专业化培训机构，共同营造人才成长和人才队伍建设的良好环境。而高等教育财政性经费的增加，可以大大改善大学的办学条件，直接有助于高等教育质量的提高。而教育科研经费的投入，能够有效促进和催生知识创新。

高等教育竞争力的国际比较研究对于促进我国由人力资源大国向教育强国转变的政策制定有重要的理论指导和实践应用意义。但是，影响"教育竞争力"的既有教育内部的政策、结构、内容、教学、技术等复杂因素，又有教育外部的经济、社会、文化、政治等多种力量；对国家层面的教育竞争力研究无论是国际还是国内，既没有比较成熟的理论体系，又没有世界范围广泛认同的评价指标体系。在实际中，除"世界经济论坛"等极少数国际机构发布的《全球竞争力报告》中列入了少数教育指标及其"排名"结果以外，任何有权威的国际政府间组织（包括联合国教科文组织、联合国开发计划署、世界银行、经济合作与发展组织等）至今没有发表过跨国"教育竞争力"比较研究报告，更不用说基于综合教育指标的"世界各国教育竞争力排名"，而且，"教育竞争力"研究的意义主要不在"国家排名"，而在于揭示构成"教育竞争力"的核心要素以及制定借以提升国家教育竞争力的政策和策略。

参 考 文 献

一、著作

1. 伯顿·R.克拉克. 高等教育系统：学术组织的跨国研究［M］. 杭州：杭州大学出版社，1994.

2. 郭为藩. 转变中的大学：传统、议题与前景［M］. 北京：北京大学出版社，2006.

3. 《简明不列颠百科全书》编辑部. 简明不列颠百科全书［M］. 北京：中国大百科全书出版社，1985.

4. 倪鹏飞. 中国城市教育竞争力比较［M］. 北京：社会科学文献出版社，2009.

5. 潘德礼. 俄罗斯［M］. 北京：社会科学文献出版社，2005.

6. ［日］平塚益德. 世界教育辞典［M］. 长沙：湖南教育出版社，1989.

7. 孙启林. 战后韩国教育研究［M］. 南昌：江西教育出版社，1995.

8. 孙启林，安玉祥. 韩国科技与教育发展［M］. 北京：人民教育出版社，2004.

9. 田慧生，田中耕治. 21世纪的日本教育改革［M］. 北京：教育科学出版社，2009.

10. 王定华. 走进美国教育［M］. 北京：人民教育出版社，2004.

11. 王晓辉. 教育决策与治理［M］. 北京：教育科学出版社，2010.

12. 王作成. 政府竞争力理论与实证研究［M］. 北京：中国标准出版社，2007.

13. 赵庆典. 高等学校办学模式研究［M］. 北京：人民教育出版社，2005.

14. 郑富芝，范文曜. 高等教育发展政策国别报告［M］. 北京：教育科学出版社，2002.

15. 中国科学技术协会调研宣传部，等. 中国科技人力资源发展报告［M］. 北京：中国科学技术出版社，2009.

16. 中国社会科学院语言研究所词典编辑室. 现代汉语词典［M］. 5版. 北京：商务印书馆，2005.

17. 中央教育科学研究所国际比较教育研究中心. 中国教育竞争力报告·2010［M］. 北京：教

育科学出版社，2011.

18. 朱红，朱敬，等. 中国高等教育国际竞争力比较研究 [M]. 天津：天津大学出版社，2010.

19. 朱小蔓，H. E. 鲍列夫斯卡娅. 20—21 世纪之交中俄教育改革比较 [M]. 北京：教育科学出版社，2006.

二、论文/文章

1. Anna Smolentseva. 创建世界一流大学：俄罗斯的案例 [J]. 国际高等教育，2010（1）.

2. Tamer Lewin. College May Become Unaffordable for Most in U. S [N]. New York Times，2008 – 12 – 03（A17）.

3. UNEVOC. 当代日本和韩国职业高等教育地位的变迁（一）[J]. 联合国教科文组织职业技术教育和培训国际中心专讯，2009（6）.

4. 成长春. 中美高校核心竞争力之比较 [J]. 国家教育行政学院学报，2007（1）.

5. 程爱洁. 韩国高等教育的发展历程及特点 [J]. 上海理工大学学报（社会科学版），2005，27（3）.

6. 戴艺萌. 试论韩国经济起飞时期的高等教育 [J]. 煤炭高等教育，2010（1）.

7. 邓春梅，刘焰余. 对美国大学创新型人才培养模式思考和借鉴 [J]. 云南行政学院学报，2008（4）.

8. 董皓，赵健. 韩国高等教育发展策略对我国的启示 [J]. 石油教育，2007（1）.

9. 范兴奎，陈倩华. 韩国高职教育的特点及对我国的启示 [J]. 宁波职业技术学院学报，2003（6）.

10. 方勇. 日本 COE 计划及其对我国的启示 [N]. 科学时报，2009 – 09 – 22.

11. 方勇. 韩国世界一流大学计划注重引进"外脑" [N]. 科学时报，2010 – 01 – 19（B3）.

12. 方勇，李建忠. THE – QS 世界大学排行榜评析 [J]. 大学·研究与评价，2009（6）.

13. 高耀，刘志民. 中国省域高等教育核心竞争力最新测度——基于因子和聚类分析法的实证研究 [J]. 江苏高教，2010（2）.

14. 何超. 建设中国的世界一流大学——制度创新是重中之重 [N]. 中国教育报，2007 – 04 – 10.

15. 黄海华. 韩国私立高校的发展及其启示 [J]. 黄河科技大学学报，2010（2）.

16. 姜远平，刘少雪. 国际比较与借鉴：美国一流大学教师学缘结构有何特点 [N]. 中国教育报，2007 – 09 – 24.

17. 赖燕玲，吴智鹏. 我国区域高等教育竞争力的实证研究 [J]. 煤炭高等教育，2006（5）.

18. 李鸣. 高等教育核心竞争力的界定与提升策略 [J]. 桂林电子科技大学学报，2007（2）.

19. 林梦泉，常凯，巩乐. 国外高等教育外部质量保障框架的运行机制及其对研究生教育的启示 [J]. 高等教育研究，2010（10）.

20. 刘弘. 立法管理—认证规范—评估监督, 需求引导——谈美国高等教育发展的四大宏观调控机制 [J]. 高等职业教育: 天津职业大学学报, 2006 (6).

21. 刘思安. 高校引智是增强我国高等教育国际竞争力的有效途径 [J]. 理工高教研究, 2003 (2).

22. 卢晓中. 高等教育: 概念的发展及认识 [J]. 高教探索, 2001 (3).

23. 马琴. 美国高等教育的特点探析 [J]. 中国成人教育, 2010 (3).

24. 孟宪华, 牟为娇. "BK21 工程" 与韩国高等教育改革 [J]. 东北亚论坛, 2004 (4).

25. 蒙有华. 韩国提高高等教育国际竞争力的新举措 [J]. 世界教育信息, 2006 (9).

26. 牛宏泰. 论高等教育核心竞争力 [J]. 高等农业教育, 2008 (11).

27. 覃玉荣. 博洛尼亚进程中欧洲高等教育质量保障框架 [J]. 黑龙江高教研究, 2009 (2).

28. 曲恒昌. 打造大学的核心竞争力, 提升我国高教的国际竞争优势 [J]. 比较教育研究, 2005 (2).

29. 尚红娟. 高等教育资源的分布对教育竞争力的影响研究 [J]. 黑龙江高教研究, 2010 (7).

30. 申建军. 美国高校管理对我们的启示 [J]. 北京教育·高教版, 2006 (1).

31. 史本山, 曹阳龙. 中国区域高等教育竞争力综合评价 [J]. 价值工程, 2006 (11).

32. 宋懿琛. 韩国高等教育的发展趋势与政策研究 [J]. 世界教育信息, 2007 (6).

33. 孙进, 皮国萃. 新世纪高等教育人才培养的目标: 基于英、德、加三国国家资格框架的分析 [J]. 比较教育研究, 2011 (1).

34. 孙启林. 韩国高等教育发展战略及措施 [J]. 外国教育研究, 1992 (4).

35. 索丰. 韩国 "世界水平研究型大学建设计划" 评析 [J]. 外国教育研究, 2009 (12).

36. 王洪才. 金融危机对美国高等教育的影响及思考 [J]. 复旦教育论坛, 2009 (1).

37. 王留栓. 中、韩高等教育发展战略比较研究 [J]. 现代教育科学, 2003 (4).

38. 汪金龙. "入世" 与我国高等教育的国际竞争力 [J]. 吉林教育科学·高教研究, 2001 (1).

39. 谢作栩. 韩国高等教育大众化的发展历程与特征 [J]. 外国教育研究, 2002 (1).

40. 许明. 印度高等教育质量保障体系概述 [J]. 黑龙江教育. 高教研究与评估, 2005 (7-8).

41. 杨广耀, 刘志旺. 高等教育竞争力评价总体思路及评价指标体系 [J]. 科技情报开发与经济, 2007 (19).

42. 杨丽君, 王萍. 高等教育国际竞争力的内涵及其评价意义 [J]. 湖南师范大学教育科学学报, 2007 (2).

43. 杨明, 杨建华. 论美国高等学校收费偏高的现状、成因和后果 [J]. 外国教育研究, 2006 (2).

44. 杨志坚. 进一步提升我国高等教育的国际竞争力 [J]. 中国高等教育, 2001 (23).

45. 于兵兵，曾晓萱. 韩国大力发展与经济相适应的高等教育［J］. 科技导报，1996（12）.

46. 袁韶莹. 当代韩国高等教育述要［J］. 吉林教育科学·高教研究，1996（5）.

47. 曾满超，王美欣，蔺乐. 美国、英国、澳大利亚的高等教育国际化［J］. 北京大学教育评论，2009（2）.

48. 张帆. 卓越计划：世界一流大学建设的德国模式［J］. 大学研究与评价，2008（2）.

49. 张开芬，王雪燕. 韩国高等教育大众化对我国高等教育发展的启示［J］. 现代教育科学，2008（3）.

50. 张瑞. 俄罗斯高等教育的现状及存在的问题［J］. 黑龙江高教研究，1999（5）.

51. 张晓鹏. 高等教育：韩国经济腾飞的"翅膀"［J］. 比较教育研究，1996（1）.

52. 张晓鹏. 教育：韩国打开 OECD 大门的钥匙［J］. 上海教育，2007（10B）.

53. 张晓琴. 高等教育质量认证：比较与借鉴［J］. 黑龙江教育·高教研究与评估，2007（7/8）.

54. 张玉荣，刘光华. 韩国高等教育的主要特征及其对我国的启示［J］. 江西行政学院学报，2006（3）.

55. 赵宏斌. 中国区域高等教育竞争力研究［J］. 国家教育行政学院学报，2008（8）.

56. 朱迪斯·伊顿，韩晓燕. 美国高等教育认证的四个重要作用［J］. 理工高教研究，2004（1）.

57. 朱冬辉. 高等教育国际竞争力指标体系的建立及提升问题初探［J］. 统计与信息论坛，2005（6）.

58. 周满生. 韩国50至80年代高等教育规模和速度的发展与改革述评［J］. 中国高教研究，1993（4）.

三、报告

1. Clarke，C. The Future of Higher Education［R］. Department for Education and Skills Publications，London，2003.

2. DCSF. Autumn Performance Report 2009：Progress against Public Service Agreements［R］. 2009.

3. Eurydice. Modernisation of Higher Education in Europe：Funding and the Social Dimension［R］. 2011.

4. Government of India，Planning Commission. Draft Report of Working Group on Higher Education 11th Five Year Plan［R］. New Delhi，2007.

5. IMD. World Competitiveness Yearbook 2009［R］. IMD，2009.

6. Lumina Foundation for Education. A Stronger Nation through Higher Education［R］. September 2010.

7. Ministry of Human Resource Development. Facing Global and Local Challenges Country Report：India

［R］. NUEPA, 2009.

8. Ministry of Human Resource Development. Annual Report 2009 – 10 ［R］. 2009.

9. Ministry of Human Resource Development. Annual Report 2010 – 11 ［R］. 2010.

10. National Science Foundation. Science and Engineering Indicators 2008 ［R］. 2008.

11. OECD. Tertiary Education for the Knowledge Society—Thematic Review of Tertiary Education: Synthesis Report ［R］. April 2008.

12. OECD. Main Science and Technology Indicators ［R］. April 2008.

13. OECD. Higher Education to 2030—Volume 2: Globalisation ［R］. 2009.

14. OECD. Inclusion of Students with Disabilities in Tertiary Education and Employment ［R］. 2011.

15. OECD. Education at a Glance 2011 ［R］. 2011.

16. Philip G. Altbach, Liz Reisberg and Laura E. Rumbley. Trends in Global Higher Education: Tracking an Academic Revolution: A Report Prepared for the UNESCO 2009 World Conference on Higher Education ［R］. 2009.

17. UGC. Annual Report 2006 – 2007 ［R］. 2006.

18. UNESCO. 国际教育标准分类法（ISCED1997）［R］. 1997.

19. UNESCO. EFA Global Monitoring Report 2010 ［R］. Oxford University Press, 2010.

20. UNESCO. Global Education Digest 2010: Comparing Education Statistics across the World ［R］. 2010.

21. WEF. The Global Competitiveness Report 2009 – 2010 ［R］. WEF, 2009.

22. Высшее образование в России: правила и реально1. сть. Издательство 《 Поматур 》. Москва 2004.

23. Прогноз развития высшего образованияв России: 2009—2011 гг. *Под редакцией д. э. н. Т. Л. КлячкоМАКС ПРЕСС. МОСКВА – 2009.*

24. 日本大学審議会. 21 世紀の大学像と今後の改革方策について一競争的環境の中で個性が輝く大学 ［R］. 1998 – 10 – 26.

25. 日本中央教育審議会. 新時代の大学院教育一国際的に魅力ある大学院教育の構築に向けて ［R］. 2005 – 09 – 05.

26. 日本中央教育審議会. 中長期的な大学教育の在り方について ［R］. 2008 – 09 – 11.

27. 英国商务、创新与技能部. 英国 2008 年度创新报告 ［R］. DIUS, 2009.

28. 中央教育科学研究所. 日韩教育调研报告 ［R］. 2009.

29. 中央教育科学研究所国际比较教育研究中心. 中国教育竞争力的国际比较研究 ［R］. 中央教育科学研究所, 2009.

后　记

本书是"高等教育竞争力的国际比较研究"课题的研究成果。该课题是中国教育科学研究院（原中央教育科学研究所）2010 年度基本科研业务费专项基金课题（课题编号：GY2010009）。课题研究得到了中国教育科学研究院领导和相关研究中心同志的大力支持与帮助。

在课题研究过程中，北京大学教育学院丁小浩教授、中国科学技术信息研究所武夷山研究员与庞景安研究员、中国社会科学院财政与贸易经济研究所倪鹏飞研究员、清华大学教育研究院李锋亮副教授、首都师范大学教育学院薛海平副教授等提出了宝贵的建议，在此表示衷心的感谢！

王素作为国际比较教育研究中心主任，担任了"高等教育竞争力的国际比较研究"课题负责人。方勇担任课题的执行主持人，构建了高等教育竞争力的评价指标体系，并在集体讨论和专家建议的基础上进行了修改与完善。邹俊伟进行了课题的前期数据整理和前期计算工作，孙毓泽进行了数据的系统整理和计算工作。

本书框架由方勇设计，各章作者分别是：第一章（蓝建、方勇）、第二章（方勇）、第三章（方勇）、第四章（方勇、蓝建）、第五章（孙毓泽）、第六章（孙毓泽）、第七章（苏红）、第八章（王小飞）、第九章（田辉）、第十章（李协京）、第十一章（姜晓燕）、第十二章（李建忠）、第十三章（李建忠）、第十四章（田辉）。方勇进行了全书的统稿工作，全书最后由王素定稿。

出 版 人　所广一
责任编辑　孔　军
版式设计　贾艳凤
责任校对　贾静芳
责任印制　曲凤玲

图书在版编目（CIP）数据

中国教育竞争力报告. 2011 / 中国教育科学研究院
国际比较教育研究中心著. —北京：教育科学出版社，
2012.9
（教育国情报告 / 袁振国主编）
ISBN 978 - 7 - 5041 - 6631 - 9

Ⅰ.①中…　Ⅱ.①中…　Ⅲ.①教育事业—竞争力—研
究报告—中国—2011　Ⅳ.①G52

中国版本图书馆 CIP 数据核字（2012）第 127518 号

中国教育竞争力报告·**2011**
ZHONGGUO JIAOYU JINGZHENGLI BAOGAO · 2011

出版发行　教育科学出版社

社　　址　北京·朝阳区安慧北里安园甲 9 号　　市场部电话　010 - 64989009
邮　　编　100101　　　　　　　　　　　　　编辑部电话　010 - 64981167
传　　真　010 - 64891796　　　　　　　　　网　　址　http://www.esph.com.cn

经　　销　各地新华书店
制　　作　北京金奥都图文制作中心
印　　刷　保定市中画美凯印刷有限公司
开　　本　184 毫米×260 毫米　16 开　　　　版　　次　2012 年 9 月第 1 版
印　　张　20.75　　　　　　　　　　　　　　印　　次　2012 年 9 月第 1 次印刷
字　　数　375 千　　　　　　　　　　　　　定　　价　49.00 元

如有印装质量问题，请到所购图书销售部门联系调换。